경제 읽어주는 남자의 15분 경제 특강

※ 이 책은 더퀘스트에서 출간한 《경제 읽어주는 남자》의 최신 개정판입니다.

경제 읽어주는 남자의 15분 경제 특강

초판 발행 | 2018년 9월 7일
초판 6쇄 발행 | 2020년 1월 10일
개정판 1쇄 발행 | 2023년 5월 15일
개정판 4쇄 발행 | 2023년 9월 22일

지은이 · 김광석
발행인 · 이종원
발행처 · (주)도서출판 길벗
브랜드 · 더퀘스트
주소 · 서울시 마포구 월드컵로 10길 56(서교동)
대표전화 · 02) 332-0931 | 팩스 · 02) 332-0586
출판사 등록일 · 1990년 12월 24일
홈페이지 · www.gilbut.co.kr | 이메일 · gilbut@gilbut.co.kr

기획 및 책임편집 · 이재인(jlee@gilbut.co.kr)
제작 · 이준호, 손일순, 이진혁, 김우식 | 마케팅 · 정경원, 김진영, 최명주, 김도현 | 영업관리 · 김명자 |
독자지원 · 윤정아, 전희수

교정교열 · 이지은 | 디자인 및 전자편집 · 말리북 | CTP 출력 및 인쇄 · 금강인쇄 | 제본 · 금강제본

ISBN 979-11-407-0438-5 03320
(길벗 도서번호 070514)

정가 : 20,000원

금리·물가·환율부터 주식·채권·부동산·디지털 경제까지!

경제 읽어주는 남자의
15분 경제 특강

김광석 지음

더퀘스트

자본주의 시대에서
부자가 되는 방법

우리는 자본주의 시대를 살고 있습니다. 자본주의에서 핵심적인 키워드가 뭘까요? 바로 '사유재산의 인정'이에요. 사유재산을 인정한다는 것은 사유재산 축적을 긍정하고 권장한다는 의미입니다.

우리는 사유재산을 많이 축적한 사람을 부자라고 부릅니다. 근데 그 부자를 인정하는 자본주의 사회에 살면서도 자본주의에 대한 개념 자체를 비관적으로 판단하는 경향이 있어요. 부자의 모습을 한번 떠올려볼게요. 욕심이 많아서 마음씨는 좀 고약할 것 같고, 몸도 뚱뚱할 것 같고, 대머리가 어울릴 것 같고… 이런 모습이 여러분이 상상하는 부자 아닐까요? 근데 부자를 부정적으로 연상하지 않는 것부터가 우리가 사유재산을 인정하는 자본주의 시대를 살아가는 방법이 아닐까 합니다.

그러니까 부자가 되고 싶은 마음을 숨기고 무조건 부의 축적을 나쁘다고 생각하는 그 고리부터 먼저 끊고, 부자를 바라보는 관점부터 바꿔야 한다는 말입니다.

사유재산은 어떻게 축적이 될까요? 경제학에서 소득은 크게 4가지로 구분됩니다. 근로소득, 사업소득, 재산소득 그리고 마지막이 이전소득이에요. 이전소득은 공적 이전소득과 사적 이전소득으로 나뉩니다.

공적 이전소득은 국가로부터 받는 재난지원금, 기초 노령연금 등이 해당되고, 사적 이전소득은 길거리에서 주운 돈이나 부모님한테 받은 용돈 등입니다. 이런 이전소득은 우리의 운에 따른 것이므로 차치해야 하고, 나머지 3가지 소득을 바탕으로 자본주의 사회에서 부자가 되는 방법을 말씀드려보겠습니다.

부자가 되는 방법 1. 근로소득

부자가 되는 첫 번째 방법은 자신의 가치를 끌어올려 근로소득을 높이는 거예요. 근로소득을 높일 수 있는 방법에는 뭐가 있을까요?

지금보다 더 오래, 많이 일할 수 있겠죠. 그러나 아시다시피 이 방법에는 한계가 있습니다.

부자가 되려면 일을 '효율적'으로 해야 합니다. 내 노동 가치가 높으면 됩니다. 같은 시간 안에 같은 공간에서 비슷한 일을 하는데 사람마다 노동의 가치가 달라요. 예를 들어 건설 현장에서 누군가는 짐을 열심히 나릅니다. 또 어떤 사람은 건축 기술자라 실제 건설을 단행합니다. 어떤 사람은 설계자예요. 또 어떤 사람은 그 전체를 진두지휘해요. 같은 시간, 같은 노동 강도라고 가정하더라도 그에 대한 대가는 다를 겁니다. 결국 나의 가치를 끌어올려야 부자가 될 수 있습니다.

일에 집중해서 자신의 역량을 적극적으로 더 발휘하다 보면 자연스럽게 부자가 되어 있을 가능성이 높습니다. 이 때문에 이 방법을 첫 번째로 소개합니다.

부자가 되는 방법 2. 사업소득

사업소득의 기본적인 구조는 가난한 자는 계속 일하고 부유한 자는 그들의 노동력을 활용하는 것입니다. 누구에게나 똑같이 24시간이 주어집니다. 이 시간에 일을 더 많이 하는 게 아니라 어떻게 하면 다른 사람의 노동력을 이용할지 생각하는 것이 사업소득의 개념입니다. 즉 사업소득은 자본주의 시대에 뭔가를 이용하는 것입니다.

반드시 주식이나 부동산 투자를 해야 부자가 될 수 있는 것은 아닙니다. 사업소득으로 부자가 되는 분들이 더 많아요. 일반적으로 갑자기 부자가 된 사람들보다 이렇게 스스로 사업을 일구어낸 분들을 더 존경합니다.

결국 리더는 시스템을 구축하는 사람이에요. 리더는 구성원들과 같이 벽돌을 옮기는 사람이 아닙니다. 리더는 벽돌을 나를 시점이 언제인지, 어디로 옮겨야 하는지 그 방향을 안내하는 사람이에요.

그러면 좋은 리더는 어떤 사람일까요? 우물 안에 있으면 안 됩니다. 끊임없이 변하는 외부 환경을 관찰하면서 이 조직을 어떤 방향으로 안내할까를 고민해야 합니다. 그게 바로 경제를 공부하는 이유입니다.

예를 들어보겠습니다. 라면을 만드는 회사인 A사와 B사가 있습니다. 두 회사 모두 식료품 원자재 재고분을 2달 치 비축하고 있어요. 그런데 A사는 내년 초에 달러 강세로 원자재 가격이 오를 것이라고 예측했어요. 조직 바깥을 본 거죠. 그래서 A사는 식료품 원자재 1년 치 비축분을 추가 확보합니다. 반면 B사는 그냥 어제까지 이용했던 공식을 똑같이 대입해요. 그 결과 A사는 원자재 가격이 치솟을 때 그 영향을 받지 않습니다. 하지만 B사는 대비를 하지 않았으니 원자재 가격이 오른 만큼 타격을 받겠죠.

결국 변화를 관찰함으로써 조직의 여건을 파악하고 움직일 방향을 안내하는 사람이 리더인 거예요. 누군가는 이렇게 말할지도 모릅니다. "나는 리더가 아닌데요?" 여러분도 자신의 리더입니다. 좋은 방향으로 가기 위해 내 주변 여건을 살피고 나는 어디로 갈 것인가, 이 사회는 어디로 가는가, 나는 어떤 역량을 갖춰야 될까를 끊임없이 고민해야 합니다.

부자가 되는 방법 3. 재산소득

재산소득은 내가 갖고 있는 자산, 이른바 '돈이 돈을 번다'는 말이 기본 개념이라고 할 수 있습니다. 이자, 배당금도 재산소득이에요. 눈덩이를 굴리듯이 돈을 활용해서 다른 돈을 버는 것, 그것이 바로 재산소득입니다.

소득의 증가 속도가 자산가치의 증가 속도보다 느리기 때문에 성실히 열심히 일하는 것만으로는 부자가 되기 어렵습니다. 그러면 적당한 시점에 자산에 올라타야 합니다. 그렇다면 지금부터는 어떤 자산에 올라탈지가 중요해집니다. 재테크가 뭡니까? 소득의 일부를 어떤 형태로 자산화할까 하는 것입니다. 예를 들어 은행에 저축할까 아니면 부동산이나 주식으로 갖고 있을까 아니면 금고에 담을까, 땅속에 파묻을까…. 자산의 형태마다 불리기에(증식하기에) 유리한 시기가 달라요. 그 시점을 제대로 알기 위해 경제 공부를 하는 것입니다.

끝으로 특히 20대 여러분들에게 하고 싶은 말이 있습니다. 오늘 벌어서 내일 잃어도 된다는 마음으로 투자를 하면 절대 안 됩니다. 지키는 투자가 필요합니다. 단기투자, 소위 '단타'라고 하죠. 이걸 다른 표현으로는 트레이딩이라고 하는데 저는 '투기'라고 부릅니다. 그런 식으로 투자를 하다 보면 역량 개발에 소홀할 수 있어요.

20대의 결정은 30대, 40대, 50대, 60대 삶 전체를 결정짓습니다. 20대의 하루는 단지 24시간이 아니라 나의 평생을 좌우할 하루라고 생각한다면, 오히려 20대에는 재산소득이 아니라 근로소득, 사업소득 관점에서 고민해야 합니다.

어떻게 하면 내가 상위 1%의 고임금 고부가가치 일자리를 가질 수 있을지, 사업가로서 정말 이 세상에 필요한 산업을 일구고, 사회의 인재가 될 수 있을지 등 역량 개발에 집중해야 하는 시기입니다. 20대에는 반드시 나에 대한 투자가 선행되어야 합니다.

자본주의 사회에서 부자가 되고 싶다면 반드시 경제를 공부해야 합니다. 내 가치를 끌어올리는 일이나, 자신을 사회 변화에 맞춰 올바르게 리드하는 일, 소득을 자산으로 바꾸는 일 모두 경제와 연결되어 있습니다. 자본주의 사회에서 돈이란 결국 이익을 향해 이동하게 되고, 그 방향을 결정하는 것이 곧 경제이기 때문입니다.

이 책을 보시는 분들 모두 경제를 보는 안목을 키우고 현명한 경제 활동을 하길 바랍니다.

2023년 봄

경제 읽어주는 남자

김광석

contents

Part 1

경알못을 위한
최소한의 경제 상식

경제란 무엇인가?

경제는 어떤 요소들로 구성되는가?

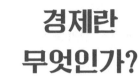

경제란
무엇인가?

기본 개념 익히기

'경제'란 무엇일까요? 자신에게 질문해봅시다. 대답하기 쉽지 않죠? 대학 4년간 경제학만 공부한 경제학 학사도 대답이 금방 나오지 않을 겁니다.

그럼 '경영'은 무엇일까요? 역시 대답하기 어렵죠. 마찬가지로 경영학을 전공한 경영학 학사도 쉽게 대답하지 못합니다.

그렇다면 경제와 경영에는 어떤 차이가 있을까요?

아마도 '그게 그거 아냐? 비슷한 것 같은데?'라고 생각하는 사람이 대부분일 겁니다. 흔히 '경제가 성장해야 한다'고 이야기하는데, 여기서 성장은 도대체 무슨 의미일까요? '경제성장률'이라는 지표도 있고, 최근에는 '저성장'이라는 말도 자주 들립니다. 말 그대로 성장 속도가 낮다는 의미인데, 어느 정도여야 낮다고 말하는 걸까요? 경제성장률이 어느 수준일 때 저성장이라고 할까요?

'실업률'이라는 지표도 있죠. 실업률이 높아 문제라는데 수치가 얼마나 되기에 문제라고 하는 걸까요? 저는 강연을 할 때 종종 실업률이 몇 퍼센트일지 예상해보라고 질문합니다. 그러면 20퍼센트다, 30퍼센트다 하고 답합니다. 이는 현실과는 너무 동떨어진 수치예요.

우리나라는 실업률 통계를 기록한 이후, 어쩌면 건국 이래 실업률이 20퍼센트를 넘어간 적이 없습니다. 최근에도 실업률이 높다고 하지만 2021년과 2022년 실업률은 각각 3.7퍼센트, 2.9퍼센트였고, 2023년 현재 경기침체국면에도 3퍼센트대를 기록하고 있습니다. 흔히 생각하고 체감하는 것과 '실업률'이라는 개념 간에 차이가 큰 셈이죠. 청년 실업률에 대해서도 학생들에게 물어봅니다. 그러면 대부분 30~40퍼센트라고 대답합니다. 앞으로 자세히 살펴보겠지만, 이 역시 너무나 터무니없는 수치예요.

'경제'라는 단어를 일상적으로 사용하지만 그 의미를 정확하게 이해하는 사람은 매우 드뭅니다. 앞서 본 기초적인 질문에도 아마 대부분이 고개를 갸웃거리며 대답을 망설였을 거예요.

요즘 'ㅇ알못', 그러니까 'ㅇㅇ를 잘 알지 못하는 사람'이라는 줄임말이 유행하고 있죠. 이 책은 '경알못', 즉 '경제를 잘 알지 못하는 사람'을 위한 책입니다. 전국의 모든 경알못이 쉽게 이해할 수 있도록 경제를 읽어주고자 합니다. 그러니까 저는 '경제 읽어주는 남자', 즉 '경읽남'입니다. 실제 경제가 어떻게 돌아가는지, 그리고 대두되는 이슈들을 어떻게 해석하는지 알려드리겠습니다. 교과서에서는 절대 찾을 수 없는 이야기들을 만나면 당신도 경알못에서 통쾌하게 탈출할 수 있을 것입니다.

숲 바깥에서 바라본 '경제'라는 나무

우선 경제의 정의부터 내려볼까요? 경제라는 나무를 이해하기 위해서는 최대한 멀리 떨어져서 봐야 해요. 경제가 속해 있는 숲을 먼저 봐야 합니다. 숲을 충분히 살펴본 다음 나무를 들여다보기로 합시다.

우리는 초등학교, 중학교, 고등학교 시절 중간고사 때마다 괄호 3개짜리 단골 시험 문제를 만났어요.

경제의 3대 주체는 무엇인가?

( ), ( ), ( )

처음에는 틀렸을지 모르지만 하도 반복되다 보니 나중에는 문제를 보자마자 답을 딱 적었을 거예요. 지금은 어떤가요? '알긴 아는데… 뭐였더라' 싶지 않나요? 이해하지 않고, 단순히 외웠기 때문에 기억나지 않는 것이죠. 저 역시 학창 시절에는 외우기에 바빴답니다.

하나 더, 기억을 조금 더 더듬어보면 다음 그림도 생각날 겁니다. 원

3개를 삼각형 모양으로 배치해놓고 화살표를 그리며 설명하시던 선생님이 떠오를지도 몰라요.

정답이 나왔네요. 경제의 3대 주체는 '가계, 기업, 정부'입니다.

● **경제의 3대 주체**

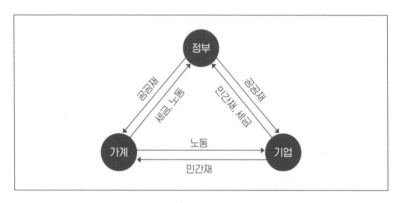

우선, 정부는 가계와 기업에 무엇을 주지요? 우리가 매일 쓰고 있는 전기, 수도, 도로, 다리, 공원, 경찰 서비스, 국방 서비스, 법률 서비스 등을 제공합니다. 이렇게 정부가 생산하는 것들을 공공재(Public Good)라고 합니다. 공공재와 반대되는 개념은 민간재(Private Good)입니다.

공공재는 정부가 생산하는 것, 민간재는 민간 기업이 생산하는 것이죠. 둘을 구분하는 기준은 생산의 주체가 다르다는 것 외에 '경제 원칙'도 있습니다. 즉, 효율성을 택할 것이냐, 형평성을 택할 것이냐 하는 점입니다. 민간재는 효율성이 중요한 생산물이고, 공공재는 형평성이 중요한 생산물입니다.

예를 들어 전기를 볼까요? 효율성의 논리로만 따진다면 울릉도에는 전기가 공급돼선 안 됩니다. 인적이 드문 산이나 섬에 수도시설이 들어가서도 안 되고요. 이처럼 재화와 서비스를 효율성의 잣대로 공급하면 공평한 분배가 이뤄지지 않는 문제가 발생할 수 있어요. 공공재의 관점에서는 그 재화를 누리지 못하는 사람이 있으면 안 됩니다. 그래서 전국 어디에나 전기와 수도가 공급되는 것입니다.

반대로 민간재는 효율성의 잣대로 생산됩니다. 같은 제품도 더 싸게, 또는 비용을 덜 들여서 이윤을 극대화해야 하지요. 물론 값비싼 브랜드나 고품질의 제품도 생산되지만, 이때는 소비자가 제한됩니다. 또 계속 성장하는 기업이 있는가 하면, 경쟁에서 밀려나 사라지는 기업도 있지요. 일명 효율성이 떨어지는 기업들이죠.

정부는 공공재를 생산하는 경제주체입니다. 공공재가 없으면 경제가 돌아가지 않습니다. 도로나 철도, 전기가 없는데 민간 기업들이 생산을 제대로 할 수 있을까요? 다리가 없다면 물류는 얼마나 비효율적일까요? 인프라가 잘 갖춰진 나라의 기업과 인프라가 없다시피 한 나라의 기업 간에는 경영 경쟁력 차이가 엄청납니다. 그러므로 정부가 생산해내는 공공재는 경제 운용에서 빠질 수 없는 중요한 재화와 서비스라고 할 수 있어요.

정부는 무엇으로 공공재를 생산할까요? 그리고 공공재를 사용하는 대가로 우리는 무엇을 지불해야 할까요?

바로 세금입니다. 즉, 기업과 가계가 내는 공동 분담금이죠.

기업은 법인세 등의 명목으로 세금을 내지요. 더 많이 생산했다는 것은 도로 등 물류 인프라를 더 많이 이용했다는 뜻입니다. 돈을 많이 버는 기업은 더 많은 공공재를 사용했다는 의미이므로 더 많은 분담금을 내는 겁니다.

가계는 소득세나 소비세 등의 명목으로 세금을 냅니다. 18~19세기 이전에는 인두세라고 하여 '한 사람당 벼 한 가마' 하는 식으로 세금을 냈었죠. 돈을 많이 버는 사람이나 적게 버는 사람 모두 세금을 똑같이 낸 거예요. 반면에 현재는 돈을 많이 버는 사람이 더 많은 세금을 내는 구조입니다.

우리는 납세자입니다. 세금을 내기 때문에 정부가 허술한 행정을 하거나 부실한 공공재를 건설하면 채찍질을 할 수 있습니다. 치안과 국방 서비스가 미흡할 때도 비판할 수 있고요. 정책을 비판하기 위해 국민의 의견을 똘똘하게 대변해줄 국회의원을 선출하고, 정부를 감시합니다.

또한 공공재를 많이 이용한 고소득자가 탈세를 하면 엄청난 비난의 대상이 됩니다. 이를 민간재에 비유하면, 과일 가게에서 돈을 안 내고 사과만 가져간 격이기 때문입니다.

가계는 세금 외에 노동을 제공하기도 합니다. 이들이 공무원입니다. 공무원은 노동의 대가로 임금을 받고, 공무원이 아닌 가계 구성원과 함께 공공재의 사용 대가인 세금을 지불합니다.

그렇다면 이토록 중요한 정부의 역할, 정부의 의사결정이 지금보다 더 합리적일 순 없을까요? 이런 납세자의 바람, 즉 '정부는 의사결정을 더 잘해라, 운영은 이렇게 해라'라고 마련해놓은 가이드라인이 있습니다. 그게 바로 행정학입니다.

한편, 정부도 중요하지만 더욱 중요한 건 나 자신이죠. 무엇보다도 내가 행복해야 하니까요. 개인이나 가계가 행복하게 살기 위해, 또는 윤리적이고 도덕적으로 살기 위해서는 '이렇게 의사결정을 하세요'라고 정리해놓은 학문이 바로 윤리학과 도덕학, 가정학입니다. 가계의 목적은 행복하게 사는 것이며, 이렇게 하면 더 행복하게 살 수 있다는 지침을 마련해놓은 학문들이죠.

정부의 목적은 공정하게 분배하는 데 있고, 가계의 목적은 최대한 행복하게 사는 데 있습니다. 기업의 목적은 이윤을 극대화하는 데 있고요. 각 경제주체의 목적이 다르기 때문에 행동 지침서 또한 다르기 마련이죠.

먼 길을 돌아 이제 기업에 대해 알아볼 차례입니다. 애초에 기업이라는 것은 현대 사회에 들어오면서 생겨난 개념입니다. 더 옛날에는 정부도 없고 오직 가계만 있었습니다. 가계에서 국가가 파생되고, 국가라는 단위가 생기면서 정부의 역할이 생겼습니다. 그리고 정부가 해결할 수 없는 일을 해결할 기업이 필요해졌습니다.

기업은 경제에 얼마나 중요할까요? 다음 다섯 가지 항목을 하나씩 살펴보면서 답을 대신하겠습니다.

● **기업의 역할**

생산	국가 경쟁력	법인세	CSR	고용

첫째, 기업은 민간재를 생산합니다.

생산의 주체로서 중요하다는 이야기입니다. 가계는 더 행복해지고자 합니다. 어떻게 하면 더 행복해질 수 있을까요? 이는 매우 어려운 질문이기도 합니다. 돈을 많이 벌면 행복할까요? 스트레스를 안 받으면 행복할까요? 무언가를 성취할 때 행복할까요? 편안하게 또는 걱정 없이 살 때 행복할까요?

물질경제학에서는 인간이 소비할 때 행복하다고, 즉 소비가 만족을 준다고 설명합니다. 추위를 느낄 때 따뜻한 옷을 사면 삶이 만족스러워집니다. 좁고 경치도 좋지 않은 집에 살다가 한강이 내려다보이는 넓은 평형의 아파트를 샀을 때 좀더 만족스러워집니다. 좀더 예뻐지고 싶어 의학의 힘을 빌리는 것 또한 의료 서비스 소비죠. 더 예쁜 옷을 사는 것 역시 소비입니다. 불만족스러운 상태를 만족스럽게 바꾸는 것, 그것이 바로 소비죠.

이 흐름대로라면 기업이 더 잘 생산할 때 인간이 더 행복해진다는 논리가 생깁니다. 예쁜 옷, 멋진 자동차, 편리한 휴대전화를 기업이 효율적으로 생산하면 나는 그 상품을 소비하면서 더 나은 삶을 영위하게 됩니다. 즉, 가계가 더 행복해지는 거죠.

둘째, 국가 경쟁력입니다.

전 세계 국가를 한쪽에는 경제 규모 순으로 나열하고, 다른 한쪽에는 세계 1,000대 기업을 보유한 숫자대로 나열해본다면 아마 그 순서가 거의 일치할 겁니다. 기업은 생산의 주체이기 때문에 국가의 경제 규모를 결정하고, 이것이 국가 경쟁력으로 연결됩니다.

저는 2000년대 초반, 처음으로 해외여행을 떠났습니다. 배낭에 필름카메라와 필름 7통을 챙겨 유럽으로 갔어요. 필름카메라와 디지털카메라가 혼재하던 시기였습니다. 필름카메라 때문이었는지, 당시 꽤 많은 유럽인이 저를 후진국 사람 취급을 하더군요. 그때만 해도 한국인은 선진국 사람 앞에선 말발도 잘 서지 않았죠.

하지만 지금은 글로벌 무대에 나가 중요한 스피치를 합니다. 그럴 때면 사람들의 눈이 반짝여요. 경청하고 있다는 뜻이죠. '저 한국인이 무슨 말을 하는지 자세히 들어보자' 하고요. 이게 국가 경쟁력 아닐까요? 이른바 명문 대학을 졸업했거나 굴지의 기업에 다닐 때 '어느 대학을 나왔고 어디 소속이다'가 상당한 자부심이 되듯이, 글로벌 무대에서는 '내가 한국 사람이다'가 나의 자부심으로 연결됩니다.

가계뿐만 아니라 기업의 경영활동에서도 어느 나라의 기업인지가 매우 중요합니다. 중동의 한 나라에서 석유화학 발전소를 건립하기 위해 사업을 발주한다고 합시다. 세계 수많은 기업이 그 사업을 수주하기 위해서 경쟁할 겁니다. 한국만 해도 삼성엔지니어링, 현대엔지니어링, GS건설 등 다양한 기업이 철저히 준비한 제안서를 가지고 입찰에 나서겠지요. 그곳에서 한국에 대한 평가는 곧 기업에 대한 평가입니다. 최근 많이 달라지긴 했지만, 과거에는 중국 기업들이 제출한 제안서는 일단 무시하고 보는 경향이 있었어요. 이런 게 국가 경쟁력입니다.

그 국가 경쟁력을 누가 만들까요? 스포츠 선수들이나 연예인들도 국가의 위상을 높이는 데 중요한 역할을 하지만 대부분의 국가 경쟁력은 기업이 만듭니다. 지금은 어느 나라에서든 한국 기업에서 만든 휴대전화를 쓰고, 한국 기업에서 만든 에어컨을 틀고, 한국 기업에서 만든 TV를 보고, 한국 기업에서 만든 자동차를 탑니다. 그러니 한국 사람을 무시할 수 없는 거예요.

셋째, 법인세입니다.

가계의 세금구조는 많이 번 사람이 많이 내는 체제라고 설명한 바 있죠. 법인세 역시 많이 버는 기업이 더 많은 세금을 내는 구조입니다. 잘 버는 기업은 기업으로서 이미 다양한 역할을 하고 있는데, 세금도 더 내야 하죠. 규모 있는 기업이 많은 지역의 경제 여건을 보면 법인세의 역할을 쉽게 이해할 수 있어요.

경제 규모가 큰 지역에는 울산, 포항 등이 있습니다. 도시의 인프라 수준이 아주 번듯합니다. 기업이 내는 세금이 지방정부의 재정을 탄탄하게 하고, 부자 도시를 만드는 겁니다. 그 기업에서 일하는 근로자들이 지역에서 소비를 하니 지역경제의 선순환도 이뤄집니다. 지역마다 '기업 하기 좋은 도시'니 '기업 하기 안성맞춤'이니 하는 캐치프레이즈를 내걸고 기업 유치에 목숨 거는 이유도 여기에 있습니다. 기업이 없다면 지방정부나 중앙정부의 재정이 탄탄해질 수 없습니다.

넷째, 기업의 사회적 책임입니다.

CSR(Corporate Social Responsibility)이라고 하지요. 기업은 이윤을 극대화할 목적으로 만들어졌지만, 축적한 부를 사회와 공유하는 역할도 수행하고 있습니다.

혹시 야구 좋아하나요? 기업이 야구단을 운영하면 이윤 차원에서 긍정적일까요, 부정적일까요? 일반적으로 부정적입니다. 기업에는 코스트 센터(Cost Center)가 되죠. 하지만 기업은 야구팀, 배구팀, 축구팀 등 스포츠를 후원합니다. 기업이 사회적 책임으로서 문화, 예술, 스포츠 등의 분야에 지원하는 걸 두고 메세나(Mecenat)라는 표현을 씁니다. 야구는 인기 있는 종목이라 그나마 낫지만, 기업의 후원 없이는 존재하기 어려운 비인기 종목도 있습니다. 인구도 적고 땅덩어리도 작은 우리나라가 세계 스포츠 대회에서 상당한 경쟁력을 발휘하는 건, 물론 선수들이 훌륭해서이기도 하지만 기업들의 후원도 한몫합니다 경제적으로 규모 있는 나라의 선수들이 스포츠 이벤트에서 더 뛰어난 업적을 남기는 이유도 여기에 있습니다.

그 밖에 기업은 다양한 봉사활동도 합니다. 기업의 사회적 책임은 다양한 분야에서 다양한 활동으로 이루어지죠.

다섯째, 고용입니다.

기업의 역할은 너무도 많지만, 그중에 고용을 빼놓을 수가 없습니다. 저는 강의할 때 학생들에게 이런 질문을 합니다.

"내일 당장 아버님이 직업을 잃었다고 생각해보세요. 학생의 입장은 어떻겠어요?"

만약 당신이 근로자라면 이렇게 물어보겠습니다.

"내일 당신이 직업을 잃게 된다면 어떨까요?"

아마 매우 막막할 겁니다. 기업은 고용의 주체입니다. 기업은 일자리를 만들고, 가계는 기업에 노동을 제공한 대가로 임금을 받지요. 가계는 임금이라는 근로소득에 기반을 두고 삶을 영위합니다. 물론 자영업자는 스스로를 고용해서 사업소득을 자신에게 제공합니다. 이 역시 해당 사업체가 삶을 영위하는 기본 토대죠. 소득이 없는 가계는 소비할 수 없고, 행복하기 어렵습니다.

이렇게 '행복'에 기여하는 기업이 보다 나은 의사결정을 한다면 기업이 제공하는 효용이 더 커지지 않을까요? 기업의 합리적인 의사결정을 돕는 지침을 마련하고, 그에 대해 연구하는 학문이 바로 경영학입니다.

경제학은 무엇일까요? 경제학은 모든 경제주체가 보다 원활하게 공공재를 주고받고, 노동을 주고받고, 임금을 주고받고, 세금을 주고받는 구조를 만드는 지침이라고 할 수 있습니다. 즉, '경제가 잘 운용될 수 있도록 하는 학문'이라고 정리할 수 있습니다.

● 경영학이란?

기업이 조금 더 합리적인 의사결정을 할 수 있도록 하는 학문

지금까지 논의된 정부의 의사결정을 담은 행정학, 가계의 의사결정을 담은 윤리학과 정치학, 기업의 의사결정을 담은 경영학 그리고 전체의 운용을 담은 경제학을 통틀어 사회과학(Social Science)이라고 부릅니

다. 경제학자도 일종의 '과학자'인 셈이죠.

● 경제학이란?

경제주체들이 보다 원활하게 순환하도록 하는 학문

사회과학을 벗어난 영역을 일반적으로 과학(Science)이라고 하지요. 이를 조금 더 정확하게 표현하면 자연과학(Natural Science)입니다. 자연과학에는 공학, 의학 등과 같은 응용과학과 수학, 물리 등과 같은 기초과학이 포함됩니다. 이처럼 학문의 체계는 크게 사회과학과 자연과학으로 구분되고, 수많은 사회과학 중 경제학이 속해 있습니다.

지금까지 경제학을 내려다봤습니다. 현미경으로 나무를 보기 전에, 망원경으로 숲을 본 셈입니다.

저는 이렇게 커다란 관점에서 시작해 점점 좁혀 들어가는 접근법을 좋아합니다. 내가 지금 강남에 있다면, 서울이란 곳에 있고, 서울은 대한민국에 있고, 대한민국은 아시아에 있고, 아시아는 지구상에 있는데 지구는 태양계에 속해 있다…. 이렇게 멀찍이 우주적인 관점에서 내가 지금 어디 있는지를 정확히 알고 들어가야 한다고 생각합니다.

나무를 바로 연구하기보다는 숲이 어떻게 생겼는지, 숲이 어디에 있는지를 먼저 본 뒤 그 나무를 파고들면 새로운 관점에서 현상을 이해할 수 있습니다. 경제학을 멀리서 먼저 본 이유가 이것입니다.

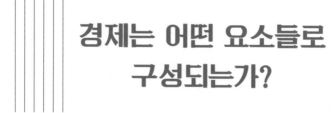

경제는 어떤 요소들로
구성되는가?

현미경으로 들여다본
'경제'라는 나무

앞서 큰 범주에서 앞으로 무엇을 공부할지에 대해 알아봤습니다. 숲에서 경제를 봤으니, 이제 조금 더 본격적으로, 경제라는 나무를 현미경으로 들여다볼 차례입니다.

경제를 이해하기 위해 다음 공식을 이해하고, 가능하다면 암기하면 좋겠습니다. 경제학 원론에서 가장 기본적인 공식이니까요.

● **경제를 들여다보기 위해 반드시 기억해야 하는 공식**

$$GDP = C + I + G + netEx$$

반드시 이걸 알아야만 경제를 보는 눈이 생깁니다. 그리고 앞으로 이야기할 복잡한 내용이 쉽게 이해될 겁니다.

경제란 무엇일까요? 경제란 GDP입니다.

GDP는 무엇일까요? GDP는 총생산입니다.

따라서 다음과 같은 공식이 만들어집니다.

경제 = GDP

이를 앞의 공식과 연결하면 다음과 같습니다.

● 경제 = GDP = C + I + G + netEx

- C: Consumption, 소비
- I: Investment, 투자
- G: Government expenditure, 정부지출
- netEx: net Export, 순수출(수출 – 수입)

이 공식을 어떤 수준으로 외워야 하냐고요? 교통사고가 나서 쓰러져 있는데 구급대원이 와서 "이름이 뭐예요?" 하면, 반사적으로 "저는 김, 김광석입니다. 윽!" 하고 답한 다음에 기절할 겁니다. 이때 만약 구급대원이 "GDP가 뭐예요?" 하면, "C+I+G+netEx입니다. 윽!" 하는 수

준이 되어야 합니다. 쓰러져가는 마당에도 저절로 답변이 나올 수준으로 암기해야 한다는 이야기입니다.

경제는 GDP이고 GDP는 총생산입니다. 자동차를 예로 들어보겠습니다. 우리나라가 다른 건 아무것도 만들지 않고 자동차만 만든다고 해봅시다. 한 해에 자동차를 100대 만들고, 그중 60대를 소비합니다. 그리고 15대 정도를 투자해요.

여기서 '소비는 뭐고 투자는 뭐야?'라는 생각이 들 겁니다. 간단히 말해 '소비자가 자동차를 사면 소비, 기업이 자동차를 사면 투자'입니다. 즉, 투자는 또 다른 생산에 이용하기 위해 재화를 구입하는 것을 말합니다.

회사가 자동차를 사는 것은 자동차를 이용해서 또 다른 재화와 서비스를 생산해내기 위함입니다. 소비자가 노트북을 사면 그것이 최종 소비인데, 기업은 노트북을 이용해 금융 서비스든 교육 서비스든 다른 생산물을 만들어내죠. 이처럼 무언가를 생산해내기 위해서 산 것을 투자라고 합니다. 소비와 투자는 그런 면에서 조금 다릅니다.

그렇다면 소비와 투자를 더하면 무엇이 될까요? 바로, '내수'입니다. 그러므로 내수 부진은 소비자가 소비를 하지 않고 기업이 투자를 하지 않는 상황을 가리킵니다.

여기서 일부는 정부가 지출합니다. 공공재를 생산해내기 위해 정부도 지출하는 거죠. 정부지출은 전체 GDP에서 큰 비중을 차지하지는 않지만, 편의상 자동차 5대로 하겠습니다. 우리나라가 생산하는 자동차

100대 중 5대가 정부지출로 쓰인다는 겁니다.

그럼 순수출은 20대 정도가 남습니다. 순수출이 20대라는 것은 우리나라가 35대의 자동차를 수출하고, 15대의 자동차를 수입했다는 뜻입니다. 지금까지 수치를 모두 더하면 다음 그림처럼 그 합이 100이 되지요?

● 자동차로 보는 총생산

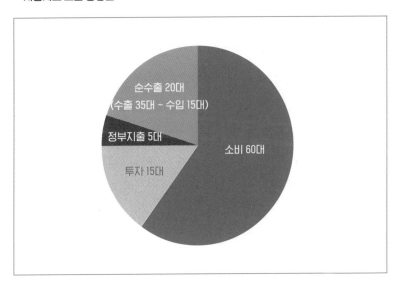

경제구조를 간단히 살펴보면 이상과 같습니다. 따라서 경제가 좋지 않다는 이야기는 소비가 부진하거나 투자가 위축되거나 정부지출이 더디거나 수출이 잘 안 된다는 의미입니다.

경제보다 더 중요한 것은
'경제성장률'

경제보다 중요한 것이 바로 경제성장률입니다. 경제성장률이란 무엇일까요?

경제성장률이란 GDP 증가율을 말합니다. GDP 규모가 전년 대비 얼마나 증가했는지, 즉 우리나라의 총생산 규모가 얼마나 증가했는지를 알려주는 수치죠.

가령 작년에는 자동차를 100대 만들었는데, 올해에는 105대를 만들었다고 합시다. 그럼 올해 경제성장률은 5퍼센트가 됩니다.

경제성장률이 하락하면 '경제가 어렵다', '리세션(Recession, 경기 후퇴)이다' 등의 표현을 많이 씁니다. 경제성장률이 상승하면 '경제가 성장한다'라고 표현합니다. 그러니까 경제가 좋다, 나쁘다를 이야기하는 것은 경제성장률에 달려 있는 것입니다. 총생산이 작년보다 얼마나 증가했는지를 보는 것, 그것이 곧 경제를 보는 법인 셈이죠. 이렇게 정리할 수 있습니다.

GDP = 경제

GDP 증가율 = 경제성장률

경제성장률은 소비(C)의 증가율, 투자(I)의 증가율, 순수출(netEx)의

증가율을 말합니다. 즉, GDP를 구성하는 항목들의 평균 증가율이 곧 경제성장률입니다. 더 정확히는 가중평균이라고 해야 합니다. 소비의 비중이 훨씬 높기 때문에 단순평균보다는 소비에 가중치를 부여해 평균 증가율을 계산해야 합니다.

'2분기의 경제성장률이 어떻다, 2분기의 소비증가율이 어떻다'는 말은 작년 2분기의 경제 규모 대비, 소비 규모 대비 얼마나 증가했는지를 의미합니다. 그래서 경제를 이야기할 때는 '전년 동기 대비'라는 표현을 많이 사용합니다. 예를 들어 '10월 경제성장률이 어떻다'라는 말역시 작년 10월에 비해 경제 규모가 얼마나 커졌는지를 뜻합니다. 이런 경우에는 '전년 동월 대비'라는 표현을 씁니다.

선진국은 GDP에서 소비가 차지하는 비중이 절대적으로 높습니다. 미국 같은 나라는 그 비중이 약 70퍼센트입니다. 따라서 미국은 경제의 회복 여부를 판단할 때 소비를 가장 중요하게 봅니다.

소비는 어떤 상황에서 늘어날까요? 가장 중요한 변수는 소득입니다. 소득이 증가하면 소비가 늘어나죠. 그럼 어떨 때 소득이 증가할까요? 고용이 증가할 때입니다. 10명 중에 5명만 일을 하다가 3명이 추가로 일자리를 구했다고 합시다. 그럼 10명의 평균 소득이 늘어나겠죠? 고용이 늘어나면 소득이 늘어난다는 게 이런 의미입니다.

고용은 어떨 때 늘어날까요? 투자가 늘어날 때입니다. 제과점을 운영하는 사람이 옆 가게에 커피숍을 내서 확장하거나 전자산업 기업이 로봇산업이나 우주산업으로 진출하는 등의 행보가 투자입니다. 즉 투자란, 기존 사업을 확대하거나 새로운 분야로 사업 영역을 넓히는 것입니다. 그러면 자연스레 일자리가 생기고 고용이 늘어납니다. 소득수준이 올라가면서 자연스럽게 소비가 늘고, 소비가 회복되면 기업은 추가로 더 투자하고자 합니다. 이를 '경제의 선순환 구조'라고 합니다.

● 경제의 선순환 구조

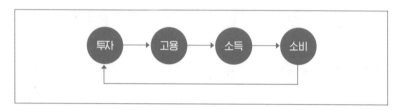

수출에는 다양한 변수가 영향을 미칩니다. 대표적인 예로 환율과 금리가 있죠. 경제성장률에 영향을 미치는 변수로는 소득, 고용, 환율, 금리, 물가 등이 있습니다. 그래서 경제 기사를 읽다 보면 이 단어들을 꼭 만나게 됩니다.

경제를 알면
세상이 보인다

모든 사람은 각자의 우물 속에서 살아갑니다. 세상이 넓다고 하지만, 한 사람이 보는 세상은 매우 제한적입니다. 세계 경제의 흐름은 나의 삶과 전혀 관련이 없어 보이고, 국가경제의 흐름도 나의 가계경제와는 다르게 움직이는 것 같죠. 왜냐하면 한번에 다른 여러 나라의 상황을 체감할 수 없고, 나는 한국이라는 땅덩어리에서도 일부만을 보고 있기 때문입니다.

인간은 앎에 대한 욕구가 대단합니다. '지적 호기심'이라고도 표현하죠. 배불리 먹고 싶은 욕구나 안정적인 삶을 살고자 하는 욕구 외에 모르는 것을 알고자 하는 욕구도 있어요. 물론 식욕이 굉장한 사람도 있고 아주 적은 사람도 있듯이, 지적 호기심의 수준 역시 사람마다 다를 것입니다.

경제를 읽는다는 것은 일반적으로 사회의 '평균'적인 현상을 이해한다는 의미입니다. 저는 '경제 읽어주는 남자'로 활동을 시작해 다양한 채널을 통해 대중과 소통하고 있는데요, 채널마다 악성 댓글이 달리곤 합니다.

"그래프만 보니까 이러이러한 일은 모르지", "통계가 그런 거지 내 상황은 전혀 다른데?"라는 종류의 댓글이 많습니다. 그걸 볼 때마다 '우물 속의 외침'처럼 느껴집니다. 자신이 경험한 우물 안에서의 환경과 상황에만 빗대어서는 전체를 이해할 수 없죠. 예를 들어 중소기업의 일자리가 대기업에 비해 취약한 상황임을 설명하는 콘텐츠에 "나는 중소기업에 10년째 다니고 있는데, 웬만한 대기업보다 근로 조건이 좋다"라고 이야기하는 사람이 꼭 있습니다.

물론 평균의 오류를 지적하는 시선도 많습니다. '동양인은 서양인보다 키가 작다'라고 하면, 서장훈 씨나 최홍만 씨처럼 웬만한 서양인보다 큰 사람이 있다는 사실을 간과하게 됩니다. 평균으로 모든 것을 설명해낼 수는 없으니까요. 하지만 '동양인은 서양인보다 키가 크다'라고 이야기하면 설득력이 더 떨어지죠.

평균적인 현상은 수천 개 우물의 모습을 '나름대로' 고루 반영한 거라고 할 수 있습니다. 하나의 우물을 깊게 들여다보지는 못하지만 수많은 우물이 어떻게 생겼고, 서로 어떤 관계를 맺고 있으며, 어떤 우물이 위기에 처해 있고, 어떤 우물이 전도유망한지를 하늘에서 내려다보듯 볼 수 있는 방법입니다.

각자의 우물 속에서 살지만, 다른 우물에 대해 알고 싶을 수도 있습니다. 넓은 세상을 보고, 세상 돌아가는 현상을 이해하는 데서 의미를 찾을 수도 있습니다. 또한 현상에 대한 이야기를 주고받는 나 자신이 멋져 보이기도 할 겁니다. 그 넓은 세상을 보여주는 망원경이 바로 경제입니다.

앞에서 살펴본 것처럼 경제는 가계, 기업, 정부 간의 '소통'을 의미합니다. 따라서 수많은 가계 또는 수많은 기업 중 하나인 나는, 경제를 이해함으로써 수많은 가계와 수많은 기업이 정부와 어떻게 소통하는지 알 수 있습니다.

경제를 알면
미래가 보인다

경제의 꽃은 전망입니다. 어쩌면 모든 학문이 마찬가지일지도 모릅니다. 의학에서는 인체의 여러 가지 특징인 체온, 혈압, 심장박동 수, 세포

손상 등을 고루 살펴 현재 어떤 질병이 있고, 앞으로 어떻게 진행될지를 전망합니다. 그에 따라 적절한 처방을 내리죠.

사회학에서는 사회의 여러 가지 특징인 평화, 갈등, 정치적 사건, 출산, 사고, 범죄 등을 고루 살펴 사회에 어떤 문제가 있는지, 앞으로 어떻게 전개될지를 전망합니다. 역시 이에 따라 적합한 해결책을 제시합니다.

경제도 마찬가지입니다. 경제의 여러 가지 특징인 고용, 소비, 환율, 물가, 금리, 수출, 부동산 등을 고루 살펴 현재 상황이 어떤지, 앞으로 어떻게 전개될지를 전망합니다. 경제의 현재 상태를 진단하고 미래를 전망해서 가계, 기업, 정부가 어떻게 대응해야 할지 나름의 시사점을 마련하는 것입니다.

제가 참 의미심장하게 여기는 표현이 있습니다. '청년은 미래를 말하고, 중년은 현재를 말하고, 노인은 왕년을 말한다.' 스스로 '젊다', '청춘이다'라고 생각하나요? 옷차림이 젊은 것, 얼굴이 어려 보이는 것, 몸매가 탄탄한 것도 청춘을 유지하는 데 중요하지요. 하지만 과거에 집착하기보다 계속 미래를 그리고, 미래를 준비하는 모습이 진정한 젊음이 아닌가 생각합니다. 세계와 국내 경제가 어떻게 흘러가고, 어떤 경제 트렌드가 나타나고 있으며, 산업은 어떻게 흘러갈지 알려면 준비를 해야 합니다.

경제는 미래를 과학적으로 제시해주죠. 그리고 정책은 미래를 보여줍니다. 정책은 국가의 비전을 제시하고, 예산을 어떻게 활용하고, 어떤 산업을 육성하고, 어떻게 분배할 것인지 등을 보여주는 계획안이라 할 수 있습니다. 예를 들어, 기획재정부가 발표한 2022년 예산안을 보면 정부가 예산 규모를 어느 정도로 책정하고, 어떤 분야에 집중적으로 예산을 집행하고자 하는지 알 수 있어요.

이 예산 계획안은 2022년뿐만 아니라 5년간의 예산 규모가 나오고, 어느 분야를 중심으로 예산을 집행할 것인지가 그려집니다. 자세한 자료는 기획재정부 홈페이지에 있습니다. 이 예산안을 통해 국가 운영의 굵직한 방향성을 읽을 수 있습니다. 모두 우리가 낸 세금으로 운영되고 있는 곳이니 자주 들어가서 확인해보면 좋겠습니다.

나아가, 다양한 산업 정책을 통해 세부적인 산업들의 미래도 살펴볼 수 있어요. 주로 산업통상자원부, 과학기술정보통신부, 국토교통부, 금융위원회 등의 정부부처 홈페이지에서 다양한 산업 정책에 관한 정보를 파악할 수 있습니다.

경제를 알면
투자가 보인다

투자에 관심 없는 사람은 거의 없을 것입니다. 공석에서든 사석에서든 저는 "어디다 투자하면 될까요?"라는 질문을 자주 받습니다. 사실 '어디에 투자하느냐'보다 더 중요한 것은 '언제 투자하느냐'입니다. 경제는 언제 투자할지를 알려주죠. 적정한 투자 시점을 이해하는 것은 매우 중요합니다. 왜냐하면 시점이 적정하면 무엇에 투자해도 어느 정도 소득을 기대할 수 있기 때문이에요.

경제는 일반적으로 주식가격과 동행합니다. 그래프 보는 법을 먼저

● 2022~2026년 분야별 재원배분 계획

(단위: 조 원, %)

구분	2022년	2023년	2024년	2025년	2026년	2017~2021 연평균
총지출	607.7 (8.9)	639.0 (5.2)	669.7 (4.8)	699.2 (4.4)	728.6 (4.2)	4.6
1 │ 보건·복지·고용	217.7 (9.0)	226.6 (4.1)	238.6 (5.3)	254.4 (6.6)	269.5 (6.0)	5.5
2 │ 교육	84.2 (18.2)	96.1 (14.2)	100.3 (4.4)	101.7 (1.4)	105.9 (4.1)	5.9
3 │ 문화·체육·관광	9.1 (7.3)	8.5 (△6.5)	8.7 (2.7)	8.9 (1.9)	9.1 (1.8)	△0.1
4 │ 환경	11.9 (12.4)	12.4 (3.9)	12.9 (4.0)	13.3 (2.8)	13.5 (2.0)	3.2
5 │ R&D	29.8 (8.7)	30.7 (3.0)	32.0 (4.4)	33.2 (3.6)	34.4 (3.6)	3.7
6 │ 산업·중소기업·에너지	31.3 (9.3)	25.7 (△18.0)	26.6 (3.5)	27.4 (3.0)	28.1 (2.6)	△2.6
7 │ SOC	28.0 (5.5)	25.1 (△10.2)	25.5 (1.0)	25.8 (1.1)	26.0 (1.0)	△1.8
8 │ 농림·수산·식품	23.7 (4.5)	24.2 (2.4)	24.5 (1.0)	24.5 (1.0)	24.9 (0.9)	1.3
9 │ 국방	54.6 (3.4)	57.1 (4.6)	59.5 (4.2)	61.8 (3.8)	63.8 (3.4)	4.0
10 │ 외교·통일	6.0 (4.4)	6.4 (7.3)	6.7 (5.4)	7.0 (3.5)	7.2 (2.8)	4.7
11 │ 공공질서·안전	22.3 (0.1)	22.9 (2.4)	23.8 (4.0)	24.7 (3.9)	25.6 (3.8)	3.5
12 │ 일반·지방행정	98.1 (15.8)	111.7 (13.9)	120.3 (7.6)	126.5 (5.2)	132.2 (4.5)	7.7

※ ( )는 전년 대비 증감률임

자료: 기획재정부

짚어볼까요? 그래프의 상단을 보면 2개의 단서 조항이 있습니다. '종합
주가지수(좌)'의 의미는 갈색 선을 보고 왼쪽(좌) 축의 수치를 읽으라는
뜻입니다. 그렇다면 '경제성장률(우)'은 회색 선을 보고 오른쪽(우) 축의
수치를 읽으라는 이야기겠지요?

● 경제와 투자의 관계

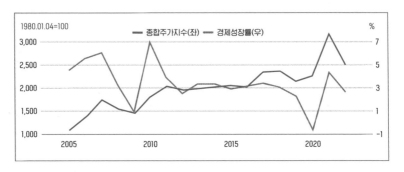

경제성장률은 우리나라가 IMF(국제통화기금) 외환위기를 겪었던
1998년과 2020년 팬데믹 경제위기를 제외하고는 대부분 0~10퍼센트
사이에서 움직였습니다. 한편 종합주가지수는 2005년 이래로 우상향하
는 모습을 보였고, 상승세 속에서 2020년에 조정이 있었음을 확인할 수
있습니다.

2020년의 분기별 주가를 확인해보면 1분기에 크게 조정된 후 반등
하는 흐름이 나타납니다. 주가는 심리 지표이고, 선행(선반영)하는 특징
이 있기 때문입니다. 2020~2021년까지 주가가 뚜렷하게 반등하다가,
2022년 러시아-우크라이나 전쟁이 발생하고, 경기가 둔화하기 시작하

면서 주가가 대세 하락하는 흐름을 이어갑니다.

요약하면 경제성장률이라는 지표는 약 3퍼센트 수준을 향해 수렴하고, 종합주가지수는 특정 값으로 수렴하지 않고 우상향하는 경향이 있습니다. 다만, 경기둔화 혹은 침체가 있을 때 주가가 일시적 하락기를 맞다가 다시 상승하는 흐름을 되풀이합니다.

이 그래프는 경제와 투자의 관계를 보여주는 가장 대표적인 예입니다. 경제성장률과 종합주가지수의 주요한 경향성을 제외하고 보면, 두 개의 선이 거의 비슷하게 움직인다는 것을 확인할 수 있습니다. 경제성장률이 급락할 때 종합주가지수도 급락하고, 경제가 회복되는 구간에서는 주가도 상승하는 경향이 있지요. 결국 경제 동향을 이해하고 경제가 회복될지 어떨지를 먼저 판단하면, 주식에 투자해야 할지 말아야 할지를 판단할 수 있다는 이야기입니다.

또한 경제를 이해하면 '언제 투자하느냐'뿐 아니라 '어디에 투자하느냐'도 알게 됩니다. 경제는 산업을 모두 더한 것이고, 산업은 기업을 모두 더한 것이기 때문입니다.

즉, 한 나라의 경제성장률은 그 나라 모든 산업의 평균적인 성장률이죠. 어떤 산업은 성장률이 경제성장률을 웃돌고, 어떤 산업은 밑돈다면 당연히 경제성장률을 웃도는 산업에 관심을 두면 되는 것입니다. 즉, 성장하는 산업에 관심을 두어야 한다는 뜻이죠. 성장하는 산업 몇 군데를 고른 다음에는 그 산업의 성장을 견인하는 기업을 고르면 됩니다.

경알못은 흔히 "어느 기업에 투자하면 될까요?"라고 묻습니다. 큰 그림, 경제 돌아가는 것부터 알면 이 질문에 대한 답은 간단해집니다.

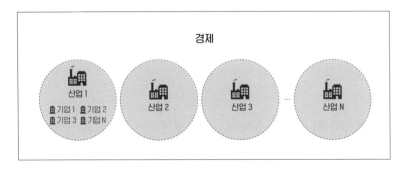

경제를 알면 어느 산업이, 어떤 기업이 유망한지를 이해하게 되기 때문입니다. 경제가 어떻게 돌아가는지를 모른다면 투자에는 나서지 않는 것이 현명합니다. 외국인 투자자나 기관 투자자는 대부분 성공하고, 개인 투자자는 대부분 실패하는 이유도 여기에 있지 않을까요? 투자의 성패는 결국 경제를 이해하고 있느냐 아니냐에서 갈리니까요.

경제를 알면
부동산이 보인다

우리는 대부분 부동산에 지대한 관심을 가지고 있습니다. 부동산이 사실상 우리의 전 재산이기 때문입니다. 집을 가지고 있는 사람들은 대부분 그 집이 전 재산일 것이고, 전세로 사는 사람은 전세보증금이 전 재산일 것입니다. 아니, 전 재산 이상인 경우가 대부분이죠. 제 돈 내고 집 사는 사람은 거의 없으니까요. 보통은 부채를 이용해 집을 사고, 평생 빚을 갚습니다. 부동산에 대한 관심을 끄려야 끌 수가 없는 환경이죠.

부동산도 경제의 일부입니다. 경제 동향을 이해하면 내 집 마련이나 부동산 투자의 시점을 합리적으로 결정할 수 있어요. 금리 동향, 인구 증감, 수요 변동, 건설투자 추이, 경제와 부동산 정책 등 부동산 가격에 영향을 미치는 다양한 변수가 모두 경제입니다.

하지만 많은 부동산 전문가가 경제적인 여건을 무시한 채 '지역의 호재'만을 평가합니다. 그것도 중요한 변수이긴 하지만, 그 밖에 고려해야 하는 수많은 변수를 과학적으로 살펴볼 필요가 있습니다.

경제를 알면
금융이 보인다

우리는 대부분 금융생활을 합니다. 저축을 하고, 대출을 받고, 카드를 사용하고, 보험에 가입합니다. 증권 거래를 하고, 펀드에 가입하기도 합니다. 연금이나 적금도 들고요. 계좌이체, 해외 송금, 환전 등 정말 다양한 금융거래도 하고 있습니다. 최근에는 P2P 대출, 크라우드 펀딩, 인터넷전문은행 등 새로운 금융 영역들이 등장했지요. 현대인의 생활에서 금융은 매우 밀접하게 닿아 있습니다. 모두가 금융 소비자죠.

합리적인 금융생활을 하기 위해서는 경제를 이해해야 합니다. 가지고 있는 돈을 어디에 두는 것이 좋을까요? 저축을 할까요? 아니면 부동산으로 보유할까요? 대출은 어느 정도 받아야 적절할까요? 변동금리로 받을까요, 아니면 고정금리로 받을까요? 안전자산을 보유하는 것이 좋을까요, 위험자산을 보유하는 것이 좋을까요? 아니면 달러를 사서 보유할까요?

모든 금융 소비자의 머릿속에는 금융생활에 관한 수많은 궁금증이 있습니다. 그 궁금증은 경제와 밀접한 관련이 있기에 경제를 이해하면 합리적인 금융생활을 하게 됩니다. 아주 단순한 예로, 올해 말 미국 여행을 계획 중이라고 해봅시다. 환율이 오를지 내릴지 전망한다면 미리 환전을 해둘지 떠나기 전에 할지 등 자신에게 가장 유리한 환전 시점을 판단할 수 있습니다. 수출 기업이라면 더더욱 환율에 대한 판단이 중요할 테고요.

또 다른 예를 볼까요? 고령화 속도가 빠른 우리나라에서는 최근 역모기지에 관한 관심이 뜨거워졌지요. 이는 은퇴한 고령자가 유일하게 보유하고 있는 자산인 '내 집'을 활용해 풍족하게 사는 방법입니다. 고령자 자신 또는 부양가족이 경제동향과 다양한 경제정책을 이해할 때, 더 합리적인 금융 의사결정을 할 수 있을 것입니다.

Part 2

경제 보는 눈을
키워주는
핵심 과외 14강

< 제1강 >

금리

금리가 오르면
부동산 가격이 떨어진다?

기준금리 때문에 참 시끌시끌합니다. 그게 도대체 무엇이기에 인상, 인하, 동결과 같은 결정이 나올 때마다 신문에 대문짝만하게 보도되는 걸까요? 뉴스에서는 그 배경과 향방에 관해 몇 번이고 후속 보도를 하기도 하고요. 우리나라는 머나먼 미국에서 기준금리를 인상한다는 소식이 들려도 떠들썩해집니다. 왜 기준금리의 인상, 인하, 동결에 따라 주식이 급등락하고, 장세가 요란하게 움직이고, 세상이 긴박하게 대응할까요?

우선, 단순하게 생각해봅시다.

금리가 올라가면 돈을 많이 들고 있는 사람은 부자가 됩니다. 반면에 부동산을 많이 보유한 사람은 가난해져요. 부동산 가격이 떨어지기 때문입니다. 이처럼 금리는 개인의 소득, 개인의 가난과 부를 결정하기 때문에 모두에게 매우 중요합니다. 기업 입장에서는 금리가 주가의 급등락을 결정할 수도 있기 때문에 중요하죠.

금리란
무엇일까요?

기준금리를 이야기하기 전에 금리부터 짚고 넘어가겠습니다. 금리란 무엇일까요? 금리는 돈의 가치입니다. 그러니까 금리가 올라간다는 말은 돈의 가치가 높아진다는 뜻이에요. 금리가 떨어진다는 것은 돈의 가치가 떨어진다는 뜻이겠죠.

금리 = 돈의 가치

경제에서 가장 핵심적인 단어 두 가지를 꼽으라면 아마도 금리와 물가일 것입니다. 그럼 물가는 무엇일까요? 물건의 가치입니다.

물가 = 물건의 가치

예를 들어 작년에는 생수 한 병을 1,000원에 샀습니다. 그런데 올해

에는 2,000원을 달라고 합니다. 작년에는 1,000원이었던 물건의 값이 2,000원이 되었으니 이 물건의 가치는 2배로 커진 겁니다.

그럼 반대로 생각해봅시다. 이 물건을 구매하는 데 사용한 '돈'의 가치는 어떻게 됐습니까? 작년에는 1,000원짜리 1장만 주고도 샀는데, 올해는 2장을 줘야 합니다. 결국 돈의 가치가 떨어진 겁니다. 돈의 힘이 줄어든 거죠. 물건의 가격이 오른다는 것은 돈의 가치가 떨어진다는 것과 같은 말입니다.

이를 다음과 같이 정리할 수 있습니다.

금리와 물가는 반비례한다

물건의 가치가 물가이고, 돈의 가치가 금리이니까 물가와 금리는 반비례합니다. 이를 간단히 정리해보면 다음과 같습니다.

● 금리와 물가

금리 = 돈의 가치 ←————→ 물가 = 물건의 가치

금리와 투자의 관계

앞서 금리가 올라가면, 반대로 물건의 가치는 떨어진다고 했습니다. 여기서 물건이란 우리가 평소에 생각하는 것들뿐만 아니라 부동산, 주식, 그 밖의 내구재를 모두 포함합니다. 부동산과 주식을 물건으로 분류하니 어색할 수도 있지만, 경제학에서는 이것들을 모두 물건이라고 칭합니다.

여기에 내구재라는 어려운 말까지 끼어들었는데요. 우리가 구매하는 상품(소비재)은 사용 기간에 따라 내구재, 준내구재, 비내구재로 구분합니다. 먼저, 비내구재는 구매 후 바로 없어지는 소비재를 말합니다. 대표적으로 식료품이 있습니다. 한번 사면 1년 이상 사용하는 소비재를 준내구재라고 합니다. 의류 등이 있지요. 내구재는 보통 1년 이상 쓰면서 가격도 고가인 것들을 의미합니다. 휴대전화라든가 자동차, 가전제품, 가구 등을 예로 들 수 있습니다.

● 상품의 분류

구분	의미	예시
비내구재	바로 소비하는 것	식료품
준내구재	1년 이상 사용하는 것	의류
내구재	1년 이상 사용하며 고가인 것	가전제품, 자동차, 가구

왜 금리가 상승하면 물건의 가치가 떨어질까요?

첫 번째, 앞서 봤듯 물건과 돈의 가치가 반비례하기 때문입니다.

두 번째, 금리가 오른다는 것은 곧 저축금리도 오른다는 뜻이기 때문입니다. 굳이 주식 투자를 할 필요가 없어지는 거죠. 저축금리가 5퍼센트라면, 주식 등에 투자해 5퍼센트가 넘는 수익을 거두지 못할 바에야 은행에 투자하는 게 낫겠죠? 저축 역시 투자니까요. 결국 금리가 오르면, 주식이나 부동산으로 몰렸던 돈이 은행으로 이동합니다. 그러니까 당연히 물건의 가치가 떨어집니다.

세 번째는 또 다른 측면입니다. 우리는 보통 '내 돈'만으로 투자하지 않습니다. 대출에 의존하죠. 금리가 올라가면 대출금리도 올라갑니다. 기업과 가계 입장에서는 돈을 빌리는 비용이 더 비싸지는 겁니다. 1억 원을 빌릴 때 월 이자가 30만 원이었는데, 이제 60만 원을 내야 한다고 합시다. 그럼 돈을 빌릴 때 부담이 되겠죠? 대출에 의존해 집을 사고 싶지 않아집니다. 결국 수요가 부족해지고 부동산 가치가 떨어집니다.

주식도 마찬가지입니다. 주식회사 입장에서는 기업 경영을 위해 필요한 자본이 있는데요. 자본은 자기자본과 타인자본으로 구성됩니다. 자기자본은 주식, 타인자본은 쉽게 말해 '빌린 돈'입니다. 그런데 돈을 빌리는 비용이 비싸지면 기업들이 굳이 돈을 빌려가면서까지 과감히 투자하려 하지 않습니다. 같은 규모의 돈을 빌리더라도 더 많은 대출이자를 내야 하기 때문이죠. 이런 상황이면 당연히 주식 가치도 떨어집니다.

금리가 올라가면 가계 역시 적극적으로 소비하지 않습니다. 내구재의 가치가 떨어지기 때문입니다. 금리가 낮으면 과감히 돈을 빌려 자동차 등과 같은 내구재를 살 수 있겠지요. 그런 원리에서 금리가 떨어지면 소비가 회복될 수 있습니다. 반대로 금리가 높아지면 소비도 위축되겠지요?

기준금리와 시장금리

금리에는 여러 종류가 있습니다. 그중 기준금리와 시장금리를 꼭 기억하기 바랍니다.

기준금리는 중앙은행이 결정하는 금리인데, 이 금리를 기초로 시장이 반영한 금리가 시장금리입니다.

● 금리의 종류

기준금리	중앙은행이 결정하는 금리
시장금리	기준금리를 기반으로 한 은행 금리

얼마 전에 간 미용실에 다음과 같은 문구가 붙어 있었어요.

"물가 인상으로 인해 가격이 상승했습니다."

어딘가 이상하다는 생각이 들지 않나요? 고개를 갸우뚱하게 하는 지점이 어디일까요? 바로, '인상'과 '상승'이라는 단어의 위치입니다. 물가는 인상되지 않아요. 물가는 '상승'합니다. 가격은 상승한 것이 아니라 미용실 사장님이 '인상'한 겁니다. 인상은 행위의 주체가 있고, 상승은 시장이 그렇게 움직인 겁니다. 즉, '인상'이라는 표현은 능동적이고, '상승'은 수동적입니다. 그 문구를 정확히 다시 써보면 이렇습니다.

"물가 상승으로 인해 가격을 인상했습니다."

이 기준에 따라 기준금리는 인상되고, 시장금리는 상승하는 것입니다. 기준금리의 인상은 중앙은행에서 결정합니다. 인하 또는 동결을 결정하기도 하죠. 그리고 기준금리가 움직이면 시장금리도 자연스럽게 움직입니다. '기준금리+α'를 적용해 시장금리가 결정되는 겁니다.

경제를 이해하려면
경제정책을 보라

침체된 경제를 부양하기 위해 정부가 할 수 있는 정책들이 있습니다. 경제정책 또는 경기부양책이라고 하는데, 크게 두 가지로 구분됩니다. '재정정책'과 '통화정책'입니다.

　재정정책부터 간단히 살펴보겠습니다. 재정정책에는 크게 조세정책과 재정지출정책이 있습니다. 조세정책은 '세금을 어떻게 걷을 것인가'에 초점을 둡니다. 가령 법인세를 인하해 기업들이 제조시설을 우리나라로 불러오도록 할 수 있습니다. 외국 기업들도 법인세가 저렴한 나라에서 기업을 경영하고 싶을 테니, 한국으로 이전할 수 있겠지요? 개인의 소비세를 낮추면, 소비자 입장에서 물건을 살 때 돈이 적게 듭니다. 그렇게 소비를 부양할 수 있습니다. 이런 정책들이 조세정책에 포함됩니다.

● **경기부양책의 종류**

구분	의미
통화정책	기준금리
	양적완화
	지급준비율
재정정책	조세정책
	재정지출정책

재정지출정책은 '거둔 세금을 어디에 쓸 것인가'에 초점을 둡니다. 예산을 연구개발(R&D) 분야에 집중적으로 쓸 수도 있고, 복지지출에 더 집중할 수도 있습니다. 어떤 산업을 신성장동력 산업으로 선정하고, 발전을 촉진시키는 방향으로 지출할 수도 있습니다. 이렇게 재정정책은 경제에 영향을 줍니다.

통화정책이 그렇게 중요한가요?

통화정책에는 기준금리와 양적완화, 지급준비율 조정이 있습니다.

첫째, 양적완화는 돈을 시중에 푸는 것을 말합니다. 통화량을 늘린다고 하지요. 그러면 공급량이 많아지므로 당연히 돈의 가치가 떨어집니다. 수요와 공급의 법칙으로 생각해보면 간단합니다. 풀린 돈은 기업들이 투자를 하거나 가계가 소비를 하며 사용될 겁니다. 그래서 돈을 시중에 풀면 경기부양 효과가 나타납니다.

둘째, 지급준비율을 살펴보겠습니다. 은행은 사람들로부터 저축을 받아 그중 일부를 필요로 하는 사람에게 빌려주는 방식으로 수익을 냅니다. 저축을 받을 때는 2퍼센트의 저축금리를 주고, 돈을 빌려달라는 사람한테는 4퍼센트의 대출금리를 받는 거죠. 대출금리와 저축금리의 차이(예대마진)가 곧 은행의 수익률이 됩니다.

그런데 만약 은행에 100만 원의 저축액이 있다고 할 때, 이 돈을 다 빌려줘도 될까요?

다른 사람들에게 100만 원을 다 빌려줬더니, 돈을 맡긴 사람이 갑

자기 와서는 100만 원을 전부 찾아가겠다고 합니다. 은행은 돌려줄 돈이 없어 발을 동동 구르겠죠. 이런 위험한 상황이 발생하지 않도록 지급준비율이라는 제도를 마련해놓은 것입니다. 예컨대 "100만 원 저축이 들어오면 그중 60만 원 이상은 빌려주지 마"라고 정해놓은 것이 바로 지급준비율이에요. IMF 외환위기 때처럼 경제위기 시에는 뱅크런(Bank Run, 대규모 예금 이탈)이 벌어질 수 있기 때문입니다.

이를 은행 입장에서 살펴볼까요? 100만 원 중 60만 원을 빌려줄 수 있는 경영 환경과 50만 원을 빌려줄 수 있는 환경이 있다면 은행으로서는 수익률이 달라지겠지요? 돈을 더 많이 빌려줘야 더 많은 대출이자를 받을 수 있으니까요. 지급준비율이 낮아져 은행이 더 많이 빌려줄 수 있도록 하면, 시중에 돈을 더 푸는 효과가 나타납니다. 즉, 통화량을 늘리는 양적완화와 비슷한 효과가 나타나는 거죠.

이제 마지막으로, 기준금리 정책을 보겠습니다.

2008년에 글로벌 금융위기가 있었습니다. 당시 미국은 경기침체에서 벗어나기 위해 열심히 금리를 떨어뜨렸어요. 물론 우리나라도 마찬가지입니다. 앞서 설명했듯이, 금리를 인하하면 여러 가지 경로로 투자가 늘거든요. 돈을 빌리는 비용이 싸지니까 기업들이 돈을 적극적으로 빌려서 열심히 투자합니다. 투자에 대해서는 앞에서 설명했죠? 가계가 노트북을 사면 소비지만, 기업이 사면 투자라고요. 기업의 투자는 공장을 증설하거나 사업 영역을 확대하는 방식으로 이뤄집니다.

금리를 인하하면 기업들이 적극적으로 투자하게 됩니다. 공장 설비를 더 늘리고, 새로운 산업에 적극적으로 진출하죠. 한편, 가계도 투자를 늘립니다. 주식이나 부동산에 투자합니다. 은행의 이자가 너무 적으니, 저축보다는 돈을 적극적으로 빌려 투자할 다른 대상을 찾는 것입니다. 이렇게 가계와 기업의 투자가 늘어납니다.

투자가 늘면 고용이 늘어납니다. 고용은 왜 늘어날까요? 기업이 공장 설비를 늘렸다면, 이를 가동할 사람을 뽑아야겠죠? 기업이 노트북을 하나 샀다면 이를 쓸 사람을 뽑아야 하고, 빵집을 하다가 카페를 확장했다면 카페를 운영할 사람을 충원해야죠.

고용이 늘면 또 무엇이 늘어날까요? 우리나라 국민 중 절반에게 일자리가 있고, 나머지는 없다고 가정해봅시다. 그런데 투자가 늘어서 나머지 절반도 일자리를 갖게 됐습니다. 그러면 자연히 우리나라의 소득 수준이 개선됩니다. 그러니까 고용이 늘면 소득이 늘어납니다.

소득이 늘어나면 어떨까요? 돈을 더 벌면, 더 소비하고 싶어지지요. 소비가 늘면? 당연히 기업들은 더 투자하고 싶어집니다. 금리를 인하하면 이렇게 경제가 부양되는 겁니다.

● 금리 인하와 경제 부양의 관계

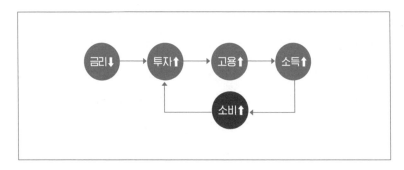

2008년 글로벌 금융위기 이후 엄청난 경제적 충격을 경험한 미국과 우리나라가 기준금리를 지속적으로 떨어뜨려온 이유가 바로 이것입니다. 경기를 부양하기 위해서죠. 통화량을 늘리는 것도 비슷한 원리입니다. 그 결과 경제가 상당한 수준으로 부양됐고, 경기회복 속도가 안정화됩니다.

경기가 회복됐으면, 이제 뭘 해야 할까요? 떨어뜨렸던 기준금리를 다시 끌어올려야 합니다. 금리를 인상한다고 하지만, 떨어졌던 금리를 다시 끌어올리는 것이니 '정상화'라고 표현합니다. 그래서 경제 기사에는 정상화라는 단어가 자주 나옵니다.

기준금리는 누가 결정하고 어떻게 결정되나요?

먼저 '연방준비제도'에 대해서 알아보겠습니다.

연방준비제도(연준)는 'Federal Reserve System'의 준말로 Fed라고 합니다. 다른 말로는 '연방준비시스템'이라고도 합니다. 연방준비제도를 구성하는 중요한 조직 중 하나로 연방공개시장위원회(Federal Open Market Committee), 즉 FOMC가 있습니다. 우리나라로 치면 한국은행이 있고, 한국은행에 금융통화위원회(금통위)가 있는 것과 같습니다.

연방준비제도가 하는 일은 첫째가 통화정책입니다. 기준금리의 인상, 인하, 동결을 결정하는 것입니다. 또한 통화량이나 은행의 지급준비율을 늘릴지 말지를 결정합니다.

여기 의장이 바로 제롬 파월(Jerome Powell)입니다. 제롬 파월은 세계의 경제 대통령입니다. 2018년, 재닛 옐런(Janet Yellen) 전 의장에서 제롬 파월로 교체되면서 세계적으로 큰 이슈가 됐죠. 새 의장이 어떤 성향이고, 어떤 통화정책 의지를 가지고 있는지가 세계 경제를 좌우하기 때문입니다.

기준금리를 결정하는 근거는 무엇일까요?

알다시피 기업의 목적은 이윤추구입니다. 다른 표현으로 '주주의 이익을 극대화하는 것'이라고 할 수 있습니다. 그럼 한국은행의 목적은 뭘까요? 한국은행이라고 하면 지폐가 생각나니 화폐 발행이려나요? 한국은행의 목적은 '물가 안정과 성장'입니다. 한국은행 홈페이지에 다음과 같이 나와 있어요.

"한국은행은 물가 안정 목표를 정하여 국민에게 공표하고 이를 달성하기 위하여 최선을 다하고 있습니다."

이게 통화정책의 역할이고, 한국은행의 목적이에요. 한국은행이 가장 중요하게 생각하는 것이 다음의 두 가지입니다.

첫 번째, 물가. 한국은행은 물가에 초점을 맞추고 있어요. 앞서 '물가와 금리는 반비례한다'라고 정리했죠? 그러니까 한국은행은 기준금리를 조정해서 적정물가를 유지하고자 합니다.

두 번째, 경제성장률. 물론 한국은행에서 기준금리를 결정할 때 보는 지표는 수백 가지입니다. 그중에서 가장 중요하게 판단하는 두 가지 지표가 물가와 경제성장률이고, 여기에 한 가지를 더 추가하면 실업률입니다.

왜 실업률을 보냐고요? 실제 실물경제의 성장과 회복 여부는 주로 실업률을 바탕으로 판단하기 때문입니다.

● 기준금리를 결정하는 기준

물가 안정을 유지한다고 했는데, 어떤 수준이 물가가 안정된 상태 일까요?

물가 안정을 좀더 세련되게 표현하면 '적정물가를 유지하는 것'이라고 할 수 있어요. 물가가 너무 낮아도, 너무 높아도 나쁘기 때문입니다.

한국은행은 현재 경제 상태에서 한국의 적정물가를 2퍼센트 정도로 보고 있습니다. 100가지 지표 중 다른 지표를 하나도 고려하지 않고 오직 물가만 보고 기준금리를 결정한다면 이렇게 됩니다. 물가상승률이 2퍼센트 이하면 금리를 인하하고, 2퍼센트 이상이면 금리를 인상해서 물가를 2퍼센트에 가깝게 한다는거죠.

물가 안정 = 적정물가 유지

경제성장률도 고려해야 할 텐데요. 사실 경제성장률에 적정 수준이 어디 있습니까? 높으면 높을수록 좋죠.

하지만 경제성장률이 3퍼센트를 넘는다면 기준금리를 인상할 여지가 있고, 2퍼센트 수준을 밑돈다면 기준금리를 인하합니다. 즉, 경기침체가 지속될 때는 기준금리를 인하해서 경기를 부양하고, 경기회복 속도가 안정적으로 유지될 때는 기준금리를 인상(정상화)해서 경제 시스템을 안정화하는 것입니다.

긴축의 시대

돈은 늘 더 높은 수익성을 찾아서 이동한다. 그래서 돈의 심리를 읽어야 한다. 투자자들은 돈의 가치가 강해지는 시점엔 주식이나 부동산에서 돈을 이탈시킨다. 즉, 현금화하는 것이다. 반대로 돈의 가치가 약해질 때는 자산가치가 상승하기 마련이다. 이때에는 돈을 빌려서라도 자산확보를 위해 움직인다.

2020~2022년 통화정책의 역사(러시아-우크라이나 전쟁 이전)

2020년 팬데믹 경제위기에 대응하기 위해 유례없는 수준으로 기준금리를 인하하고, 유동성을 공급했다. 2021년 들어 세계 경제가 뚜렷한 회복세를 보이기 시작했고, 이제 고물가(인플레이션), 자산버블, 부채누증 등과 같은 다른 경제문제들을 마주하게 되었다. 2021년부터 세계는 금리를 인상하는 방향으로 통화정책 기조를 전환해나갔다. 세계 경제가 코로나19 이전 수준으로 회귀하는 새로운 국면이었고, 새로운 국면으로 전환하는 만큼 행동의 전환, 즉 통화정책의 전환이 있을 수밖에 없었다.

2022년은 이전과 완전히 달라진 국면이었다. 2020년은 한 번도 경험해보지 못한 수준으로 세계 경제의 충격이 작용했던 해였고, 막대한 돈이 풀린 시대였다. 2022년에는 돈이 거둬지는 시대로의 전환이 시작되었다. 즉, 완화의 시대에서 긴축의 시대로 전환된 것이다. 한국은 코로나19에 잘 대응한 국가로서, 먼저 제로금리 시대의 막을 내렸다. 2021년 상반기까지는 경기회복을 위해 제로금리가 필요했다면, 하반기부터는 물가를 잡기 위해 기준금리 인상이 필요해졌다. 미국도 테이퍼링을 시작함으로써 완화의 시대를 벗어나려는 행보를 보였다.

경기회복과 함께 나타난 글로벌 인플레이션은 세계 주요국들의 기준금리 인상을 부추겼다. 러시아의 우크라이나 침공이 있기 이전부터, 공급망 병목현상이라는 숙제를 풀지 못해 인플레이션 압력이라는 벌을 받고 있었다. 원자재와 부품가격이 치솟고, 이는 수입물가, 생산자물가 상승에 이어 소비자물가를 자극하고 있다. '인플레이션과의 전쟁'을 선언하는 많은 국가가 기준금리 인상을 가속화하고 있다. 러시아, 브라질, 헝가리가 이미 기준금리 인상을 여섯 차례 이상 단행했고, 체코를 비롯한 유럽이나 중남미 국가들도 긴축의

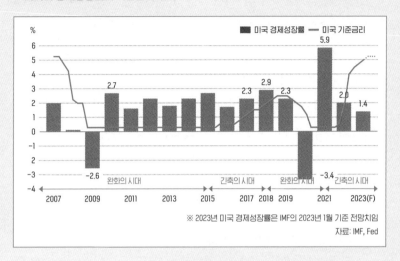

시대라는 결승점을 놓고 경주하듯 움직였다.

러시아 - 우크라이나 전쟁과 인플레이션 쇼크

2022년 우크라이나 사태 이후, 긴축의 시계가 이례적인 수준으로 빨라졌다. 우크라이나 사태는 공급망 문제를 더욱 악화시키고, 인플레이션 압력을 가중시켰다. 국제유가뿐만 아니라 에너지 대전환의 주요 원자재인 구리와 알루미늄 등의 가격이 급등할 수밖에 없었다. 러시아는 세계 원유 시장 점유율 2위 국가이고, 세계 최대 알루미늄 회사인 루살(RUSAL)이 러시아 기업이다. 미국-유럽

동맹국과 러시아 동맹국 간의 긴장감이 장기화하면서 무역 거래량이 줄고, 경제제재가 가해지면서 공급망 대란으로 인한 인플레이션 현상을 격화시켰다.

고물가의 공격이 시작됐다. 시멘트나 철근과 같은 건축 자잿값이 치솟아 공사가 중단되는 일이 벌어지고 있다. 국제 펄프 가격이 급등해 출판계가 비상이다. 사룟값이 올라 축산농가의 시름이 깊어지고 있다. 식자잿값이 다 올라도 메뉴 가격을 올리면 손님이 줄까 고심하는 자영업자의 고충은 헤아릴 수도 없이 깊다.

● 세계 Top 10 원유 생산국별 생산량과 비중

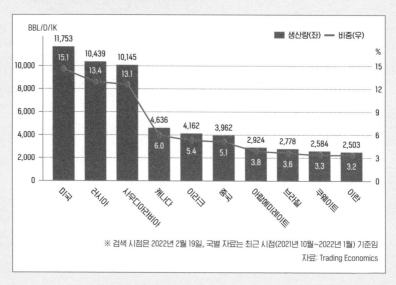

※ 검색 시점은 2022년 2월 19일, 국별 자료는 최근 시점(2021년 10월~2022년 1월) 기준임
자료: Trading Economics

글로벌 인플레이션 쇼크가 이어지고 있다. 물가는 사실상 충격적인 수준이다. 이토록 미국 물가 지표에 주목한 적이 있었던가? 미국 물가상승률이 9.1퍼센트(2022년 6월)를 기록했다. 41년 만의 최고치다. 이것이 얼마나 충격적인 물가인지를 글로는 아무리 설명해도 실감하기 어렵다. 적어도 만 41세 이하의 세계인구는 이런 물가상승률을 처음 경험했다고 할 수밖에. 한국의 7월 물가상승률인 6.3퍼센트와 비교해도 절대적으로 높지만, '저성장-저물가'의 경제 대국에서 9퍼센트대 물가는 한국 경제에 비유하면 두 배인 18퍼센트 이상에 해당할지 모른다.

더욱 긴장되게 만드는 것은 인플레이션 현상이 장기화할 것이라는 점이다. 최근까지 인플레이션을 초래한 요인들이 소멸되지 않고 있고, 특히 공급

● **미국 물가상승률(CPI) 추이**

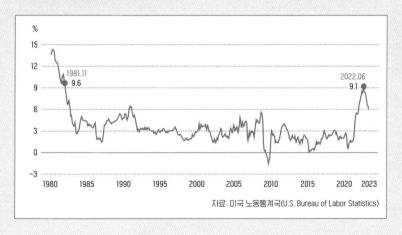

자료: 미국 노동통계국(U.S. Bureau of Labor Statistics)

망 병목현상이 장기화하면서 원자재 가격을 비롯한 생활 전반의 가격이 치솟을 것이란 전망이 나오고 있다. 초인플레이션 현상은 공급 측면의 요인이기 때문에, 쉽게 해결될 과제가 아니다. 식량자원만 봐도 그렇다. 얼마 전에 인도네시아가 팜유 수출을 차단하더니, 인도는 밀을, 말레이시아는 닭고기 수출을 금지하기에 이르렀다. 자국 물가 안정을 우선하는 정책들에 집중하다 보면, 글로벌 공급망은 더욱 틀어막히고 가격은 치솟게 된다.

심리적으로도 그렇다. 경제주체들이 향후 물가가 상승할 것으로 판단하면, 실제 물가에 그대로 반영되는 경향이 있다. 물가상승률을 반영해 임금협상을 추진한다든가, 재룟값이 올라 메뉴 가격을 올린다든가 하는 현상이 그런 것이다. 원자재 구하기가 힘들어질 것이라고 예상하는 기업들이 미리 비축분을 늘린다든가, 화장지값이 오를 것으로 생각하는 가계가 사재기하는 현상도 심리적인 움직임이 실제 물가상승을 부추기는 대표적인 사례다. 즉, 기대인플레이션율이 최고치를 계속 경신하고 있어서 고물가 현상은 장기화할 것으로 보인다.

인플레이션 압력은 특히 미국에 집중되었고, 미국의 금리 인상 속도가 격화되기에 이르렀다. 코로나19 이후 인플레이션 압력을 가장 집중적으로 받은 나라는 미국이고, 따라서 어떤 나라의 중앙은행보다 미국 연준이 인플레이션 문제를 대응하기 위해 적극적이다. 실제로 전쟁 이전까지도 미국을 중심으로 인플레이션 압력이 가장 강했다. 그런데 미·러 갈등이 고조화, 장기화됨에 따라 공급망 문제가 가중되고, 이는 다시 추가적인 인플레이션 압력으로 작용해 긴축의 시계를 더 앞당긴 것이다.

이례적 통화정책 기조

2022년 하반기 역사가 새로 쓰였다. 이례적인 물가의 충격은 이례적인 금리 인상 행보를 유인했다. 미국 연준의 0.75퍼센트포인트의 기준금리 인상은 28년 만인 매우 보기 드문 거인의 행보, 즉 '자이언트 스텝'이었다. 미국의 움직임이 예사롭지 않았다. 통화정책 기조의 전환을 천천히 함으로써 시장에 부작용을 최소화하기 위한 약속인 베이비 스텝 룰(Baby Step Rule)도 잊은 듯하다. 빅 스텝에 이어 자이언트 스텝을 연거푸 단행한 이례적인 기준금리 인상이다.

치솟는 물가만큼이나 물가 잡기 행보도 장기화할 전망이다. 2022년 8월 25~27일에 잭슨홀 미팅이 있었고, 세계는 제롬 파월 연준의장의 연설에 주목했다. "연준은 물가상승률을 2퍼센트 목표치 아래로 끌어내리는 데 집중할 것이고, 그것이 연준의 책무다(Focus right now is to bring inflation back down to our 2percent goal. Price stability is the responsibility of the Federal Reserve)"라고 발언했다. 연준은 물가 등의 지표를 확인하면서 의사결정을 하겠지만, 물가상승률이 2022~2023년 동안 2퍼센트 이하로 떨어지기 어려운 국면이기 때문에 긴축적 통화정책의 행보는 지속될 것으로 전망한다. 2022년 하반기 동안 빅 스텝과 자이언트 스텝을 지속하는 큰 폭의 기준금리 인상 속도를 유

● 주요 지역별 소비자물가상승률 변화

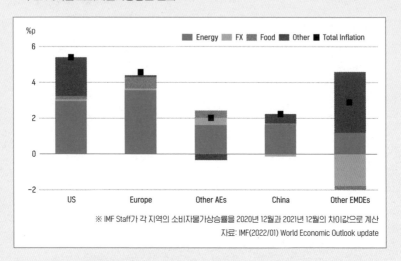

※ IMF Staff가 각 지역의 소비자물가상승률을 2020년 12월과 2021년 12월의 차이값으로 계산
자료: IMF(2022/01) World Economic Outlook update

지했지만, 2023년 들어 물가상승세가 어느 정도 진정되면서 베이비 스텝(0.25 퍼센트포인트 인상) 정도로 금리 인상 속도가 완만해지고 있다. IMF는 미국의 소비자물가상승률을 2022년 7.7퍼센트, 2023년 2.9퍼센트로 전망하고 있고, 이는 곧 미국의 긴축기조가 유지될 것을 암시해주는 근거가 된다.

한국도 2023년까지 추가적인 기준금리 인상을 단행할 것으로 전망한다. 미국의 금리 인상 속도를 따라가긴 어렵겠지만, 베이비 스텝을 단행하면서 긴축 기조를 유지할 것이다. 미국만큼 경제가 견고하게 뒷받침되지 못하기 때문에, 한미 간의 기준금리를 수용한 채 통화정책을 운용할 것으로 판단된다. 더욱이 미국에 비해 기준금리 인상 속도가 완만할 뿐이지, 유로존, 일본, 중국 등의 주요국들에 비하면 상당히 빠른 수준이 될 테고, 한국은행은 이를 주된 논리로 기준금리 운용의 정당성을 주장할 것으로 보인다.

● 한국과 미국의 기준금리 추이 및 전망

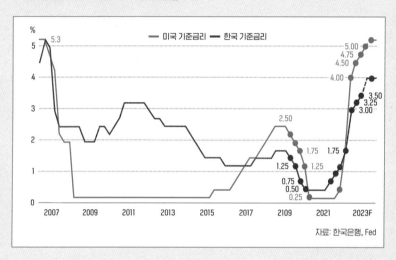

자료: 한국은행, Fed

긴축의 시대, 어떻게 대응할까?

다음 문장은 《위드 코로나 2022년 경제전망》을 통해 전달한 메시지다.

"새로운 국면에 각국 중앙은행이 행동을 전환하듯이, 기업과 가계의 행동도 달라져야 한다. 완화의 시대에서의 자산시장은 요동치듯 성장했지만, 긴축의 시대에는 안정을 찾을 것이다. 주가와 주택매매가격이 폭등했던 시대가 가고 전반적으로 둔화하는 흐름이 나타날 것이다. 2022년에는 현금의 비중을 확대(73쪽).” 2022년에는 강도 높게 금리, 즉 돈의 가치가 상승하고, 자산가치가 하락할 것이라는 전망이었다.

2023년은 긴축의 시대가 지속할 전망이다. 2022년만큼 금리 인상 속도가 강하진 않겠지만, 물가가 안정적인 수준으로 떨어질 때까지 높은 기준금리 수준을 유지할 것이다. 각 은행은 높은 시중금리를 유지할 것이고, 저축금리와 대출금리가 2022년보다도 상승할 것이다. 돈은 여전히 현금으로 쏠릴 것을 암시한다. 웬만한 투자보다 은행 저축상품이 안정적인 수익률을 보장해줄 것이다. 4~5퍼센트 수준의 저축금리 상품이 나타난다는 것은 투자자들에게 ‘굳이 불확실성을 안고 주식 투자를 해야 하는지’에 대한 이유를 찾기 어렵게 만들 것이다. 만약, 러시아-우크라이나 전쟁의 종식으로 급격히 공급망 문제가 해소된다면, 예상보다 빠르게 물가가 안정될 수 있겠다. 이 경우 2023년 연내에도 경기부양을 위해 기준금리 인하를 결정할 수 있지만, 그러한 외재적인 변수가 발생하지 않는 한 위와 같은 흐름이 유지될 것으로 판단한다.

2023년까지 긴축 행보를 지속할 것이라는 미국 연준의 전망은 세계 경제를 더욱 긴장하게 만든다. 2022년 세계는 미국 연준의 결정을 예의주시했다. 2023년에도 눈치 게임이 있을 것이다. 자국의 경제여건만 보면 도저히 금리를 인상할 수 없는 국가들은 미국의 속도에 맞추어 기준금리를 인상할 수도,

자국 경기부양을 위해 마음 놓고 인하할 수도 없는 상황에 빠질 것이다. 이러한 국가들을 중심으로 상당한 경기 하방 압력이 있을 것이다. 미국 경제마저 녹록지 않을 것이고, 더욱이 리쇼어링을 대대적으로 단행할 것이기 때문에, 주요국들의 수출도 제약요건이 많아질 것이다. 2023년에는 글로벌 리세션이 현실화할 것으로 전망되고, 이에 따라 세계 주식 시장의 반등세도 미약할 것으로 보인다.

정책적으로도 해결해야 할 숙제들이 산적해 있다. 시중금리가 상승함에 따라 기업들의 투자심리가 많이 꺾일 것이기 때문에, 경제의 역동성을 지탱하기 위한 방향으로 예산을 투입해야 한다. 높은 금리 상황 속에서도 기업들이 신산업 기회를 발굴하고, 양질의 일자리를 창출할 수 있도록 경영여건을 개선해나가야 한다.

금융정책도 전환이 필요하다. 높은 금리가 시장의 대출심리를 제약할 것이기 때문에, 금융정책마저 대출규제를 강화하면 부작용이 초래될 수 있다. 자산시장의 거품이 꺼지는 시점이기 때문에, 상환능력이 충분한 건전한 차주를 중심으로 대출규제를 완화하는 방향으로의 정책전환이 요구된다.

< 제2강 >

물가

물가는
물건의 가격

물가가 뭐가 그렇게 중요해서, 물가 안정이 얼마나 중요하기에 한국은행이 물가, 물가 하는 것일까요? 이번에는 물가에 대해 이야기해보겠습니다. 앞서 금리란 돈의 가치라고 말씀드렸습니다. 돈으로 무엇을 삽니까? 집도 사고 주식도 사고 매일 장도 보잖아요. 이것들이 다 물건입니다. 즉, 물가는 돈을 주고 바꾸는 모든 것이고, 그래서 물가는 경제를 구성하는 굉장히 중요한 변수입니다.

물가는 물건의 가격입니다. 1980년대에는 짜장면 한 그릇에 500원 정도 했어요. 지금 짜장면은 5천 원이 넘습니다. 짜장면 가격이 10배 이상 올랐네요. 짜장면의 가치도 올랐나요? 그때는 짜장면이 졸업식 날에

나 먹을 수 있던 음식이었어요. 짜장면의 가치는 그때에 비하면 오히려 떨어졌습니다. 짜장면의 가치는 떨어졌는데 가격은 왜 10배나 올랐을까요? 돈의 가치가 떨어졌기 때문입니다.

물가와 관련된 주요 용어

물가와 관련된 여러 용어들을 먼저 정리해봅시다.

● 물가 관련 용어

인플레이션(Inflation) - Inflate
디스인플레이션(Disinflation)
디플레이션(Deflation) - Deflate
디프레션(Depression)

인플레이션(Inflation)은 인플레이트(Inflate)에서 유래됐습니다. 예를 들어 풍선에 바람을 불어 넣어요. 이때 공기의 무게가 0이라고 가정해볼게요. 이때 풍선이 커지면 무게도 무거워집니까? 풍선의 무게는 똑같습니다. 다시 말해 물건의 가치는 그대로인데 가격만 너무 오른 것을 인플레이트라고 하고, 인플레이션은 물가상승률을 뜻합니다.

디스인플레이션(Disinflation)은 물가상승세가 없다는 의미입니다.

디플레이션(Deflation)은 인플레이션의 반대말이죠. 디플레이트

(Deflate), 즉 풍선의 무게는 그대로인데 공기의 양이 줄어듭니다. 거품이 꺼진다, 가격이 떨어진다는 뜻입니다.

디프레션(Depression)은 유사한 용어처럼 들리지만 경기침체를 뜻해요. 혼동하지 말라는 의미에서 알아봤습니다.

용어 하나를 더 설명드리고 싶은데요. 스태그플레이션(Stagflation)이라는 표현입니다. 스태그플레이션은 인플레이션 현상에 경기침체가 더해지는 거예요. 물가는 높은데 경제성장률은 저성장일 때를 말합니다. 쉽게 말해 월급은 줄어드는데 가격만 오르는 것입니다.

물가가 너무 높아지면 저소득층이나 서민들은 더욱 살기 힘들어집니다. 그래서 적정한 물가가 필요합니다. 이를 이루기 위한 중앙은행의 노력이 바로 통화정책입니다.

물가와 경제

물가가 높으면 서민들이 힘들어진다는 것은 이해가 돼요. 반대로 물가가 떨어지는 건 왜 문제일까요? 이렇게 설명해볼게요.

● 물가와 경제의 상관관계

구분		연간 자동차 생산량		1대 판매가격		GDP
전년도		100	×	10	=	1,000
금년도	저물가	100	×	5	=	500(50%↓)
	고물가	100	×	15	=	1,500(50%↑)

작년에 자동차 100대를 만들었는데 한 대당 10원이었어요. 그럼 GDP가 1,000원이죠. 올해도 작년과 동일하게 자동차를 100대 만들었습니다. 근데 올해는 한 대당 가격이 5원으로 떨어졌어요. 이때는 GDP가 500원이 되네요. 결국 가격이 떨어지니까 GDP가 줄었습니다. 반대로 가격이 15원으로 올랐어요. 이제는 GDP가 1,500원이 되죠. 가격이 적정하게만 올라준다면 생산량은 똑같은데 경제 규모가 커집니다. 그러니까 적정한 물가상승률이 필요한 것이죠.

대한민국은 고물가일까요, 저물가일까요?

사람마다 체감하는 물가가 다릅니다. 이걸 체감물가라고 합니다. 매일 장을 보는 주부라면 아마도 채소, 과일, 고기와 같은 식료품을 구매할 것입니다. 그러니까 이 사람의 체감물가는 식료품물가이지 전체 소비자물가가 아닙니다.

소비자물가 ≠ 체감물가

또 한 중견 기업의 대표는 물가가 너무 높아서 힘들어 죽겠대요. 물가상승률이 50%는 되는 것 같답니다. 왜 그렇게 느껴질까요? 내가 지금 만드는 부품에 들어가는 철강 소재 가격이 작년보다 두 배로 올랐대

요. 작년에 비해 100% 올랐다는 것이죠. 그러니까 이 대표가 체감하는 물가는 바로 철강 가격인 셈입니다. 트럭 운수업자가 체감하는 물가는 원유 가격일 수도 있고, 요소수 가격일 수도 있습니다. 이렇게 저마다 느끼는 체감물가는 다 다릅니다.

그럼 물가상승률과 체감물가는 왜 다를까요? 통계청에서 소비자물가 동향조사를 할 때 460여 가지 소비 품목의 가격 등락을 계산하는데, 이때 기준이 중요합니다. 2021년 12월 물가상승률은 2020년 12월의 가격과 비교해서 460여 가지 소비 품목의 가중평균, 즉 가격상승 폭을 계산한 거예요.

● 소비자물가지수

> 실생활에서 소비하는 총 460여 개의 품목 및 서비스를 대상으로
> 평균 가격을 조사한 후 지난해 대비 등락을 측정한 지수

이때 체감물가는 460여 가지 가격의 가중평균 등락률이 아니라 그 중 일부 품목의 가격 등락인 거죠.

또 한 가지 이런 경험이 있을 거예요. 어제는 호박이 500원이었는데 오늘은 2,000원이에요. 그럼 가격이 4배 오른 거잖아요. 이때 체감물가는 어제 대비 물가입니다. 혹은 지난달 대비 물가일 수도 있죠. 근데 이 소비자물가상승률은 전년 동월 대비니까 체감물가와 소비자물가는

다를 수밖에 없습니다.

또 한 가지로, 체감물가는 오를 때만 인식합니다. 예를 들어 호박 가격이 500원이었다가 2,000원이 될 때는 가격이 올랐다고 느끼지만 다시 500원 될 때는 인식을 못 합니다.

물가마다 관리 주체가 다르다

그렇다면 체감물가는 안 중요할까요? 체감물가를 잡기 위한 노력도 필요합니다. 이것이 기획재정부의 역할입니다. 예를 들어 설 연휴 철을 앞두고, 또 한파를 맞이해서 여러 채소와 과일 물가도 오를 거예요. 이러면 서민들이 너무 힘들 거 아니에요. 그러니까 체감물가를 안정적으로 잡기 위해서 기획재정부 관점에서 혹은 농림수산부 입장에서, 산업통상자원부 관점에서 비축량을 확보한다든가 해외로부터 대체할 만한 과일들을 많이 확보하면 가격을 안정적으로 조절할 수 있겠죠. 이 또한 중요한 정책이에요. 다만 체감물가는 중앙은행의 역할이 아니기 때문에 중앙은행은 체감물가를 신경 쓸 수 없습니다.

인플레이션 공포

세계인의 관심이 인플레이션에 집중되어 있습니다. 글로벌 인플레이션 시대는 막을 내릴까요?

2022년 세계 경제의 숙제는 '물가'였습니다. 미국은 소비자물가상승률이 6월 9.1퍼센트, 영국은 9월 10.1퍼센트, 유로존은 10월 10.6퍼센트 등 각국은 41년 만에 최고치의 고물가를 경험했습니다. 한국 소비자물가상승률도 7월 6.3퍼센트를 기록하며, IMF 외환위기 이후 24년 만에 최고치에 이르렀죠. 이례적인 고물가는 이례적인 고금리 시대를 이끌었고, 고환율이라는 숙제도 함께 딸려 왔습니다. 2022~2023년 경제를 고물가-고금리-고환율이라는 복합위기의 시대라 칭하지만, 사실 이 모든 게 물가 때문이었습니다.

'물가가 언제, 얼마나 빨리 잡히는가'가 경제를 결정짓는다고 해도 과언이 아닐 것입니다. 저는 2023년 본격적인 경기 침체가 시작된다고 강조해왔습니다. 물가가 잡히는지 여부로 금리가 결정될 것이고, 이에 따라 경제주체의 심리가 급격히 전환될 수 있습니다. 물가를 둘러싼 몇 가지 의문과 우려들에 관한 판단이 필요한 시점입니다.

첫째는 '물가 정점론'입니다. 한국 소비자물가상승률이 2022년 7월 6.3퍼센트를 기록한 이후 2023년 3월 4.2퍼센트로 내려오는 추세입니다. 소비자물가의 선행 지표 중 하나가 수입 물가예요. 소비재(완제품)뿐 아니라, 원자재나 부품을 수입하여 가공-유통-소비 과정을 거치기 때문에, 수입 물가가 약 3개월 선행하는 경향성이 있습니다. 원자재 가격과 환율이 다소 안정되면서 수입 물가상승률도 2022년 5월에 이미 정점을 찍고 가파른 하락세를 지속하고 있습니다.

둘째, 물가가 정점을 찍은 것은 맞지만 물가가 잡힌 것은 아니라는 점을 강조하고자 합니다. 중앙은행의 통화정책은 물가 안정 목표제하에 있습니다. 한국, 미국과 같은 선진국들의 목표물가는 2퍼센트죠. 즉, 물가상승률이 2퍼센트를 웃돌면 적정물가에서 벗어난 고물가 시대라고 판단하고 기준금리를 인상하는 등 긴축적 통화정책을 단행합니다.

한국 소비자물가상승률도 정점을 이미 통과한 모습이고, 미국도 9.1퍼센트에서 2023년 3월 들어 5퍼센트로 하향 안정화하고 있는 것은 사실이지만, 아직 2퍼센트라는 목표 물가에 부합하는 수준으로 떨어진 것은 아닙니다. 2023년 소비자물가상승률은 한국이 약 3.5퍼센트, 미국이 약 4퍼센트 수준에 달할 것으로 전망합니다. 현재 시점에 예상할 수 없는 어떤 변수가 등장하지 않는다고 가정한다면, 2023년까지 물가를 목표 수준으로 잡기 어려울 것으로 판단됩니다.

셋째, '물가상승률'이 정점이지, '물가'가 정점인 것은 아닙니다. 물가상승률이 떨어지는 것과 물가가 떨어지는 것은 엄연히 다릅니다. 만약 사과 한 개의 가격이 2021년 100원, 2022년 200원, 2023년 300원으로 올랐다고 가정해볼게요. 2022년 사과가격은 100퍼센트 상승했고, 2023년 상승률은 50퍼센트로 떨어진 것입니다. 즉, 상승률이 떨어져도 가격은 같은 폭으로 올랐습니다. 2023년 물가상승률이 다소 안정된 흐름을 보이는 것은 맞지만, 소비자들은 2022년에 경험한 비싼 물건 가격보다 3.5퍼센트 정도 더 높은 물가를 경험하게 될 것입니다.

물가상승률은 기준이 중요하다

최근 유튜브 채널 '경제 읽어주는 남자'를 통해 한국 소비자물가가 발표되자마자 분석해서 물가를 진단해드렸습니다. 2023년 2월 소비자 물가상승률은 4.8퍼센트에서 3월 4.2퍼센트로 큰 폭으로 하락했습니다.

'3월 소비자물가상승률 4.2퍼센트'라는 말에는 크게 세 가지 정보가 내포되어 있습니다. 첫째는 물가상승률이 2월 4.8퍼센트보다 상당한 수준으로 떨어졌다는 점입니다. 둘째는 여전히 목표하는 물가상승률 기준인 2퍼센트를 상회하는 고물가 수준이라는 점입니다. 셋째는 그렇게 높았던 2022년 3월의 물가에 비해서 4.2퍼센트나 또 올랐다는 것입니다.

현재 물가상승률이 고물가인가 저물가인가를 판단할 때 결국 기저효과를 감안해서 이해할 필요가 있습니다. 2023년 한 해 '물가상승률'이 떨어질지라도 '물가'가 떨어지는 것이 아닙니다. 특히, 비교 연도인 2022년의 가격이 너무 높았기 때문에, 2023년 물가가 상대적으로 덜 오르는 것처럼 보일 뿐, 서민의 물가 부담은 상당하다고 볼 수 있습니다.

● 기저 효과

> 경제 지표 증가율을 해석할 때 기준시점과 비교시점의 상대적인 위치에 따라서
> 경제 상황에 대한 평가에 왜곡이 일어나는 것

물가의 상대적 충격

체감물가 상승 혹은 식료품물가 상승 충격이 상대적이라는 것도 중요합니다. 한 달 소비 지출액 중에 식료품 지출이 차지하는 비중이 엥겔지

수입니다. 엥겔지수는 평균적으로는 13.5퍼센트예요. 만약 한 달에 100만 원 정도를 지출한다면 14만 원 정도를 식료품 사는 데 쓴다는 겁니다. 이때 외식은 제외합니다.

● 소득 분위별 엥겔지수 현황

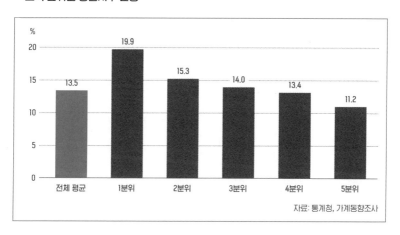

자료: 통계청, 가계동향조사

근데 상위 20퍼센트 5분위 고소득층일수록 엥겔지수가 떨어지고 1분위 저소득층일수록 올라갑니다. 저소득층일수록 엥겔지수가 높기 때문에 식료품 가격이 치솟으면 저소득층이 힘들다는 결론이 나오는 것이죠.

쉽게 설명하면 5분위 고소득층은 한 달 소비 지출액 1,000만 원에서 100만 원을 식료품 사는 데 쓰는 거예요. 그리고 1분위 저소득층은 100만 원 소비 지출액 중에서 20만 원을 식료품 구매로 씁니다. 절대적인 식료품 소비 지출액은 20만 원과 100만 원, 5배 차이가 나지만 비중을 따지면 저소득층이 절대적으로 더 높기 때문에 저소득층의 엥겔지수가 고소득층보다 높습니다.

이렇게 물가는 상대적으로 작용하기 때문에 식료품물가상승세, 즉 체감물가도 잡아야만 하고, 이것은 재정정책의 영역입니다. 그렇기 때문에 물가를 알아야 합니다.

스태그플레이션이 온다

중간선을 지난 줄 알았는데, 출발선에서 벗어나지 못하고 있다. 코로나19가 시작된 지 한참 지났지만 아직도 제자리 같다. 변이 바이러스가 등장하고, 러시아-우크라이나 전쟁이 발발하며, 공급망 대란과 인플레이션 위협이 찾아오더니, 금리의 역습까지 시작되었다. 과제가 산적해 있다 보니 풀기 어려운 과제를 매일 새롭게 시작하는 느낌이다.

S의 공포가 찾아오다

스태그플레이션(Stagflation)은 빠져나오기 어려운 경제현상이다. 이는 스태그네이션(Stagnation, 경기침체)과 인플레이션(Inflation)의 합성어로, 경제불황 속에서 물가상승이 동시에 발생하고 있는 상태를 가리킨다. 즉, 경제활동이 침체되고 있음에도 지속적으로 물가가 상승하는 저성장에 고물가 상태를 의미한다. 흔히 인플레이션 시대에는 고물가라는 채찍 속에서 고성장이라는 당근이 있고, 경기침체 국면에는 저성장이라는 채찍 속에서 저물가라는 당근이 있지만, 스태그플레이션 시대는 저성장에 고물가, 즉 채찍밖에 없다.

지금까지 밀어닥친 어려운 과제들이 '변신 로봇'처럼 합체되면서, 가장 위협적인 '끝판왕' 앞에 던져진 느낌이다. 공급망 병목현상이 장기화함에 따라 원자재 가격이 폭등하던 터였다. 거기에 우크라이나를 침공한 러시아에 대한 경제제재가 가해지기 시작했다. 러시아는 세계 2위의 원유와 알루미늄 생산국이다. 유럽은 가스 소비량의 3분의 1을 러시아에 의존해왔다. 러시아로부터 원유, 천연가스, 니켈, 알루미늄, 밀 등과 같은 자원 수급이 막히자 원자재 가격이 추가로 폭등했다. 전쟁과 경제제재로 인해 고물가와 저성장이 같이 찾아오는 스태그플레이션의 시대다.

최근 세계은행도 경제전망 보고서에서 "스태그플레이션 리스크가 고조(Stagflation risk rises)"되고 있음을 경고했다. 세계 경제의 물가상승압력은 여전한데, 동시에 경기침체 국면에 내몰리고 있다고 판단했다. 미연준은 2022년 미국 경제성장률을 기존의 2.8퍼센트에서 1.7퍼센트로 대폭 하향 조정했다.

한국도 예외가 아니다. 세계 어느 나라보다 한국은 국제유가와 원자재 가격상승에 취약한 구조다. 한국은행은 지난 2021년 8월까지만 해도 소비자물가상승률 전망치를 2022년 1.5퍼센트, 2023년 1.7퍼센트로, 목표물가 2퍼센트를 밑도는 저물가를 전망했다. 이후 수차례 상향 조정하면서 2022년 8월 들어 2022년과 2023년 물가상승률 전망치를 각각 5.2퍼센트, 3.7퍼센트로 제시했고, 상당한 수준의 고물가가 유지되는 경제국면에 놓일 것으로 진단했다.

경기침체는 어떻게 찾아오는가?

2022년에 이어, 2023년에도 고물가 기조가 유지될 것이라는 판단은 기정사실로 되었다. 이제는 고물가와 함께 경기침체가 찾아올 것인지, 어떻게 찾아오는지를 진단해야 할 것이다. 위협의 성격을 이해해야 대응방안을 모색할 수 있기 때문이다.

첫째, 강달러의 공격이 온다. 미국이 '물가 잡기(Inflation Fighting)'에 집중하다 보니, 기준금리 인상 속도가 상당하다. 중요한 것은 다른 나라들과 금리 인상 속도가 다르다는 점이다. 예를 들어, 유사한 수준의 물가상승압력이 작용하고 있는 유럽의 경우, 유로존에 속한 나라들의 사정이 제각각 다르기 때문에 금리 인상 속도가 더딜 수밖에 없다. 이탈리아를 비롯한 남유럽 국가들의 재정 및 경제 상황이 녹록치 않기 때문이다. 순록 떼 앞에 포식자가 나타났다고 생각해보자. 달리기에서 뒤처져 무리에서 이탈하는 순록은 먹잇감이 될 수 있다. 취약국들의 여건을 고려한 기준금리 인상 속도는 느릴 수밖에 없다. 일본은 이 와중에 정책금리를 계속 동결하고 있고, 중국은 오히려 금리를 인하하고 있지 않는가?

2022년부터 찾아온 강달러는 경제를 위협시킨다. 특히, 수입업자들은 매우 힘든 시국을 만났다. 1년 전 약달러 환경일 때 수요처에 100원에 물품을 공급하기로 계약했던 수입업자들은 제품을 50원에 수입해 적당한 마진을 붙여 공급할 수 있었다. 하지만 이제는 강달러 환경으로 바뀌었고, 수입가격이 100원을 상회할 지경이니 계약을 파기하느냐 회사를 청산하느냐 하는 고된 갈림길에 서 있는 듯하다. 강달러 기조는 수입물가 안정화를 방해하고, 결과적으로 고물가를 잡기 더 어렵게 만들기도 한다.

무역적자가 역사상 최고 수준에 달한다. 무역수지는 총수출에서 총수입을 뺀 개념이다. '달러 강세는 수출 기업들에 오히려 호재로 작용하지 않는가?'라는 합리적인 의문이 제기된다. 하지만 세계 교역량 자체가 줄기 때문에 수출여건도 악화할 수밖에 없다. 세계 주요국들이 무역 결제 통화를 주로 달러로 하고 있어서, 수입에 상당한 부담을 느끼고 기존의 비축분을 사용하거나 자국산을 선택하는 경향이 나타나기 때문이다. 가뜩이나 경기침체를 맞닥뜨리면서 수출 대상국들의 내수가 쪼그라들고 수입 물량을 줄이고 있는데, 수입기업들이 달러환율을 고려해서 '차라리 자국산을 선택하자' 하는 내재화 열풍으로 돌아서면 수출 기업들은 더욱 어려워질 수밖에 없다. 즉, 무역 파트너국들이 수입문을 닫고 있어서 수출 기업들의 수출처가 사라지는 현상이 나타나고 있다.

둘째, 기업들의 투자가 위축된다. 대외 경기도 불안정하고, 금리는 높게 유지되기 때문에 투자 의지가 크게 꺾일 수밖에 없다. 주가도 미진해 자기자본도 충분치 않은 데다 높은 금리를 떠안고 신규투자를 단행하기에는 부담이 크고, 경영진들은 '무모한 도전을 굳이 내가?' 하는 소극적 마인드가 팽배하게 된다. 신사업 진출을 꺼리고, 생산설비를 늘릴 이유도 없다. 과도한 대출에 의존했던 기업들의 구조조정이 시작된다. 허리띠를 졸라맨다. 먼 미래를 두고 투자하기보다 당장 먹거리가 되는 사업에만 집중하는 것이다. R&D나 신제품 출시를 미루는 등 경제의 역동성이 떨어지게 된다.

셋째, 국민소득이 감소해 삶의 질이 떨어진다. 기업들의 투자 위축과 구조조정으로 일자리가 줄어들고, 이는 국민소득을 감소시킨다. 주식이나 부동산 등과 같은 자산가치도 조정되어 재산소득이 여유롭게 발생하지 않는 데다가, 근로소득이나 사업소득도 주춤하게 된다. 더구나 고물가의 습격은 가계의 삶을 더욱 어렵게 만든다. 코로나19 이후 국민소득이 명목적으로는 늘어난 듯 보이지만, 물가상승률을 감안하면 전혀 그렇지 않다. 2021년부터 2022년까지 경기가 뒷받침되는 구간에서 가계의 명목소득은 늘었지만, 실질소득은 이와 격차가 벌어지는 모습이다. 2022년 하반기부터 경기침체가 본격화하는 2023년에는 명목소득마저 불안해지기 때문에 가계의 소비지출도 꺾이게 할 것이다. 변동금리 대출자들은 치솟는 이자상환이 부담스러워 소득의 절대적인 비중을 원리금 갚는 데 써야 하므로, 소비 여력이 더욱 축소될 것이다.

● 가계의 처분가능소득 추이

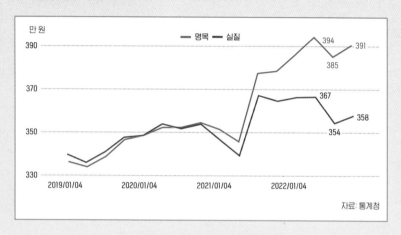

자료: 통계청

스태그플레이션에 대응하라

정부의 경제정책 방향에는 '스태그플레이션 대응책'이 반영되어야 한다.

첫째, 핵심 원자재 수급 안정을 우선순위 정책으로 두어야 한다. 마그네

슘, 리튬, 니켈, 알루미늄 등과 같은 주력 산업의 필수 원자재 수급에 차질이 없도록 외교적 노력을 집중하고, 국내 기업들이 자원개발사업을 확대할 수 있도록 지원해야 한다. 특히, '소부장' 정책(소재, 부품, 장비 국산화)만큼은 정권이 교체되더라도 유지해야만 하는 매우 중대한 국가전략임을 강조한다.

둘째, 물가상승에 상대적으로 더 취약한 영세 자영업자 지원이 필요하다. 쌀가격이 올라도 김밥 가격을 올릴 수 없다. 그렇지 않아도 손님이 없는데 어떻게 가격을 올리겠는가? 즉, 가격 전가 능력이 없는 사업자들을 위한 지원책을 마련해야 한다.

셋째, 저소득 서민층을 위한 물가 안정책도 마련해야 한다. 같은 물가상승도 엥겔지수가 높은 저소득층에게 그 충격은 가혹하다. 고용도 불안하고, 소득도 주는데 물가만 치솟는 경제. 저소득층을 위한 식료품 및 에너지 바우처를 확대하거나, 공공근로사업 등을 통한 안정적 소득지원 방안을 마련해야 한다.

통화정책과 재정정책 모두 신중함이 요구된다. 통화정책 정상화 속도를 조절해야 한다. 과도한 재정지출은 국채금리를 상승시키고 구축 효과(Crowding-out Effect)로 이어질 수 있음을 간과해서는 안 된다. 즉, 투자와 소비를 더욱 악화시킬 우려가 있다. 물가도 오르고, 금리도 오르는데, 성장은 지체되는 스태그플레이션을 장기적으로 고착화하게 만들 수 있다. 오늘만 보는 것이 아니라 내일도 보아야 한다.

가계에도 신중한 의사결정을 권한다. 2020년처럼 '영끌해서 투자'해서는 안 된다. 그때는 성공했지만 2023년은 그렇지 않다. 자산가치가 조정되는 국면에서 높은 금리를 떠안고 무리한 투자를 진행하는 것은 적절해 보이지 않는다. 지키는 투자가 필요하다. 금리가 고점에 머무를 때(금리가 떨어질 일만 남았다고 판단할 때) 기회라고 오해하는 투자자들이 급증할 수 있지만, 주가가 반등할지라도 뚜렷한 반등은 어려울 것이다. 2022년 상반기까지는 실적이 호황인데 자본시장만 경색되는 흐름이었다면, 2022년 하반기와 2023년에는 기업들의 실적마저 어두울 전망이기 때문이다.

< 응용 학습 >

디스인플레이션의 시대

"인플레이션이 다소 완화되었다(Inflation has eased somewhat)."

2월 FOMC 회의록을 통해 제시한 미국 연준의 물가에 대한 판단이다. 인플레이션을 경계만 해왔던 연준의 태도가 상당히 바뀐 것이다. 물가상승세가 다소 완화하는 것을 뜻하는 이른바 디스인플레이션(Disinflation)의 시대가 시작되었다.

디스인플레이션은 물가가 잡혔다는 뜻이 아니다. 인플레이션이 정점을 찍었을 뿐이지, 여전히 목표하는 물가를 상회하는 수준이다. 2022년 6월 미국 소비자물가(CPI) 상승률은 9.1퍼센트를 기록한 후 2023년 2월 6퍼센트까지 떨어졌고, 개인소비지출(PCE) 물가상승률은 같은 기간 7퍼센트에서 5.04퍼센트로 하락했다. 그럼에도 불구하고 미국 연준이 목표하는 수준인 2퍼센트에 부합하지 않는 여전히 높은 수준의 물가 흐름인 것이다.

● 미국 소비자물가(CPI) 상승률 추이

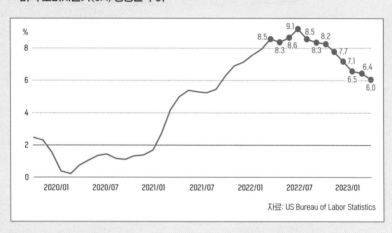

자료: US Bureau of Labor Statistics

　시장과 연준이 같은 것을 보면서 다른 생각을 하고 있다. 동상이몽이다.
물컵에 물이 반이 남은 것을 보고 시장은 '물이 반 밖에 안 남았다' 말하고, 연
준은 '반이나 남았다'라고 말한다. 글로벌 투자은행들(IB)은 물가가 자연스럽
게 안정화되는 경로에 놓여 있으므로, 추가로 기준금리를 인상하지 않아도 된
다고 판단하고 있다. 하지만 파월은 "물가 안정은 연준의 책무이고, 2퍼센트
라는 목표물가에 부합할 때까지 기준금리 인상을 지속(Ongoing increase in
the target range)하겠다"고 단언한다.

　연준은 근원물가에 집중하고 있다. 근원물가는 주변 환경에 민감하지 않은

품목들을 기준으로 산출하는 물가를 말한다. 물가는 크게 식료품, 에너지, 근원물가로 구분된다. 채소류 등과 같은 식료품은 계절적인 요인에 따라 급등락하고, 에너지 가격은 전쟁 등과 같은 일시적 충격으로 요동치기도 한다. 따라서 기조적으로 물가가 안정화되었는지 판단할 때는 식료품과 에너지를 제외한 근원물가를 기준으로 한다. 최근 소비자물가상승률이 상당한 수준으로 떨어진 것은 맞지만, 에너지와 식료품가격의 영향이지 이를 제외하고 보면 근원물가는 잡히지 않았다. 특히, 근원 서비스의 물가상승 기여도는 2022년 6월 3.2퍼센트에서 11월 3.9퍼센트, 12월 4.1퍼센트, 2023년 2월 4.2퍼센트로 오르고 있다.

● CPI 및 기여도 변화

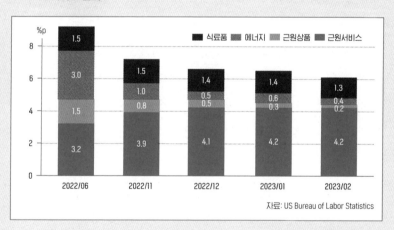

자연스럽게 관심은 향후 금리에 쏠린다. 미국의 추가적인 기준금리 인상

이 한두 차례 있을 것인지, 아니면 추가적인 인상 없이 동결해나갈 것인지가 최대 관심사다. 물가를 잡기 위해 시작한 미국의 통화정책 기조는 0.25퍼센트였던 기준금리를 짧은 시간 내에 5퍼센트로 올려놓았다. 시장은 이 정도 기준금리면 충분히 물가 안정화를 유도할 수 있다고 믿고 있다. 그러나 기준금리는 투자은행들이 결정하지 않는다. 연준이 결정한다.

연준 입장에서는 향후 물가에만 더 집중할 수 있는 환경이 조성되었다. 2023년 연초까지만 해도 경기침체 혹은 시스템 리스크가 고조되면서, 오직 물가목표만을 달성하기 위해 강한 긴축을 단행하기 어려웠던 상황이다. 다행히도 미국 경제가 강한 경기침체에 대한 우려를 덜 수 있는 상황이다. IMF도 경제전망 보고서(World Economic Outlook)를 통해 2023년 미국 경제성장률 전망치를 종전의 1퍼센트에서 1.4퍼센트로 0.4퍼센트포인트나 상향 조정했다. 즉, 극심한 경기침체를 우려해 기준금리 인상 속도를 조절할 필요가 없어진 것이다. 연준은 향후 발표되는 미국의 물가와 고용 실적치 등에 집중해서 향후 기준금리 인상여부를 결정할 것이다.

2023년 3월 들어 실리콘밸리은행(SVB) 파산 사태가 일어나고 이후 금융불안이 확산되기에 이르렀는데, 정부 및 민간의 적극적인 대응으로 금융부실이 전이되는 상황을 종식시켰다. 금융불안이 다시 고조될 경우 추가적인 기준금리 인상이 어렵고, 금융위기로까지 확산되면 기준금리를 인하하는 상황으로 전환될 수 있다. 다만, 현재로서는 금융불안이 어느 정도 해소되는 방향으로 이해하고, 통화정책의 행보를 지켜보는 것이 타당해 보인다.

시장의 과도한 기대감에 편승하는 것도 주의하고, 연준의 강한 경계감도 이해해야 한다. 글자가 아닌 행간을 읽어내야 한다. 한쪽에 치우치기보다 시장과 연준의 입장차를 판독해야 한다. 시장의 기대만으로도 자본시장에 자금이 유입될 수 있고, 주식은 심리 지표이며, 시장에 선행하는 것이니 말이다.

〈   제3강   〉

무역

무역의 생기초

최근 뉴스에서는 '무역전쟁', '보호무역주의'라는 표현이 자주 오르내리고 있습니다. 저는 2017년 이래로 경제 전망 책이나 강연에서 이 단어들이 매우 중요한 이슈가 될 거라고 이야기한 바 있습니다. 2023년만이 아니라 그 이후에도 세계 경제의 중심 화두가 될 것으로 보입니다.

그럼 무역이란 무엇인지, 무역은 왜 필요한지, 보호무역주의란 뭔지, 보호무역주의는 왜 확산되는지, 그것이 우리 경제에 어떤 영향을 주는지 등 무역 전반에 걸쳐 이야기를 시작해보겠습니다.

무역은 왜 할까요? 그리고 왜 중요할까요? 무역을 왜 하는지에 대한 설명으로는 이론상 크게 두 가지가 있습니다.

● 비교우위론

데이비드 리카도(David Ricardo)가 정립한
기회비용에 근거하여 국제 무역을 설명하는 이론

● 절대우위론

애덤 스미스(Adam Smith)가 정립한
생산비 특화 교역 이론

여기 광석과 정호가 있습니다. 이들이 살아가기 위해 사과도 따야
하고 물고기도 잡아야 한다고 가정해봅시다. 광석은 24시간 동안 사과
10개를 따요. 물고기는 같은 시간 동안 5마리를 잡아요. 이것이 광석의
생산 능력입니다.

반대로 정호는 사과를 잘 못 따요. 24시간 내내 5개를 따요. 그런데
물고기를 잘 잡아요. 24시간 동안 물고기 10마리를 잡습니다. 이것이
정호의 생산 능력입니다.

무역이 없는, 즉 자급자족 시스템에서 이틀이라는 시간이 주어진다
면 이들은 각자 하루는 사과를 따고 하루는 물고기를 잡을 것입니다. 둘
다 있어야 살 수 있으니까요. 이틀 동안 광석은 사과 10개와 물고기 5마
리, 정호는 사과 5개와 물고기 10마리를 갖게 됩니다. 이 둘이 사는 나
라의 총생산은 30이에요.

● 광석과 정호의 생산량

무역이 이뤄지지 않을 경우

총생산량 = 30(광석의 생산량 15 + 정호의 생산량 15)

구분	광석	정호
사과	10	5
물고기	5	10

● 광석과 정호의 특화 생산량

한 상품을 특화해서 생산할 경우

총생산량 = 40(광석의 생산량 20 + 정호의 생산량 20)

구분	광석	정호
사과	20	0
물고기	0	20

여기서 상황을 바꿔볼게요. 광석은 사과를 잘 따니까 사과만 따요. 정호는 물고기를 잘 잡으니까 물고기만 잡아요. 이틀 동안 광석은 사과 20개를 따고, 정호는 물고기 20마리를 잡게 됩니다. 그러면 이 둘이 사는 나라의 총생산은 40이 됩니다.

사과 따고 물고기 잡는 일 두 가지를 다 하는 게 아니라 각자 자신이 잘하는 일에만 집중하면 이런 결과가 나와요. 일을 마친 후에는 나눠 가져가요. 그러면 둘 다 더 잘살겠죠?

자급자족 경제에서처럼 모든 가계가 각자 잘하는 일에 집중하고, 잘 나눠 가진다면 어떻게 될까요? 모두 더 잘살겠죠? 이를 '분업'이라고 합니다. '전문화'라고도 표현할 수 있죠. 분업과 전문화가 국제적으로 이루어지는 것이 바로 무역입니다.

그래서 무역은 우리에게 많은 효용을 준다고 할 수 있습니다. 이처럼 '국가 간에 무역을 하면 서로 이득이 발생한다'라는 설명이 바로 애덤 스미스의 절대우위론입니다.

사람마다 생산하는 재화의 종류는 다를 것입니다. 자신이 경쟁력 있고 효율적으로 생산할 수 있는 재화에만 집중하는 겁니다. 그래서 직업이 생겨나죠. 논농사, 밭농사, 돼지 사육, 고등어 낚시 등 삶에 필요한 재화를 각 가계가 모두 생산하는 것이 아니라 '잘하는 일에만 집중'하고, '잘 갖추어진 시스템에 의존해서 교환'하면 되는 거죠. 이 교환 시스템이 국제적으로 사용되는 것, 즉 국제적인 분업이 이뤄지는 것을 무역이라고 할 수 있습니다.

분업은 매우 중요하며 앞으로는 더 분업화된 세상에서 살아갈 것입니다. 실제로 직업의 개수가 계속 늘어나고 있다는 것을 체감할 것입니다. '와, 이런 일을 하는 사람도 있네?' 하는 생각이 종종 들지 않았나요?

저도 그렇습니다. 일에만 집중하기 위해 집안일을 잘 안 합니다. 일주일에 두 번 가사를 맡아주는 분이 오시죠. 분업을 하고 있는 겁니다. 저는 제 일에만 집중하고 나머지는 그 분야 전문가에게 맡기는 식으로 최대한 분업할 때, 더 효율적이라고 생각합니다.

앞에서 무역의 효용을 설명했지만, 사실 더 중요한 효용이 있습니다. 1085년 고려시대에 일본 사신을 통해 귤이 우리 땅에 들어왔습니다. 그때 귤 맛을 처음 본 거죠. 이처럼 우리나라에 없는 것들을 들여올 수 있다는 것이 무역의 엄청난 효용이라고 볼 수 있습니다.

무역을 통한 이익

우리나라에 없는 것을 얻을 수 있다

오늘날의 경제로 보자면 원유 수입이 없는 셈입니다.

한국은 석유를 수입하는 나라일까요, 수출하는 나라일까요? 우리나라는 석유를 수출합니다. 원유를 수입해서 정제하여 석유 제품을 수출하죠. 원유 수입이 없다면 직접적으로는 이런 산업도 없을 뿐더러, 자동차를 몰 수도 없는 나라가 되겠지요. 자동차산업 강국이 되기도 어렵습니다. 결국 없는 것들을 있게 만드는 것이 무역입니다.

무역이 주는 효용은 그 밖에도 어마어마합니다. 세계 각국이 더욱 자유롭고 원활하게 교역하면 더 많은 효용이 있겠지요? 그래서 자유무역이 매우 중요합니다.

말로만 듣던 FTA, 정체가 뭘까요?

무역 하면 꼭 정리해야 하는 단어가 바로 FTA입니다. FTA란 뭘까요? FTA 협정이 이루어진다고 하면, 특히 농가에서 반대 시위를 많이 벌입니다. FTA가 무엇이기에 이렇게 찬반 갈등이 클까요?

FTA는 'Free Trade Area(자유무역지대)'라고 풀어 쓸 수 있습니다. 자유무역(Free Trade)을 하겠다는 약속 또는 협정(Agreement)이라는 뜻으로 'Free Trade Agreement'라고도 합니다. 또 'Free Trade Association'이라고 표현하기도 합니다. 어쨌든 다 FTA입니다. 일반적으로는 FTA를 자유무역협정(Free Trade Agreement)으로 칭합니다.

FTA = Free Trade Agreement

한국과 일본, 미국을 놓고 이렇게 가정해보겠습니다. 한국과 일본이 미국에 자동차를 수출해요. 자동차는 가격이 모두 100원입니다. 그런데 미국에 수출될 때는 관세가 붙습니다. 쉽게 계산하기 위해서 관세

가 10퍼센트라고 해볼게요. 그러면 미국에 수출할 때 한국 자동차든 일본 자동차든 모두 110원이 되는 거죠.

● FTA 이전 상황

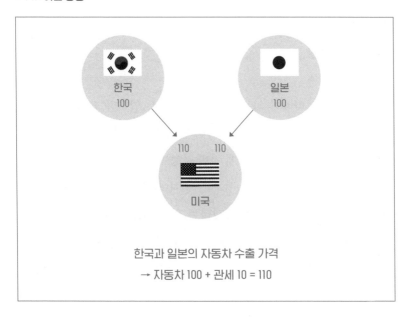

한국과 일본의 자동차 수출 가격
→ 자동차 100 + 관세 10 = 110

　　만약 미국이 일본과 FTA를 체결한다고 해봅시다. FTA는 '우리끼리는 서로 수출입할 때 관세를 없애자'라는 약속입니다. 무관세로 수출입하자는 이야기는 곧 자국 내에서 거래하는 것처럼 하자는 뜻입니다. 그게 바로 FTA예요.

　　관세를 없애면 수출입이 더 늘겠죠? 제품이 관세 등 아무런 장벽 없이 국경을 넘어가는 것을 자유무역주의라고 볼 수 있습니다. 자유무역

지대를 형성하는 겁니다. FTA를 체결하면 두 나라 간에는 관세가 없어지기 때문에 자동차가 110원이 아니라 100원이 되는 겁니다.

● 미-일 FTA 체결 이후

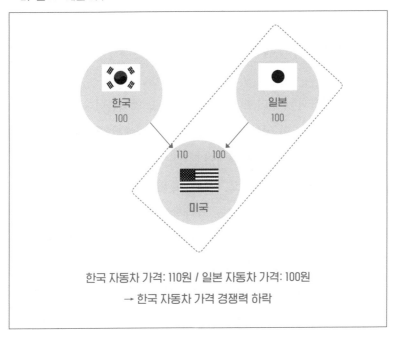

한국 자동차 가격: 110원 / 일본 자동차 가격: 100원
→ 한국 자동차 가격 경쟁력 하락

우리나라는 FTA를 체결하지 않고 일본만 체결했다고 해봅시다. 일본은 100원에 수출하는데 같은 제품을 우리나라는 110원에 수출하므로 수출 경쟁력이 떨어집니다. 더 정확히 이야기하면 '수출의 가격 경쟁력'이 떨어지는 거죠.

전 세계적으로 FTA가 엄청나게 확산되고 있습니다. 이는 자유무역주의가 확산된다는 말과 같습니다. 수많은 나라가 서로 FTA를 체결하는데 우리나라만 체결하지 않는다면 어떻게 될까요? 우리나라의 수출 길이 막히는 겁니다. 결론적으로 무역은 좋은 것이고, 자유무역은 우리나라에 중요합니다.

FTA 체결과 자국의 취약 산업 보호

미국에서 생산되는 캘리포니아 쌀, 고소하고 맛있습니다. 품질이 정말 좋아요. 더 과학적인 영농과 더 좋은 기후 환경에서 더 좋은 품질의 제품이 생산되기 때문입니다. 심지어 더 싸기까지 합니다.

왜? 대량생산을 하잖아요. 비행기로 비료를 주다 보니 우리나라와 인건비 면에서 비교가 안 되겠죠. 과학적인 영농을 하니까 쌀 수밖에 없습니다. 더 저렴하고 더 맛있는 쌀이 수입되면 우리나라 쌀 산업과 쌀 농가는 엄청나게 힘들어지겠지요?

그래서 FTA를 체결할 때는 여러 산업에서 이슈가 됩니다. 특히 우리나라에서 상대적으로 경쟁력이 약한 산업들은 더욱 그러합니다. 그나마 외국에서 들여오는 제품에 관세를 붙여서 그 산업이 버틸 수 있었는데, 관세를 없애니까 제품의 가격 경쟁력에서 밀리는 것입니다. 이 때문에 몇몇 산업을 중심으로 갈등이 크게 빚어지는데, 대표적인 예가 한우 산업입니다.

FTA를 체결할 때 '우리나라 쌀 산업은 좀 보호해주세요', '우리나라 한우 산업은 좀 보호해주세요'라고 단서 조항을 넣을 수 있습니다. '해당 산업은 빼고 FTA를 체결하자' 하고 조약하는 거죠. 그래서 자유무역주의와 함께 보호무역주의가 확산되는 것입니다.

● FTA 체결 효과

> 제품 교역 측면에서 하나의 교역권으로 엮임
> → 경쟁력 있는 제품이 수입돼 자국 산업이 약화됨
> → 단서 조항 등 특약 체결 필요

그렇다면 정부는 어떻게 해야 할까요? FTA를 확대해야 할까요, 거부해야 할까요?

님비(NIMBY, Not In My Back Yard) 현상이라는 표현을 들어본 적이 있을 것입니다. 예를 들어 쓰레기 처리장을 신설해야 한다고 해봅시다. 쓰레기 처리장이 필요하다는 말에 동의하지 않을 사람이 있을까요? 없겠지요. 그러나 다들 "우리 집 앞에는 안 돼"라고 합니다. 저도 마찬가지겠지요.

이때 우리의 고민은 쓰레기 처리장을 설치할 거냐 말 거냐가 아닙니다. 생활에 필요한 거니까요. 쓰레기 처리장을 도입하면 사회 전체의 효용이 올라갑니다. 이때 전체적으로 늘어난 효용을 쓰레기 처리장이 설치된 지역의 주민들에게 어떻게 분배할지를 고민해야 합니다. 다시 말해 전체적으로 늘어난 효용을, 효용이 줄어든 집단에 어떻게 효율적으로 분배할 수 있을까를 고민해야 한다는 뜻입니다.

FTA는 꼭 필요한 겁니다. FTA를 통해 우리가 갖게 된 경제적인 효용에는 무엇이 있을까요? 주로 자동차, 철강, 전자제품 등에 큰 효용이 발생하겠지요? 반면, FTA가 체결됨에 따라 충격 또는 위협을 받을 업종들이 있을 것입니다. 전체적으로 얻은 효용의 일부를 그 업종들에 공정하게 배분해주는 시스템을 만드는 것에 집중해야 합니다. 'FTA가 필요하다, 아니다'에 집중하면 안 됩니다. FTA가 안 되면 국가 자체가 위협을 받기 때문입니다.

FTA 없이는 특정 산업이 위협받는 수준이 아니라 국가 전체의 효용이 줄어들며, 결국 경쟁력이 없는 우리 산업도 간접적으로 악영향을 받기 때문에 필요하다고 보는 겁니다. 쓰레기 처리장은 필요합니다. 그러므로 쓰레기 처리장이 설치된 지역 주민에게 잃게 된 효용만큼 충분히 또는 그 이상으로 보존해주는 시스템을 만들어야 하지 않을까요?

FTA는 국가 간에 가장 낮은 수준의 경제협력이다

경제통합(Economic Integration)이라는 용어가 있습니다. 두 나라가 경제적으로 통합한다는 뜻이지요. 사전적으로는 '국가 간에 생산요소가 자유롭게 이동하도록 경제관계를 통일하는 것'을 말합니다.

경제통합에는 네 가지 단계 유형이 있습니다.

그중 가장 기초적인 단계를 FTA라고 합니다. 역내 관세 철폐, 즉 FTA를 체결한 나라끼리는 '그 지역 내에서는 관세 없이 교역하자'라고 약속하는 겁니다. 한미 FTA, 북미자유무역협정(NAFTA, North American

FTA) 등 다양한 사례가 있습니다.

두 번째 단계에서는 역내 관세 철폐는 물론, '역외 공동 관세'를 부과합니다. 서로 간에도 무관세이지만, 각자 교역하고 있는 수많은 다른 나라에 대해서도 같은 조건의 관세를 부과하는 것입니다. 이렇게 역외 공동 관세를 부과하면 관세동맹(Customs Union)이 이루어집니다.

메르코수르(MERCOSUR)는 브라질, 아르헨티나, 우루과이, 파라과이 등 4개국이 남미 국가 간 무역 장벽을 없애기 위해 1991년 창설한 경제통합체입니다. 2012년 베네수엘라가 정식 가입해 정회원국이 5개국으로 늘었습니다.

● **단계별 경제통합**

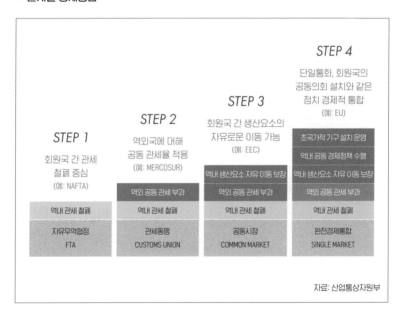

자료: 산업통상자원부

세 번째 단계에서는 공동시장(Common Market)을 형성합니다. 공동시장은 역내에서는 당연히 관세를 철폐하고, 대외국에 대해서 공동 관세를 부여하며, 나아가 양국 간에 생산요소가 자유롭게 이동하도록 하는 것입니다. 서로 간의 인력이 자유롭게 이동하는 것, 차별을 두지 않는 것 등입니다. 대표적인 예가 EEC(유럽경제공동체)입니다.

정확한 예시는 아니지만, 가까운 예로 호주와 뉴질랜드를 들 수 있습니다. 호주와 뉴질랜드 간에는 생산요소의 이동이 상당히 자유로워요. 취업 비자나 유학 비자 없이 마치 한 나라처럼 이동하는 환경입니다. 양국 간에 생산요소가 자유롭게 이동하도록, 동등하게 대우해줍니다.

마지막으로, 공동시장의 조건에 더해 초국가적 기구를 설치하면 완전경제통합(Single Market)이 됩니다. 초국가적 기구에서는 통화마저 일치시킵니다. 대표적인 예가 유로존(Eurozone)입니다. 유로존은 EU(유럽연합)와 다릅니다. '유로를 사용하는 나라들'이라는 뜻이죠. 예를 들면 스위스는 EU이지만 유로존이 아닙니다. 유로가 아닌 스위스 프랑을 쓰니까요.

유로존은 통화까지 일치시켜서 역내 공동 경제정책을 시행합니다. 유로존에는 유로의 통화정책을 결정하는 유럽중앙은행(ECB, European Central Bank)이 있습니다. 만약 여기서 한 단계 더 나아가 정치까지 일치시킨다면, 하나의 나라가 되는 겁니다.

이상이 경제통합의 네 가지 단계로, FTA는 경제통합의 단계에서 가장 기초적인 형태입니다.

무역은 좋은 건데,
왜 보호무역을 하는 거죠?

무역이 좋은 이유는 양국 모두에 효용을 주기 때문입니다. 그런데 왜 보호무역을 할까요? 그보다 먼저, 보호무역주의가 뭘까요? 보호무역은 한마디로 '나 수입 안 하겠다'라는 건데, 왜 보호무역주의가 생겨났을까요? 두 나라 간에 서로 강력한 보호무역주의를 외치면서 무역전쟁이 시작되잖아요.

보호무역의 정당성을 설명하는 다양한 이론이 있습니다. 그중 가장 쉽고 널리 알려진 것이 '유치 산업(Infant Industry) 보호론'입니다. 여기서 '유치'는 유치원에 쓰이는 단어와 같은 의미입니다. 즉, "우리나라는 ○○산업이 이제 태동했고, 육성해나가는 단계입니다. 어린아이와 같습니다. 당신 나라에는 이 산업이 이미 장성해 있는데 한 시장에서 경쟁을 하면 우리 ○○산업은 버틸 수 없습니다"라고 주장하는 것입니다.

보호무역 조치의 궁극적인 목적은 자국의 산업을 철저하게 보호하는 것입니다. 우리나라가 미국과 FTA를 체결하면 미국의 시장을 얻을 수 있지만, 우리나라의 시장을 미국에 내주어야 합니다. 그럴 때 상대 시장을 얻으면서 자국 시장 일부를 내놓지 않으려고 노력하는데, 그런 노력이 보호무역 조치입니다.

특히 우리나라의 경제구조는 수출에 매우 크게 의존하고 있습니다. G20 국가별 수출 의존도에서 우리나라가 두 번째입니다. 우리나라보다 수출 의존도가 높은 나라는 독일밖에 없습니다.

● G20 국가별 수출 의존도[1]

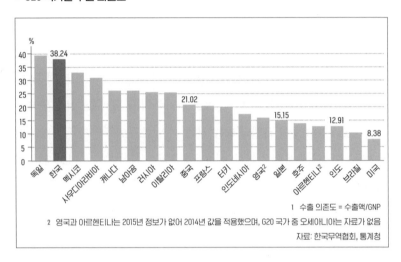

1 수출 의존도 = 수출액/GNP

2 영국과 아르헨티나는 2015년 정보가 없어 2014년 값을 적용했으며, G20 국가 중 오세아니아는 자료가 없음

자료: 한국무역협회, 통계청

  우리나라의 경제 규모에서 수출이 차지하는 비중이 상당히 크기 때문에 우리나라에는 무역이 굉장히 중요합니다. 수출이 GDP에서 차지하는 비중이 매우 크니까 수출이 흔들리면 우리 국가경제도 흔들리게 됩니다. 수출 의존적인 우리나라의 기업들에는 통상 환경이 매우 중요하므로, 통상 환경의 변화를 잘 이해해야 합니다.

< 응용 학습 >

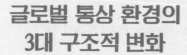

글로벌 통상 환경의
3대 구조적 변화

세계 경제의 판이 바뀌고 있다. 코로나19가 많은 변화를 가져왔지만, 아무도 코로나19가 종식이 되었을 때 제자리로 돌아가리라고 생각하지 않는다. 코로나19 이전 수준으로 '경제'는 돌아가지만, '변화된 환경'은 돌아가지 않을 것이다.

통상 환경도 마찬가지다. 통상 환경이 구조적으로 변하고 있다. 수출 의존도가 높은 우리나라는 통상 환경이 어떻게 변화하고 있는지를 확인하고, 변화된 환경에서 기회를 찾을 수 있도록 정부는 유연한 무역정책을 강구하고, 기업은 수출전략의 판을 다시 짜야 할 때다.

통상의 중심에 선 환경

"지구 온난화가 통제 불가능한 상태에 가까워지고 있다."

IPCC(유엔 산하 기후변화에 관한 정부 간 협의체, Intergovernmental Panel on Climate Change)의 경고다. 기후변화에 대한 포괄적인 분석을 담은 6차 보고서를 발간했고, 지구 온난화로 향후 20년 안에 지구의 평균 온도가 19세기 말보다 섭씨 1.5도 상승하리라고 전망했다. IPCC의 조사 결과는 2021년 11월 영국에서 열린 유엔기후변화협약 당사국 총회(COP26)에서 진중하게 다뤄진 바 있다.

미국 바이든 대통령이 최우선 정책과제로 삼고 있는 것도 환경이다. 그는 취임 첫날, 파리기후협약(Paris Climate Agreement)에 재가입하는 행정명령에 서명했다. 파리기후협약은 2015년 12월에 체결되었지만, 각국은 2020년까지 온실가스 감축을 위한 계획안을 준비했고, 2021년 1월부터 본격 시행되었다. 주요 선진국들이 2020년에 탄소중립을 선언한 것도 이와 관련된다. 세계 각국은 온실가스 감축을 위한 목표를 이행해나가는 과정에서 생산, 소비, 유통뿐만 아니라 통상에 이르기까지 환경이 중요한 이슈로 부상하기 시작했다. 특히, 환경보호에 관한 논의를 이끌어가는 선진국들이 상대적으로 환경규제가 느슨한 신흥국들에 환경조건에 부합하는 생산방식과 제품구성을 요구할 것이다. 실제로 각국의 무역협정에 환경 관련 조항이 지속적으로 늘어나고 있다.

앞만 보고 달리느라 주변을 살피지 못하듯, 산업화가 진전되는 동안 환경에 무심했다. 지구 온난화, 이상기후, 해수면 상승, 지구 사막화 등으로 인해 이제 더 이상 환경을 고려하지 않을 수 없게 되었다. 지속 가능 발전(Sustainable Development)에 대한 논의가 본격화되고, 경제와 환경이 조화를 이루도록 하는 '녹색성장(Green Growth)'이라는 패러다임이 세계 경제를 주도할 것이다.

탄소국경조정제도(CBAM, Carbon Border Adjustment Mechanism)는 환경이 글로벌 교역조건에 중대하게 고려되는 모멘텀이 될 것이다. 탄소국경조정제도는 탄소배출 비용이 존재하는 국가로부터 상품이 수입될 때 수출국에 관세를 부과하는 제도다. EU는 탄소 다배출산업에 대해 탄소국경조정제도를 도입하기 위해 입법을 추진할 계획이다. 2021년 7월 14일 EU 집행위는 2030년까지 탄소배출량을 1990년 수준 대비 55퍼센트 감축하기 위한 입법안 패키지, 'Fit for 55'를 발표했다. 'Fit for 55'는 이후 유럽의회와 EU가 사회적 논의를 거쳐 최종 확정되었다. 포괄적이고 전 분야에 걸쳐 탄소배출을 저감하기 위한 내용들을 담고 있는데, 특히 탄소국경조정제도 도입에 대한 논의가 매우 중요하다. 2023년 탄소국경조정제도를 발효해 EU 역내 수입품의 온실가스 배출량을 신고하고, 2026년부터는 실제 비용을 부과할 계획이다.

● 'Fit for 55' 주요 내용

가격 결정	목표 설정	규정 강화
1. 항공 분야 배출권거래제 강화 2. 해운, 육상운송 및 건축물 분야 배출권거래제 신설 3. 에너지조세 지침 개정 4. 탄소국경조정제도 도입	5. 노력분담 규정 개정 6. 토지이용, 토지이용 변화 및 삼림 규정 개정 7. 재생에너지 지침 개정 8. 에너지효율 지침 개정	9. 승용차 및 승합차 탄소배출 규제 기준 강화 10. 대체연료 인프라 규정 개정 11. 항공운송 연료 기준 마련 12. 해상운송 연료 기준 마련
지원 대책		
13. 사회기후기금(Social Climate Fund) 신설		

자료: EC COM(2021/07)

미국 바이든 대통령도 탄소 무역장벽제도를 주요 정책으로 언급해온 만큼 교역 상대국에 환경규제 대응을 요구할 것으로 전망된다. 특히, 구글, 애플, BMW 등 300여 개의 글로벌 기업은 'RE100' 캠페인에 참여하고 있어, 글로벌 벨류체인상의 상대국 기업들에 캠페인 참여를 압박해나갈 것으로 보인다. 이러한 조치들은 선진국들이 가격경쟁력을 확보하는 수단이 되고, 탄소배출에 의존하는 신흥국 제조기업에 상당한 위협요인이 될 것이다.

디지털 무역전쟁의 서막

두 번째로 강조할 통상 환경의 변화는 '디지털 보호무역주의'의 등장이다. 코로나19의 충격을 잠시 잊고 근래 5년간의 가장 중요한 경제 이슈를 돌이켜보면, 곧 미-중 무역전쟁이 떠오른다. 주요 국제기구들은 미국은 기술패권을 중국에 빼앗기지 않기 위해, 중국은 미국으로부터 빼앗기 위해 끝없는 통상갈등이 전개될 것으로 전망한다. 아날로그 경제에서 디지털 경제로 전환되고 있기에 향후 유망한 기술과 산업도 달라지고 있고, 이에 미래 경제패권을 놓치지 않으려 미-중 무역전쟁은 지속될 것으로 판단된다.

코로나19 이후 미국 정치권에서는 반(反)중국 정서를 확산시키며 중국 경제제재를 정당화하고 있다. 바이든 행정부도 중국에 대해 강경한 태도를 고수

● 미국 국민의 대(對)중국 정서

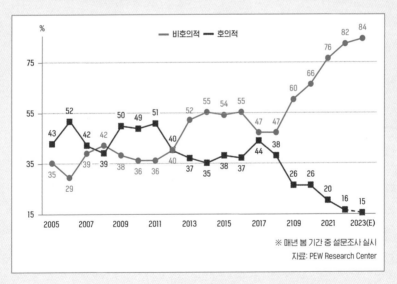

※ 매년 봄 기간 중 설문조사 실시
자료: PEW Research Center

하고 있기 때문에, 미-중 무역전쟁의 방식이 달라질 뿐 갈등이 완화될 것이라고 보지는 않는다. 실제 디지털 기술의 극단이라고 할 수 있는 AI논문 점유율 면에서도 중국의 맹추격을 받는 지금, 다양한 보호무역 조치들과 경제제재를 디지털 기술 영역에 집중하고 있는 모습이다.

미국은 2020년 8월 청정 네트워크 정책(Clean Network Program)을 발표해 중국 IT기업의 부상을 견제하기 시작했다. 청정 네트워크는 중국의 통신사, 앱, 클라우드, 해저케이블, 5G 통신장비 등을 미국 통신 네트워크에서 사용할 수 없도록 규제하는 미국 국무부 프로그램이다. 중국도 2020년 9월 '글로벌 데이터안보 이니셔티브'를 제시해 본격적으로 미국의 압박에 대응하고 있다.

디지털 무역환경으로 변화하고 있다. 대표적인 예가 중앙은행이 발행하는 디지털 화폐(CBDC, Central Bank Digital Currency)다. 선진국과 신흥국을 막론하고 세계 각국은 CBDC 도입을 경주하듯 하고 있다. 특히, 중국은 디지털 위안화를 활용해 달러 패권을 흔들고자 한다. 중국은 DCEP(Digital Currency Electronic Payment)라는 새로운 용어를 채택하고, 중국 내 상용화뿐만 아니라 통상 환경 내에서 영향력을 행사하기 위한 움직임을 취하고 있다. 특히, 2022년 2월에 개최된 베이징 동계 올림픽이 중요한 발판이 된 것으로 평가된다.

위안화 기반의 대외거래를 확대하려는 움직임이 있다. 중국은 디지털 위안화를 글로벌 통화로 사용하기 위해 공개시범 사업을 추진하고 있다. 먼저,

중국인민은행과 홍콩금융관리국(HKMA)은 2020년 12월 홍콩 주민들이 선전을 방문해 디지털 위안화를 사용할 수 있도록 해, 국경 간 결제 가능성을 테스트했다. 그뿐 아니라 중국과 홍콩은 무역금융 블록체인 플랫폼 관련 상호 연동 양해각서를 체결했다. 홍콩 무역금융 플랫폼이 싱가포르나 유럽 등의 주요 은행들과 협력관계에 있다는 점에서 향후 디지털 위안화를 무역결제에 사용

● **디지털 위안화 글로벌 사용을 위한 공개시범 추진 현황**

지역	시기	시범 내용	특징
중국-홍콩	2020년	중국인민은행의 무역금융 블록체인과 홍콩의 무역금융 블록체인(eTradeConnect)을 상호 연동하는 양해각서를 체결	중국인민은행의 무역금융 블록체인은 인민은행 디지털 화폐 연구소와 연계하여 구축됨
홍콩-선전	2020년 12월	홍콩금융관리국은 중국인민은행 디지털 화폐연구소와 공동으로 디지털 위안화의 국경 간 결제기술 테스트 실시 (홍콩 주민들이 선전을 왕래하는 중에 디지털 위안화를 사용할 수 있도록 함)	• 홍콩과 선전 간 디지털 위안화 결제 시범실시를 통하여 국경 간 결제기술 테스트 • 홍콩과 중국 본토 간 방문객들에게 추가적인 지불방식이 될 수 있음
광둥-호주	예정	광둥성 주하이시는 2021년 2월 정부업무보고에서 2021년 내로 광둥과 호주의 국경 간 금융협력 시범구를 발전시키고 시범구 내에서 디지털 위안화를 시범적으로 사용하겠다고 밝힘	국경 간 시범 사용범위 확대(예정)

자료: KIEP(2021/07)

할 가능성을 염두에 두었을 수 있다.

중국은 디지털 위안화를 바탕으로 통화 패권에 도전하고 있고, 기축통화국으로서의 지위를 누리고 있는 미국은 이를 지켜만 볼 수는 없을 것이다. 이른바 통상 환경에 CBDC를 중심으로 한 긴장감이 증폭될 것이다. 중국은 수년간 위안화의 국제화를 추진해왔지만, 뚜렷한 성과가 나타나지는 않았다. 세계 외환시장에서 중국 위안화의 비중은 2.2퍼센트에 불과하다. 유로화, 엔화, 파운드화 등 주요 통화들의 영향력도 쇠퇴하고 있는 과정에서, 미국 달러화는 44.2퍼센트 수준의 외환시장 거래 비중을 유지함으로써 기축통화로서의 영향

● 세계 외환시장에서 주요국 통화의 비중 변화

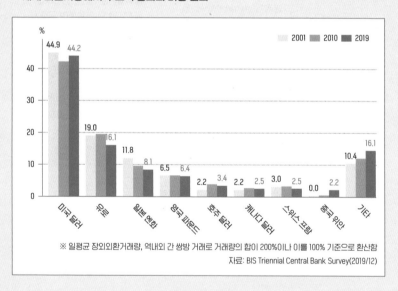

※ 일평균 장외외환거래량, 역내외 간 쌍방 거래로 거래량의 합이 200%이나 이를 100% 기준으로 환산함
자료: BIS Triennial Central Bank Survey(2019/12)

력이 흔들리지 않고 있다. 중국이 디지털 위안화를 중심으로 단기간 안에 외환시장을 흔들기는 어렵겠지만, 일대일로 사업 등과 같은 주변국들이 참여하는 주요 프로젝트에 참여조건으로 내걸거나, 중국에 대한 의존도가 높은 국가들에 수출입 조건으로 디지털 위안화 결제를 압박하는 움직임이 시작될 수 있다.

디지털 무역환경으로의 변화는 조세제도를 통해서도 설명할 수 있다. 디지털세(DST, Digital Service Tax)가 임박했다. 다국적기업에 대한 국제과세기준인 디지털세가 국제적 합의에 다다르면서, 국내시행을 앞두고 있다. 디지털세라는 새로운 과세 표준은 통상 환경을 더욱 디지털 무역전쟁으로 치닫게 만들고 있다. 2019년 7월 프랑스를 시작으로 디지털세가 도입되어, 유럽을 중심으로 많은 국가가 디지털세를 이미 도입했거나 계획하고 있다. OECD는 2018년 4월 디지털세와 관련하여 보고서를 발표하면서 디지털세의 필요성을 인정한 바 있다. OECD는 빠르게 변화하고 있는 디지털 환경을 조세체제가 반영하고 있지 못하다고 평가했다. 구글세나 GAFA세(Google, Amazon, Facebook, Apple)로 많이 알려진 만큼 IT기업들의 디지털 서비스 제공에 따른 매출에 대해 과세함으로써 보호무역 수단으로 활용되기도 한다.

자국 중심의 GVC 재편

GVC(Global Value Chain)가 자국 중심으로 재편될 것으로 전망한다.

첫째, 세계 각국은 글로벌하게 분산되어 있는 생산 네트워크를 자국화

(Localize or Nationalize)함으로써 일자리를 창출하고, 경제를 선순환하려는 움직임이 이미 본격화되었다. 둘째, 노동력이 풍부하던 기존 신흥국들의 인건비도 상당한 수준으로 올랐다. 셋째, 디지털 경제로 재편되면서 기업의 최종 생산물의 경쟁력을 결정짓는 것이 더 이상 노동력이 아니라 기술과 정보에 있게 되었다. 넷째, 선진국들이 스마트 팩토리를 도입하면서 제조공정이 자동화되었다. 다섯째, 미-중 무역전쟁이 장기화하면서 중국이 생산거점으로서의 매력을 잃어가고 기업이 대거 이동하고 있다. 여섯째, 코로나19의 충격으로 글로벌 공장이 셧다운됨에 따라 많은 기업이 완제품 생산에 차질이 있었고, GVC의 허점을 인식하게 되었다. 마지막으로 마스크나 인공호흡기 등과 같은 위생, 보건용품들의 생산공정을 신흥국에 의존했던 선진국들이 코로나19를 경험하면서 보건영역의 안보를 강조하고 자국 중심으로 GVC를 재편하기 위한 움직임이 가속화되었다.

한편, 중국의 쌍순환(雙循環, Dual Circulation) 정책이 GVC 재편을 촉진할 전망이다. 중국이 2020년 10월 발표한 쌍순환 정책의 핵심은 기술자립도를 높여, 해외로부터 중간재 수입의존도를 완화시키는 데 있다. 중국은 고부가가치 제품을 자국 내에서 직접 생산하기 위해 첨단 부품에 대한 해외 조달을 줄이는 기술투자에 집중할 계획이다. 중국 반도체 기업의 기술 국산화율은 2010년 8.5퍼센트에서 2019년 15.5퍼센트로 도약했으나 여전히 낮은 수준이다. 반도체뿐만 아니라, 휴대전화 칩, 산업용 로봇 등의 10대 핵심 산업의 부품과 소재를 국산화하기 위해 지원을 확대할 방침이다.

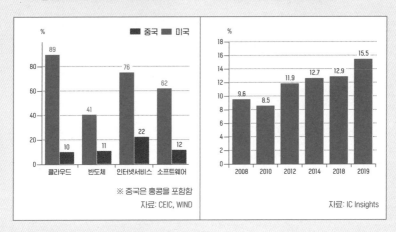

● 미-중의 주요 기술부문 시장점유율   ● 중국 반도체 기술 국산화율

세계 각국은 다국적 기업들을 리쇼어링하기 위해 적극적인 정책들을 제시하기 시작했다. 기업들 또한 다양한 요인에 의해 리쇼어링을 추진해나가고 있다. 예를 들어 포드(Ford)는 멕시코의 픽업트럭과 중국의 상업용 밴 각각의 생산라인을 미국으로 이전했고, GE는 멕시코의 가전제품 제조라인을 미국으로 이전했다. 아이리스오야마는 중국에서 생산하는 마스크 공장을 일본 본국으로 이전했고, 도요타는 미국에서 생산하는 캠리, 캐나다에서 생산하는 렉서스를 일본공장으로 이전했다.

통상 환경 변화에 어떻게 대응할 것인가

통상 환경을 구조적으로 변화시키는 주요 어젠다를 점검할 필요가 있다.

첫째, 환경을 고려한 통상전략을 새롭게 짜야 한다. 주요국들의 환경규제와 수입품에 대한 환경적 요구사항들을 점검하고, 국내 기업들이 사업전략을 마련하고 제품을 기획하는 단계에서부터 주지할 수 있도록 해야 한다. 특히, 수출 중소기업들이 환경 변화를 직시할 수 있도록 정보공유의 장이 마련되어야 한다. 환경을 중심으로 한 규제와 관세를 적용하는 새로운 보호무역주의의 등장에 대비할 수 있도록 해야 한다.

둘째, 디지털 무역전쟁의 시나리오를 그리고 대응전략을 사전에 강구해 놓아야 한다. 미-중 무역전쟁의 확산으로 중국에 대한 경제제재가 늘어난다거나, 중국의 보복조치가 단행될 수도 있다. 뿐만 아니라 디지털세 부과, ICT 규제, 디지털 통화 등과 같은 중장기적 대응전략도 모색해야만 한다. 한국의 주력 수출품목들이 디지털 산업에 집중적으로 포진되어 있고, 디지털 뉴딜사업 등을 통해 디지털 대전환을 산업 정책의 주요 골자로 하고 있기 때문에 '디지털 보호무역주의'에 대한 준비를 게을리하면 안 된다.

셋째, 생산기지 이전을 고려하는 기업들에 맞춤화된 지원책을 제공해야 한다. 해외에 생산거점을 두고 있는 이유가 기업마다 각기 다르기 때문이다.

노동력이 이전을 고려하는 이유인 기업들에는 자동화 설비지원을, 까다로운 국내 규제가 원인인 기업들에는 규제자유특구 등과 같은 제도적 지원을 제공할 수 있겠다. 생산단가 및 가격경쟁력에 대한 고민으로 베트남 등에 생산기지를 두고 있는 중소기업들에는 공유공장(물류기지나 공장설비 등을 공유할 수 있는 인프라 제공) 서비스를 확대할 수 있다. 일괄적인 리쇼어링 지원책이 아니라, 필요를 충족시키는 유인책을 제공함으로써 글로벌 리쇼어링 전쟁에서 승리할 수 있도록 도와야 하겠다.

< 응용 학습 >

블록경제의 도래,
IPEF를 둘러싼 미-중 패권전쟁

미-중 패권전쟁이 격돌하면서 세계 경제가 양분되는 모습이다. 미국과 중국의 개인전이 아니라, 미국 우방국들과 중국 우방국들의 단체전으로 불거지고 있다. '글로벌'이라는 수식어가 어색해지는 세계는 새로운 수식어를 찾아 꿈틀거리는 모습이다. 바로 블록경제다.

미국은 IPEF(Indo-Pacific Economic Framework)를 출범하고, 미국을 중심으로 한 동맹국 간의 블록을 형성했다. 향후 중국을 배제한 더 많은 국가가 IPEF에 참여하도록 유도하고 있다. 중국이 한국을 비롯한 IPEF 참여국들에 민감한 반응을 보여, 대외거래 및 외교, 안보에 상당한 불확실성이 고조되고 있다. 어떤 선택이든 얻는 게 있다면 잃는 것도 있기 마련이다. 한국이 IPEF에 참여함에 따라 갖게 될 기회와 위협을 명확히 판단하고, 블록경제 하의 대응

전략을 모색해야 하겠다.

IPEF는 무엇인가?

IPEF가 2022년 5월 23일 공식 출범했다. 2023년 들어 IPEF의 본격화를 위해 회원국 간의 구체적인 논의를 집중하고 있다. 한국뿐만 아니라, 일본, 호주, 인도 등과 같은 중국 주변국들이 출범에 참여했다. 미국이 주도하는 경제협력체라는 면에서 그리고 중국을 배제하고 있다는 점에서 상당한 의미가 있다. 중국이 주도하는 RCEP(Regional Comprehensive Economic Partnership)에 대응하기 위해 미국 바이든 대통령이 구상해온 것이다. 특히, 5월 28일에는 피지가 14번째 가입국이 되었는데, 왕이(王毅) 외교부장이 사모아, 솔로몬제도 등 남태평양 8개국을 순방하는 일정 중 침투 작전처럼 일어났다. 중국은 남태평양을 포섭하여 미국의 대(對)중 포위망을 뚫기 위해 전략을 모색하던 중이었고, 향후 IPEF의 행보는 미-중 패권전쟁의 긴장감을 고조시킬 것으로 보인다.

IPEF는 그동안의 다자간 경제협력체제와는 차이가 있다. CPTPP(Comprehensive and Progressive Agreement for Trans-Pacific Partnership)에 참여하는 방식을 선택하지 않은 것도 다자간의 무역협정 이상의 무엇이 있다고 해석하는 근거가 된다. FTA는 상대국 간 관세를 낮추어 자유로운 무역을 하자는 데 초점이 있었으나, IPEF는 관세에 관한 논의가 없다. 따라서 메가 FTA와는 성격에 차이가 있다. IPEF는 바로 '공급망 확보'에 주안점을 두고 있다. 즉, 국가 간 혹은 권역 내 FTA를 넘어서 코로나19 이후 부상한 핵심 이슈에 주목하고 있다는 점에서 차이가 있다. 즉, 공급망 문제, 디지털 교역, 그린 에너지 등과 같은 2020년대 부상한 새로운 통상의제를 공동으로 해결하기 위해 협력체계를 구축했다.

● **주요 거대 경제협력체 비교**

구분	RCEP	CPTPP	IPEF
참가국	15개국(한국, 중국, 일본, 호주, 뉴질랜드, 아세안 10개국)	11개국[(일본, 호주, 뉴질랜드, 캐나다, 멕시코, 칠레, 페루, 아세안 4개국(브루나이, 말레이시아, 싱가포르, 베트남)]	출범: 13개국[(한국, 미국, 일본, 호주, 뉴질랜드, 인도, 아세안 7개국(브루나이, 인도네시아, 말레이시아, 필리핀, 싱가포르, 태국, 베트남)]
인구	22.7억 명 (29.7%)	5.1억 명 (6.7%)	25억 명 (32.3%)
GDP	26.1조 달러 (30.8%)	10.8조 달러 (12.8%)	34.6조 달러 (40.9%)
한국과의 교역 규모	4,839억 달러 (49.4%)	2,364억 달러 (24.1%)	3,890억 달러 (39.7%)

※ ( )는 2020년 기준 대세계 또는 한국 규모 대비 비중
자료: 산업통상자원부

IPEF가 줄 기회와 위협

선택은 곧 포기를 뜻하기도 한다. 가능한 대안 중 하나를 선택하면, 나머지 대안들을 포기해야만 한다. 일반적인 선택은 효용을 극대화하기 위해 내려진 결정이기 때문에, 다른 대안을 포기하는 것 이상의 가치가 있다. IPEF 참여라는 선택도 마찬가지다. IPEF 참여는 교역과 경제교류뿐만 아니라 외교, 안보, 군사적으로 고려할 것이 많은 복잡한 고차 방정식이기 때문에 이것이 가져다줄 기회와 위협 요소들을 꼼꼼히 따져볼 필요가 있다. 한국 수출의 25퍼센트에 달하는 중국 시장과 멀어지는 일일지 몰라도, 40퍼센트를 초과하는 IPEF 참여국과 가까워지는 일일 수 있다. 중국으로부터의 보복이 두렵지만, IPEF에

● **한국의 IPEF 및 중국과의 교역구조**

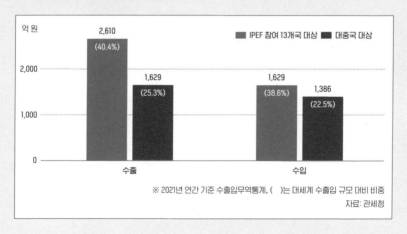

※ 2021년 연간 기준 수출입무역통계, ( )는 대세계 수출입 규모 대비 비중
자료: 관세청

참여하지 않을 때 한국-미국-일본-타이완에 이르는 반도체 동맹을 포기하는 것은 더 두렵다.

IPEF가 줄 기회는 상당하다. 첫째, 국가 간 혹은 권역 내 디지털, 그린 통상규범을 설정하는 데 이점이 있을 것으로 기대된다. 디지털세와 탄소국경조정제도 등과 같은 논의가 세계적으로 확대되고 있다. 한국이 IPEF에 주도적으로 참여함으로써 통상규범을 설정하는 룰메이커(Rule Maker)로서 유리한 고지를 점유할 것으로 기대된다. 둘째, 국내 기업들이 IPEF 권역 내 신시장을 확보하고, 해외 진출을 추진하는 데에도 이점으로 작용할 것으로 보인다. 인도, 인도네시아, 베트남 등과 같은 신흥국 인프라 사업 참여가 가장 대표적인 예가 될 것이다. IPEF 참가국들이 세계 GDP의 40퍼센트를 넘게 차지하고 있는 만큼, 거대 시장과 한층 가까워진다는 의미가 있다. 셋째, 기술교류 및 기업 협력이 활발히 이루어질 것으로 기대된다. 특히, AI나 청정에너지 분야의 공동연구나 기술표준에 대한 논의도 진행될 것으로 전망한다. 무엇보다 중요한 IPEF의 의미는 공급망 안정화에 있다. 에너지나 광물 원자재뿐만 아니라 식료품 원자재 수급이 그 어느 때보다 불안정한 환경에서 역내 공급망 협력이 크게 증진될 것으로 기대된다.

IPEF가 주는 위협요인도 적다고 할 수 없다. 중국으로부터의 경제보복이 우려된다. 2017년에 사드 보복으로 중국인 관광객이 급감했던 사례가 있다. 제2의 사드 보복 조치 우려가 상당하다. 최근 호주도 중국으로부터 석탄 수입을 차단당한 전례가 있듯이, 중국이 반한 감정을 경제보복으로 확대할 명분을 제공하는 일이 될 수 있다. K-콘텐츠뿐만 아니라 한국 제품 수요를 차단할 수 있다. 더욱 우려되는 것은 공급망 충격이다. 중국 및 중국 우방국들에 의존하는 광물 원자재 공급을 차단할 경우, 상당한 혼란을 가져올 수 있다. 즉 제2의 요소수 사태가 올 수 있다. 요소, 마그네슘, 니켈 등과 같은 중국에 집중적으로 의존하고 있는 원자재나 부품 공급을 불시에 중단할 때 오는 산업계 충격은 상상 이상이 될 것이다.

블록경제를 준비하라

글로벌 경제가 가고, 블록경제가 온다. 미-중 패권전쟁이 군사적인 충돌로 확전될 우려가 있고, 중국이 가장 예민하게 생각하고 있는 타이완과 홍콩 같은 주요 지역을 격전지로 할 가능성이 고조되고 있다. 블록화된 경제를 가능한 시나리오로 가정하고, 사전에 대응태세를 갖춰야만 한다. 더는 특정 국가의 경제보복에 나라가 흔들리는 일이 없도록 해야 하겠다.

IPEF가 주는 잠재적 위협들을 최소화해야 한다. 한국 경제의 체질 개선이 필요하다. 특정 국가에 집중적으로 의존하는 경제구조로부터 탈피해야 한다. 중국에 대한 의존도가 높다는 점은 중국 경제가 고성장할 때는 강력한 이점으로 작용했지만, 블록경제 하에서는 극히 치명적이다. 원자재 수급과 벨류체인 및 수출에 이르기까지 IPEF 내 주요국들로 다변화해야 한다. 단기간 안에 해결될 일은 아니지만, 한국 경제의 고질적인 문제점을 지금부터 개선해나감으로써 중국의 경제제재 영향을 최소화해야 하겠다.

IPEF가 줄 기회를 최대한 포착해야 한다. IPEF 권역 내 신흥국 진출과 인프라 구축 프로젝트 참여 등의 시장기회를 활용해야 한다. 거대한 땅인 인도, 필리핀, 인도네시아는 각각 국내 수출의 2.4퍼센트, 1.5퍼센트, 1.3퍼센트 수준에 불과하다(2021년 기준). 특히 에너지, 광물, 식료품 원자재를 안정적으로 확보하기 위한 공급 안정화 방안을 마련할 교두보로 삼아야 한다. 무엇보다도 중요한 것은 미래산업이다. IPEF에 가입한다고 해서 가만히 있어도 모든 기회가 주어지는 것이 아니다. 반도체를 비롯한 배터리, 디스플레이, 청정에너지 등과 같은 주력산업의 기술 및 인적교류를 통해 고부가가치 사업을 선점하는 데 방점을 두어야만 한다.

환율

환율이란?

이번에는 여러분이 정말 궁금해하는 주제를 다뤄보겠습니다. 바로 환율입니다. 환율은 간단히 설명하면 다른 나라 화폐와 우리나라 화폐의 교환 가치를 말합니다.

환율 = 다른 나라 화폐와 우리나라 화폐의 교환 가치

화폐는 한 나라 경제의 건전성을 보여주는 잣대입니다. 예를 들어 A라는 나라에 전쟁이 나면 A 나라 돈의 가치가 급격히 떨어지겠죠. 반면에 A 나라의 경제가 탄탄하게 성장하고 있다면 그 나라 돈의 가치는

높아질 수밖에 없습니다.

'환율'하면 떠오르는 대표 화폐는 달러일 것입니다. 달러는 안전자산이기도 해요. 즉, 달러 가치는 불확실성과 변동성으로 판단할 수 있다는 뜻입니다. 코로나19나 전쟁처럼 불확실성과 변동성이 커지는 시기에는 자연스럽게 안전자산을 선호하는 현상이 일어납니다. 그러면 안전자산의 대표격인 금과 달러의 가치가 올라가죠. 따라서 불확실성 여부를 판단한다면 달러 가치를 전망할 수 있습니다.

또 자본시장이라는 관점에서도 환율은 매우 중요합니다. 달러 가치가 강해지고 신흥국 통화 가치가 약해지는 흐름이 지속되면 신흥국의 높은 성장성을 기대하고 투자했던 외국인 자금이 어디로 갈까요? 수익을 달러로 바꾸면 얼마 되지 않으니 굳이 신흥국에 투자할 필요가 없겠죠. 그럼 외국인 자금이 급격히 유출되므로 달러 강세는 신흥국 주가에 부정적인 영향을 줍니다. 즉 환율만 보고도 주식 시장을 전망해볼 수 있습니다.

지금까지 금융시장, 자본시장의 관점에서 말씀드렸다면 이번에는 실물경제의 관점에서 보겠습니다. 환율은 대외 거래, 즉 수출입에 상당한 영향을 미치죠. 미국 여행을 간다고 생각해보세요. 달러가 강세라면 더 많은 비용을 내고 여행을 가야 하지만 약세라면 상대적으로 적은 비용으로 미국을 여행할 수 있는 거예요. 마찬가지로 수출 기업 입장에서 달러가 강세라면 가격 경쟁력이 생겨 수출 채산성이 올라갑니다. 이때는 가격을 좀 낮춰도 수익이 높기 때문입니다. 하지만 수입 기업 입장에서는 달러 강세 앞에서 웃을 수 없는 상황입니다. 수입 기업은 달러가 약세 기조일 때 값싸게 수입해서 비싸게 한국에 팔 수 있기 때문입니다.

이처럼 수출입이라는 기업의 이익에도 직결되는 이슈가 환율입니다.

러시아-우크라이나 전쟁으로 보는
환율 변동의 원리

환율의 기본 개념을 정리해봤다면 이제 환율이 움직이는 원리에 대해
알아보겠습니다.

- **CBOE Volatility Index: VIX**

자료: FRED

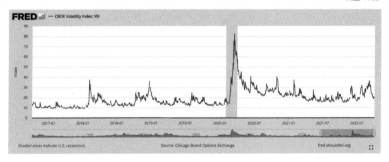

- **Nominal Broad U.S. Dollar Index**

자료: FRED

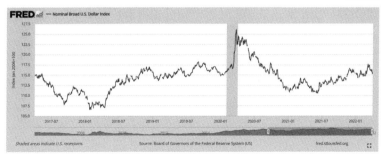

VIX는 불확실성을 나타내는 대표적인 지표로, 주식 시장의 변동폭을 보여주기도 합니다. 2020년 1분기, 미국과 유럽을 중심으로 코로나19 팬데믹이 확산되는 지점에 불확실성이 고조되면서 변동폭이 커지죠. 그때 상대적으로 안전자산인 달러와 금의 가치가 급격히 오르겠죠. 그리고 2022년 2월에 러시아가 우크라이나를 침공했습니다. 이때 달러 가치는 어떻게 움직였을까요?

달러 인덱스 그래프를 보면 달러 가치가 어떻게 움직이는지를 확인할 수 있습니다. 앞서 말씀드렸던 것처럼 2020년 코로나19의 충격으로 달러 가치가 급격히 치솟은 것을 확인할 수 있습니다. 이후 2021년부터 2022년까지 미국 경제가 탄탄하게 회복되는 분위기 속에서 달러의 강세 기조가 유지되다가 최근 러시아의 우크라이나 침공으로 전쟁이라는 불확실성이 고조되자마자 달러 가치가 급격히 솟아오르죠.

그러다가 이제 전쟁의 불확실성이 완화됩니다. 왜냐하면 미국이나 유럽 같은 러시아의 상대국들이 러시아에 강력한 경제제재를 가하기 시작했기 때문입니다. 이 분위기가 계속된다면 러시아는 경제적으로 고립될 수밖에 없고, 전쟁을 더 이상 확산시킬 수 없겠다는 추정이 가능해집니다. 이미 알고 있다면 이는 더 이상 불확실성이 아니므로 달러 가치가 약세로 전환되기 시작합니다.

달러와 글로벌 통화
환율 전망

저는 해외 투자은행들이 달러 환율을 어떻게 전망하고 있는지 계속 모니터링을 하고 있습니다. 2022년 4월 1일 기준으로 향후 3개월, 6개월, 9개월, 12개월까지를 주요국 환율과 비교 전망했습니다. 값이 커질수록 달러가 강세라는 의미입니다.

● **해외 투자은행들의 환율 전망**

구분		3개월	6개월	9개월	12개월
엔화 (최근[1] 122.52)	평균[2] 최고/최저	118.44(+3.4%) 125/112	118.50(+3.4%) 124/110	116.38(+5.3%) 125/105	116.33(+5.3%) 126/113
위안화 (6.3629)	평균 최고/최저	6.3578(-1.2%) 6.50/6.30	6.4113(-0.8%) 6.55/6.28	6.4825(-1.8%) 6.65/6.20	6.4267(-1.0%) 6.61/6.20
유로화[3] (1.1043)	평균 최고/최저	1.0889(-1.4%) 1.19/1.08	1.1100(+0.5%) 1.21/1.05	1.1363(+2.9%) 1.21/1.05	1.1317(+2.5%) 1.20/1.08

1 2022년 4월 1일 기준 2 최고/최저 제외 3 유로당 달러(엔, 위안은 1달러당 해당 통화)

자료: 국제금융센터

엔화와 위완화의 경우 달러 강세 기조가 어느 정도 유지될 것이라고 전망하고 있습니다. 유로화를 볼 땐 반대로 생각해야 하는데요. 유로화가 분모로, 달러화가 분자로 갑니다. 그러니까 유로화 환율은 이 값이 올라가면 달러 강세가 아닌 약세로 해석해야 합니다. 따라서 유로화의 경우는 상대적으로 강세라고 해석할 수 있습니다. 미국만큼이나 유로존도 기준금리 인상을 비롯한 통화정책 정상화 기조에 진입했습니다. 유로존도 미국만큼 인플레이션 압력이 크게 작용하기 때문에 인플레이션을 잡기 위한 행보를 보이고 있기 때문입니다. 요약하자면 유로화를 제외한 나머지 통화보다 달러가 강세를 유지할 것으로 전망하고 있습니다.

미국의
통화정책 기조

지금부터는 금리 통화정책이라는 관점에서 미국의 달러 가치가 계속 강세일지 보고자 합니다. 2022년 3월 FOMC에서 경제 지표를 전망했습니다. 먼저 GDP 성장률은 2022년과 2023년에 러시아-우크라이나 전쟁의 충격으로 하향 조정했습니다만 미국 경제가 2022년에는 2.8퍼센

● **2022년 3월 FOMC 경제 지표 전망**

(단위: %)

구분		3개월	6개월	9개월	12개월
GDP	3월	2.8(-1.2)	2.2(0)	2.0(0)	1.8(0)
	12월	4.0	2.2	2.0	1.8
실업률	3월	3.5(0)	3.5(0)	3.6(0.1)	4.0(0)
	12월	3.5	3.5	3.5	4.0
PCE 물가	3월	4.3(1.7)	2.7(0.4)	2.3(0.2)	2.0(0)
	12월	2.6	2.3	2.1	2.0
근원 PCE	3월	4.1(1.4)	2.6(0.3)	2.3(0.2)	-
	12월	2.7	2.3	2.1	-

자료: Fed, 국제금융센터

트, 2023년에도 완만한 성장 기조를 유지하고, 실업률도 상대적으로 완전 고용에 가까운 지표를 유지할 것이라고 보고 있습니다.

경제는 조금 충격은 있었지만 나름 괜찮을 것이라 판단했습니다. 그러나 물가상승률은 2022년에 4.3퍼센트로, 기존 전망치보다 1.7퍼센트나 상향 조정했어요. 물가상승압력을 잡아야 되겠다는 연준의 판단이 들어선 거죠. 그래서 점도표를 보면 2023년까지 미국의 기준금리를 2.75퍼센트로 만들겠다고 발표했습니다. 실제 향후 2년간 기준금리를 대략 10회에서 11회 인상하겠다고 시사했습니다. 또 블룸버그 서베이(Bloomberg Survey), 투자은행(IB), FED까지 모두 미국의 정책금리를 대략 2.875퍼센트까지 높일 것이라고 전망했고요. 이런 것들을 본다면 미국이 물가상승압력을 잡기 위해서 강한 긴축정책을 펼치리라는 것을 예측할 수 있습니다.

● **2022년 3월 FOMC 점도표(2022년 7회/2023년 3.5회)**

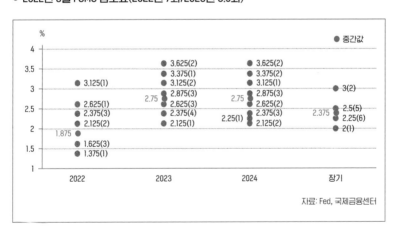

자료: Fed, 국제금융센터

미국 소비자물가가 40년 만에 고점을 찍었습니다. 그러면 상대적으로 미국 서민들의 생활이 어려워지죠. 그러면 바이든 대통령의 지지율에도 큰 영향을 끼치게 됩니다. 이를 방어하기 위해서라도 2023년 중반까지는 기준금리 인상이나 긴축적인 통화정책 기조가 유지될 것이라고 보고 있습니다. 즉 달러 강세 기조가 당분간 지속될 것이고, 신흥국에 투자될 자금이 미국으로 쏠리는 현상이 벌어지게 되므로 상대적으로 신흥국들의 주가에도 상당한 압력을 받을 수 있겠습니다. 이런 환율에 관련된 여러 가지 그림들을 같이 그려나가면서 다양한 의사결정을 하면 좋겠습니다.

< 응용 학습 >

'킹달러'의 시대

국가 부도가 오는가? 경제가 너무도 안 좋다 안 좋다 하니, 'IMF 외환위기'가 다시 오는 것 아닌가 하는 불안감이 고조되고 있다. 과도한 낙관도 좋지 않지만, 과도한 불안도 적절치 않다. 한국 경제가 처한 여건을 객관적으로 진단하고, 국가 부도 가능성을 정확하게 판단해보는 것도 중요한 숙제다.

24년 만의 고물가, 66년 만의 무역적자, 14년 만의 고환율, 28년 만의 미국 자이언트 스텝… 위기 때나 겪을 수 있던 징조들이 복합적으로 쏟아졌다. 이 와중에 미-중 패권전쟁은 격화되고, 에너지 위기와 기후위기까지 들이닥쳤다. 미국은 '인플레이션 감축법(IRA)'을 시행해 자국 산업을 보호하고, 국내 주력산업의 수출길이 막힐 지경이다.

위기 때마다 찾아오는 강달러

원/달러 환율이 1,400원을 돌파한 일은 정확히 3번째다. IMF 외환위기, 글로
벌 금융위기, 그리고 2022년 10월이다. 한국 경제만큼 환율에 민감한 나라도
없을 것이다. 환율은 실물경제 관점에서 수출입에 직접적인 영향을 주고, 자
본시장 관점에서는 외국인 자금의 유입과 유출을 결정짓기 때문이다. 경제주
체들은 원/달러 환율이 어떻게 전망될지 그려보고 적절한 대응전략을 모색해
야 한다.

● **원/달러 환율 추이**

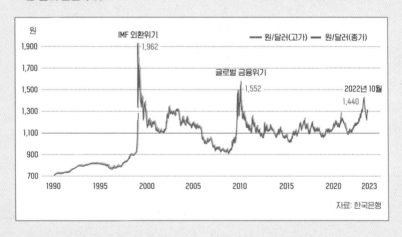

원/달러 환율은 통화정책에 영향을 받는다. 미국의 기준금리 인상은 곧 달러

가치 상승을 의미한다. 이미 미국 연준은 가장 강도 높은 기준금리 인상을 단행해왔고, 향후에도 인상 기조를 유지할 것으로 발표한 바 있다. 한국도 이미 기준금리 인상을 수차례 단행해왔고 앞으로도 인상 기조를 가져갈 것이지만, 미국만큼 가파르지 않을 전망이다.

'킹달러' 경고등

'강달러'가 아니라 '킹달러' 시대다. 원화 가치가 하락해서 나타난 강달러 현상이 아니라, 달러 가치만 '나홀로' 강해서 나타난 환율의 흐름이라는 것이 주지

● 2022년 8월 기준 실질실효환율 현황

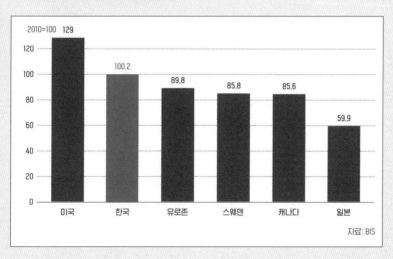

자료: BIS

할 점이다. 즉, 달러만 '킹'이고, 나머지 국가들의 통화는 '도토리'다.

그나마 도토리 중에서는 한국의 원화가 '알밤' 격에 해당된다. 미국의 강한 긴축 행보 속에, 한국은 그 정도는 아니지만 나름의 긴축 행보를 지속해왔다. 이 와중에 일본은 기준금리를 계속 동결하고 있고, 중국은 기준금리를 오히려 인하하는 등 완화적 통화정책 기조를 유지하고 있다. 실질실효환율(Real effective exchange rates)은 이러한 흐름을 명확히 보여준다. 비교 대상국가인 유로존, 스웨덴, 캐나다, 일본 등과 비교하면 한국의 원화는 미국보다 평가절하되었을 뿐이지, 상당히 강한 흐름을 유지하고 있다.

킹달러 시대의 대응전략

강한 달러의 시대에 대응해야 한다.

첫째, 달러 강세는 자본시장을 더욱 혼란케 할 것이다. 외국인이 투자자금을 회수해 한국주식의 강세장을 기대하기는 어려울 것으로 판단된다. 투자자의 투자전략과 포트폴리오 구성에 유의할 필요가 있겠지만, 이러한 현상이 기업의 투자위축으로 이어져 추가적인 경기침체를 유도할 우려가 있다.

둘째, 통화정책에 상당한 혼란이 예상된다. 인플레이션이면 긴축적 통화정책을, 디플레이션이면 완화적 통화정책을 도입하면 되겠지만, 스태그플레이션 우려가 증폭되고 있기에 혼란스러울 수밖에. 높은 물가를 잡자니 금리를 인상해야 하고, 경기침체를 막자니 금리를 동결해야 하는데, 그렇다고 외국인 자금 이탈을 지켜만 볼 수 없는 상황인 것이다.

셋째, 수출 기업에는 기회가 되겠지만, 수입 기업에는 악재로 작용할 것이다. 특히 에너지, 식료품, 철과 비철금속 등의 원자재를 수입에 의존하는 한국은 공급난이 더욱 가중될 우려가 있다. 정부는 강한 달러의 시대를 대비하는 지원책을 준비하고, 기업은 거시경제 여건에 대한 모니터링을 강화할 필요가 있다.

주식

제가 알려드리는 주식 투자 지침들은 기본적인 감각을 키우고, 이를 바탕으로 잃지 않는 투자를 할 수 있게 도움을 드리고자 하는 것입니다. 같이 공부해서 올바른 투자를 하는 데 도움이 되면 좋겠습니다.

주가에 영향을 미치는
경제 지표

먼저 경제 지표입니다. 경제 지표와 주가는 상당히 밀접한 관계가 있습니다. 주가는 예측할 수 없지만 경제 지표는 어떻게 움직일지 알 수 있어요. 그렇기 때문에 경제 지표를 보고 '주가가 어떻게 변하겠구나' 하고 판단해본다면 주식 투자 타이밍을 볼 수 있을 것입니다. 그럼 경제 지표 중에 어떤 것을 확인을 해야 할까요?

① 경제성장률

경제성장률은 곧 GDP 증가율입니다. GDP가 증가한다는 말은 그 나라의 많은 산업이 평균적으로 부가가치의 합이 커진다는 뜻입니다. 이렇게 성장하는 국면에는 주식 투자를 적극적으로 해야겠죠. 그리고 그 성장하는 산업 중에서도 기왕이면 더 많이 성장하는 산업에 투자하면 됩니다. 이를 보통 신성장 동력 산업이라고 표현합니다. 유망 산업인 것이죠. 우리는 미래 가치에 투자해야 합니다.

② 경기선행지수

주식 투자는 선행 지표입니다. 예를 들어 코로나19 확진자가 등장했어요. 지금 당장 경제 충격이 있습니까? 없어요. 그런데 주가는 빠집니다. 앞으로 경제 충격이 올 것 같으니까요. 결국 먼저 작용할 것 같은 지표를 찾아야 하는데 그 지표가 바로 '경기선행지수'입니다.

만약 이번 달에 경기선행지수가 꺾였어요. 그럼 주식 투자를 하지 않는 게 좋겠죠. 그런데 경기선행지수가 떨어지다가 반등해요. 그때 사면 됩니다.

③ 실업률

앞으로 경제가 탄탄하게 성장할지를 판단하기 위한 지표가 '실업률'입니다.

코로나19가 발생했어요. 그러면 오늘 당장 해고합니까? 아닙니다. 고용법으로 보호가 되기 때문에 일정 기간이 지난 뒤에 실업이 됩니다. 채용 절차도 그렇습니다. 위드 코로나가 오면서 경기가 회복돼요. 그렇다고 바로 채용이 이루어지나요? 채용 공고, 면접 등 채용하기까지 시간이 필요합니다. 이처럼 경제가 회복된다고 당장 고용 지표가 살아나는 것이 아니므로 고용 지표는 가장 경기 후행적인 지표예요. 대신에 그렇기 때문에 믿고 판단할 수 있습니다.

실업률 지표가 회복됐다면 적극적으로 투자를 하면 되고, 회복이 불확실하다면 좀더 지켜보는 판단을 할 수 있습니다.

④ 금리와 물가

'금리'는 주가와 역행하기 때문에 다른 변수가 없다고 가정하면, 금리가 떨어지면 주가가 오릅니다.

금리가 떨어질수록 주식 투자 유혹이 커지면서 돈의 이동(Money Movement)이 시작됩니다. 주식으로 돈이 몰리면서 수요가 많아지는 만큼 주가가 오르게 됩니다. 금리가 떨어지는 구간에서는 적극적으로 투자 의사 결정을 해야 합니다. 그렇기 때문에 금리라는 지표를 면밀히 관찰할 필요가 있고요.

이 금리를 판단하는 데 굉장히 중요한 지표가 '물가'입니다. 물가상승률과 금리를 같이 보면서 주식 투자 시점을 판단한다면 투자에 성공할 수 있습니다.

빌려서 미리 팔고
나중에 갚는 공매도

'공매도'에 대해 많이 들어봤죠? 공매도가 뭘까요? '공'은 비어 있다는 뜻이고 '매도'는 판다는 거잖아요. 없는데 어떻게 팔까요?

A와 B가 있습니다. A가 자동차를 팔려는 매도자인데 지금 자동차가 없어요. 그런데 B한테 자동차를 100원에 미리 팝니다. 100원의 수익이 발생했죠. 이걸 대차 거래라고 해요. 자동차를 빌려다가 판 거예요. 그리고 A가 B에게 판 자동차는 C에게서 빌린 자동차였습니다. A는 나중에 자동차를 다시 사서 C에게 갚습니다. 이게 공매도입니다.

그럼 공매도는 해당 종목의 주가가 올라갈 때 발생할까요, 떨어질 때 발생할까요? 떨어질 때 발생합니다. 없는 걸 미리 팔고, 후에 가격이 떨어지고 나서 해당 현물을 구해다가 갚는 거예요. 그러니까 일반적으로 공매도는 가격의 하락세가 확실할 때 발생합니다.

우리나라에서 공매도라는 제도를 이용하기는 쉽지 않습니다. 유독 개인 투자자에게 제약이 많고 절차가 굉장히 까다롭기 때문입니다. 공매도 시장 자체가 기관 투자자나 외국인 투자자들에게 유리한 기울어진 운동장이라고 볼 수 있어요. 우리나라는 공매도를 일시적으로 제한하고 있지만 재개할 필요가 있습니다. 그래야 MSCI 선진국지수에 편입될 수 있고 그러면 자연스럽게 외국인 투자자들의 한국주식 수요가 늘면서 코스피가 크게 성장할 수 있기 때문입니다.

좋은 기업을 고르는 법

① 전자공시 시스템 다트 활용

주식 투자를 할 때는 이 산업이 유망한지도 중요하지만 내가 이 기업의 동업자라면 그 기업 경영자가 어떤 마음을 갖고 있는지, 어떤 생각인지 파악하는 것도 굉장히 중요하겠죠.

붕어빵 사업을 예로 들어봅시다. 이 사업은 누가 하느냐에 따라 수익성이 달라질 수도 있습니다. 그렇기 때문에 그 기업을 구성하고 있는 경영진들의 능력을 확인할 필요가 있고, 또 그 기업이 생산하는 제품과 서비스가 경쟁력이 있어야겠죠.

이런 정보들은 '다트(dart.fss.or.kr)'에서 찾을 수 있습니다. 다트는 금융감독원에서 제공하는 공적 시스템입니다. 주식 투자를 한다는 것은 결국 기업 공개 절차(IPO)를 거친 기업에 투자를 한다는 것이고, 기업이 상장을 한다는 것은 우리 기업을 전자공시 시스템에 투명하게 공개하겠다는 뜻이에요. 우리 기업의 경영진은 누구이고, 어떤 학력과 경력을 갖췄는지, 앞으로의 비즈니스 목적은 무엇인지 등을 알 수 있어요. 뿐만 아니라 상장된 기업은 다트에 분기별로 사업 보고서를 발표해야 합니다. 적어도 투자를 하겠다면 그 기업이 어떤 기업인지 다트를 통해 확인해보시길 바랍니다.

② 재무제표 활용

주식 투자를 하려면 기업의 언어를 습득할 필요가 있습니다. 그것이 바로 재무제표입니다. 특히 기업의 현재 매출이 얼만큼인지, 영업이익은 어떤지 등을 판단하려면 적어도 재무제표를 읽을 수 있어야겠죠.

가장 대표적인 예를 한번 들어볼까요. '기업은 이윤을 극대화한다.' 이것은 기업의 목적입니다. 이때 이윤은 매출액(Revenue)-비용(Cost)으로 계산합니다. 만약에 초코파이 상점에서 100억 원의 매출을 만들고 싶어요. 100억 원 매출은 누구나 만들 수 있어요. 내가 100억 원어치 다 사면 됩니다. 그러면 매출이 100억 원이지만 비용도 100억 원이 들었으므로 이윤은 0이 됩니다. 그러니까 이윤을 극대화하려면 매출은 극대화하고 비용은 최소화해야겠죠.

수익성도 좋고, 성장성도 높고, 채권에 대한 의존도도 낮은, 자기 자본에 대한 비중이 높은 안정성 있는 기업, 그러면서 투자한 만큼 기업 성과가 계속 이어지는 활동성마저 높은 기업들을 골라야 하지 않겠습니까? 그러려면 재무제표를 어느 정도 읽을 수 있어야 한다는 점을 강조하고 싶네요.

기업의 현재와
미래를 보여주는 지표

결국 이 기업이 나에게 수익을 가져다줄 것인가를 판단하기 위해선 다음의 4가지 질문에 답을 할 수 있어야 합니다.

첫째, 앞으로 성장할 기업인가? 둘째, 돈을 잘 벌 것인가? 셋째, 빚 문제는 없는가? 넷째, 활발하게 활동하는가? 즉 수익성, 안정성, 성장성, 활동성이라는 4가지 기준으로 어떤 기업에 투자할 것인가를 생각해야 합니다. 이를 알아보려면 다음 3가지 지표를 참고하면 좋습니다.

① ROE

기업이 자기 자본을 가지고 얼만큼 돈을 벌고 있는가, 즉 수익성을 보여주는 지표가 바로 'ROE(Return On Equity)'입니다. 쉽게 말하면 투자는 많이 했는데 순이익은 작아요. 그러면 수익성이 좋은 기업은 아니겠죠. 즉, ROE는 기업의 이익 창출 능력입니다. 따라서 ROE가 높을수록 기업 가치가 높다는 말이므로 ROE 값이 높을수록 좋은 거겠죠.

> ROE(자기자본이익률)=당기순이익(EPS)/평균 자기자본

ROE에도 함정이 있습니다. 분모에 자기 자본이 들어가 있잖아요. 자산은 곧 자기 자본 더하기 부채예요. 쉽게 말하면 10억 원에 내 집을 샀어요. 근데 내가 돈은 5억 원밖에 없어서 은행에서 5억 원을 빚졌습니다. 결과적으로는 내가 10억 원이라는 자산을 보유하고 있는 건 맞지만 이를 순자산이라고 하지 않습니다. 순자산은 자산에서 부채를 뺀 값이

기 때문이에요.

ROE의 자기자본은 부채를 감안하지 않은 지표입니다. 결국 이익은 내더라도 자기 자본에 부채가 많다면 이 기업은 이익 창출 능력은 있지만 부실 위험도 높다고 판단할 수 있거든요. 그래서 단순히 ROE 값이 높다고 투자하기보다는 부채 위험이라든가 그 밖의 다른 지표도 함께 검토해봐야 합니다.

② PER

제가 궁극적으로 알려드리고 싶은 지표는 바로 'PER(Price Earning Ratio)'입니다. PER을 알려면 먼저 EPS를 알아야 합니다. EPS(Earnings Per Share)는 주당 순이익을 뜻해요. 발행 주식 수 대비 얼마만큼의 순이익을 내고 있는가, 즉 기업이 이익을 낼 수 있는 힘을 보여주는 지표입니다. 만약 EPS가 마이너스라면 기업이 손실이 있다는 뜻입니다. 즉, EPS가 높을수록 기업 가치가 높다고 이해하면 됩니다.

PER을 구하는 공식을 보면 EPS가 분모로 들어갑니다. 그럼 PER이 높을수록 좋을까요, 나쁠까요? 나쁘겠죠.

> PER(주가수익비율)=주가/당기순이익(EPS) × 100

PER 값이 높으면 높을수록 고평가되어 있다고 판단할 수 있습니

다. 그리고 'PER이 낮을수록 회사가 버는 이익금에 비해서 주가가 저평
가되어 있구나', 'PER이 낮은 주식에 투자하면 상대적으로 높은 수익을
얻을 수 있겠구나' 하고 판단할 수 있습니다. 해당 주식이 고평가되었는
지, 저평가되었는지를 판단하는 데 아주 좋은 잣대가 바로 PER입니다.

③ PBR

정말 중요한 지표가 하나 더 있습니다. 바로 'PBR(Price Book-value
Ratio)'이에요. 지금 소득은 많아요. 그런데 자산이 없어요. 보통은 저연
령층이 그렇죠. 그리고 고연령층일수록 현재 소득은 없지만 고자산가
입니다. 그러면 누가 더 영향력이 있습니까? 설명하기 어렵습니다. 그
러니까 소득과 자산, 둘 다 봐야 합니다.

결국 PBR은 기업의 순자산에 대한 평가입니다. 순자산 대비 주식
이 고평가되어 있는지, 저평가되어 있는지를 판단할 수 있는 거예요.

PBR(주당순자산비율)=주가/주당 순자산가치×100

근데 왜 순자산을 볼까요? 기업이 청산 절차를 거치게 되면 부채를
먼저 변제해야 합니다. 그리고 그 후에 잔여 재산을 주주들이 나눠 갖습
니다. 결국 기업이 청산 절차에 있을 때 청산 가치(장부상의 가치)와 기업
의 시장 가치(주가), 즉 순자산 대비 주가가 얼마나 높은지를 판단하는

것이 PBR입니다.

요약하면 PER이 순이익 대비 이익 창출 능력을 판단한다면, PBR은 순자산 대비 주가의 고평가 여부를 판단합니다.

어려울 수 있습니다. 그러나 이 지표들이 어떤 의미가 있는지 기억한다면 합리적으로 판단해 좋은 기업을 골라낼 수 있습니다.

< 응용 학습 >

R의 공포,
글로벌 리세션의 서막

두 마리의 토끼가 있다. 한 마리는 물가고, 다른 한 마리는 경기다. 둘 다 잡을 수 없다. 2022년 경제는 물가를 잡기 위해, 빅 스텝과 자이언트 스텝을 단행하며 전속력으로 달려갔다. 경기침체를 용인하더라도 물가를 우선 잡기 위한 행보다. 물가를 잡을 수 있을지도 고민이지만, 놓쳐버린 경기는 언제 잡을 수 있을지 걱정이 커져가고 있다. 이른바 금리의 역습이 시작되었고 경기는 예보되다시피 침체국면으로 접어들고 있다.

시작된 글로벌 리세션

세계 주요국들의 경기침체가 이미 시작되었다. OECD 경기선행지수가 100을 밑돌아 하락하고 있는 현상은 향후 경제가 더 좋지 않을 것을 예고한다. 지금의 경제 상황을 체감적으로 인지하는 것도 중요하다. 초인플레이션은 이른바 스티커 쇼크(Sticker Shock)로 이어지고, 자산가치 급락으로 소비심리와 투자 심리를 위축시키고 있다.

● OECD 경기선행지수 추이

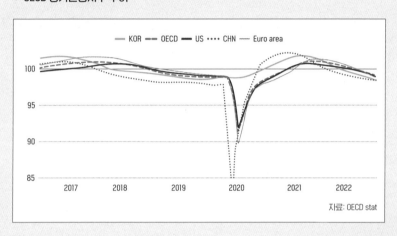

자료: OECD stat

레버리징(Leveraging) 시대에서 디레버리징(Deleveraging) 시대로 전환 되고 있다. '영끌해서 투자'하던 시대는 끝났다. 시중금리가 가파르게 상승하 면서, 대출해서 투자하려는 생각은 상상하기도 어려워지고 저축성향은 강해 지고 있다. 저축은 곧 소비위축으로 연결될 수밖에 없다. 더욱이, 2022년 하 반기 들어 부상하기 시작한 리스크 요인이 디레버리징 심화다. 금리 인상기에 은행들이 선제적으로 위험관리에 나서면서, 신규대출을 보수적으로 제공하거나 대출금리를 올려왔다. 이는 곧 원리금 상환부담을 가중시켜 가계는 소비를, 기업은 투자를 줄이는 내수침체로 연결된다.

볼커 시대 재현되나?

41년 만의 최고치인 9.1퍼센트라는 미국의 2022년 6월 물가상승률은 세계 경제를 긴장감 그 자체로 내몰고 있다. 초인플레이션 현상도 그렇지만, 인플레이션을 잡기 위한 중앙은행의 긴축행보가 더욱 세계 경제를 긴장하게 만든다. 2022년 미국 연준은 빅 스텝(기준금리 0.5퍼센트포인트 인상)과 4번 연속 자이언트 스텝(기준금리 0.75퍼센트포인트 인상) 행보를 이어나갔다. 2023년 3월 FOMC까지도 긴축 행보를 지속해나갔고, 이후에도 긴축적 기조(금리 인상 또는 고금리 유지)를 유지할 가능성이 높다.

'제3차 오일쇼크(석유파동) 시대를 재현하는 것인가?' 하는 우려가 가득하다. 1970년대 당시 미국은 퍼펙트 스톰(Perfect Storm) 그 자체였다. 당시 베트남 전쟁으로 전비를 조달하기 위해 돈을 많이 찍어냈고, 이에 따라 인플레이션 쇼크가 찾아왔다. 1971년 8월 닉슨 당시 미국 대통령은 오히려 경기부양을 우선시하며 금본위제까지 폐기했고, 달러와 금의 연결성이 끊어지며 달러가 엄청나게 추가 발행되기 시작했다. 인플레이션은 더욱 가중되었고, 오일쇼크까지 찾아왔다. 1973년 원유는 1년 만에 4배나 올랐고, 초인플레이션을 야기했다. 인플레이션과 경기침체가 같이 찾아온 스태그플레이션 상황이었다. 이 와중에 경기부양에 초점을 둔 미국 경제는 악순환의 늪에 빠졌던 것이다.

이때 영웅이 등장했다. 1979년 8월 볼커 시대가 열렸다. 폴 볼커(Paul Volcker)는 경제사적으로 '인플레이션 파이터(Inflation Fighter)'라고 평가받는 전 연준 의장(1979~1987)이다. 물가와 경기 두 마리 토끼 중 한 마리만 잡겠다는 의지로 하이퍼 스텝(기준금리 4퍼센트포인트 인상) 조치를 단행했다. 1981년 미국 기준금리는 21.5퍼센트까지 인상되어 폭동이 일어나기도 했다. 부채에 허덕이는 농민들이 트랙터를 몰고 연준 건물을 봉쇄하며 시위하기도 했다. 엄청난 소동들이 벌어졌고 연일 위협에 시달려 볼커는 권총을 몸에 지니고 다녀야 할 정도였다. 그는 굴하지 않았고, 결국 14퍼센트의 인플레이션을 잡았다.

경기후퇴를 용인해야 하는 결정이었다. 1980년대 미국은 수많은 기업이 파산에 내몰리고, 수백만 명이 일자리를 잃었고, 경기가 급격히 침체되기에 이르렀다. 그러나 시중에 풀렸던 유동성이 회수되기 시작했고, 1982년 4퍼센트, 1983년 2퍼센트대로 물가상승률이 떨어졌다. 물론, 경제적 고통을 감내해야 했지만, 물가를 우선 잡지 않으면 악순환의 고리에서 빠져나올 수 없었을 것이다. 물가를 우선 잡고, 다시 경기를 부양시키는 데 초점을 두었다. 이후 미국 경제는 안정을 찾았다.

● OECD경기선행지수 추이

자료 : The TIMES

　이른바 볼커 시대의 귀환이다. 인플레이션과의 전쟁이다. 물가를 우선 잡아야 하는 상황임을 이해할 필요가 있다. 물론, 2023년은 경제적으로 고통의 시간이 올 것이다. 긴축의 시대, 객관적으로 세계 경제의 흐름을 판단하고, 고통의 시간에 어떻게 대응할지 집중적으로 고민해야 할 시점이다.

글로벌 리세션의 시대에 취해야 할 전략

정부의 대응책은 매우 중대하다. 어제 수립했던 계획으로 내일을 살아가면 안 된다. 아무리 좋은 공약도 늘 좋을 순 없다. 경제 상황에 맞게 유연한 정책을 펼쳐야 한다. 글로벌 리세션에 대한 우려조차 없었던 어제의 계획이 그 우려가 현실화한 지금에도 유지되면 안 된다. 이제 경기침체기에 맞는 대응책을 다시 마련해야 한다. 특히 경제주체들에게 부담을 가중시키는 정책이나, 무분별한 확장 사업을 유도하는 것은 금물이다. 그렇다고 위기 상황에 내몰리고, 삶의 질이 실추되고 있는 취약계층을 보살피는 일을 게을리해서는 안 된다. 세계 주요국들의 역동성이 줄어들고, 신흥국들의 위기 가능성이 고조되는 위험한 경제이기 때문에 안전하고 보수적인 방향으로 나라 살림살이를 지휘해야 한다.

기업도 긴축전략(Tightening Strategy)으로 전환해야 한다. 세계적으로 소비규모가 수축되는 경제구간이 시작될 것이기 때문에 과도한 부채에 의존해 사업 확장을 추진할 경우 그 충격이 클 수 있다. 성장성보다는 수익성이 높은 캐시 카우(Cash Cow)에 집중하는 사업방향을 취해야 할 것이다. 경기침체의 바닥 구간이 찾아왔을 때 역동적으로 유망 신사업을 추진하기 위한 준비의 시간이라고 판단해도 좋을 것이다.

가계는 주요국의 통화정책 기조를 예의주시하고, 이로 인해 야기되는 자산시장의 영향을 그려야 한다. 하루 종일 주식차트만 본다고 해서 그 주가가 올라갈지 떨어질지 이야기해주는가? 일희일비하는 투자 방식이 아니라 시대를 규명해야 한다. 2023년에는 높은 금리가 경제주체의 역동적인 경제활동을 막고, 글로벌 경기가 침체되는 구간을 맞이하고 있다. 2023년 경제를 전망하고, 주요 변수들을 진단하며 대응 시나리오를 짜야 한다. 일희일비하면 지고, 시대를 규명하면 이긴다.

주식 투자 팁

주식 투자 팁 1. 테이퍼링

제가 주식 투자 팁으로 알려드리고 싶은 첫 번째 명제는 바로 '통화량은 주가와 동행한다'입니다. 통화량은 결국 유동성을 얼만큼 공급하느냐를 말하는데 공급을 많이 할수록 주가가 오르기 때문입니다.

테이퍼링이 뭘까요? 많은 운동선수가 중요한 운동 경기를 앞두고 운동량을 늘리다가 운동 경기 사흘 전부터 조금씩 줄입니다. 마치 우리가 수능 시험 전까지는 코피 터져가면서 공부했지만 시험이 5일 남은 시점부터 공부량을 점차 줄이면서 컨디션을 조절하는 것과 같습니다.

서서히 줄여나가는 것, 이게 바로 테이퍼링이라는 개념이에요. 공부량을 더 늘리면 안 된다는 말이죠. 컨디션이 무너져서 성적이 떨어질 수 있으니까 마치 운동량을 서서히 줄여나가듯이, 공부량을 서서히 줄여나가듯이 하는 것을 '테이퍼링 한다'라고 합니다.

돈과 직결해서 설명해볼게요. 어머니께서 중학교 2학년인 자녀에게 매월 1만 원씩 용돈을 주는데 갑자기 이번 달부터는 용돈이 없다고 선언해버리면 어떨까요? 그렇게는 안 된다고, 치사하다고 난리가 나겠죠? 이렇게 난리가 나는 현상을 경제학에서는 '긴축 발작'이라고 합니다.

경기를 부양시키기 위해서 시장에 유동성을 엄청나게 공급했습니다. 코로나19 시국에도 유동성을 1,200억 달러씩 공급합니다. 역시 2008년 글로벌 금융위기 때도 경기를 부양시키기 위해서 미국이 유동성을 800억 달러씩 공급했어요. 통화량이 늘어나는 거죠. 그럼 자연스럽게 주가가 상승할 수밖에 없어요. 시중에 공급된 유동성의 적어도 일부분은 주식 투자로 흘러가기 때문입니다.

유동성을 공급해 경제가 회복되면 이제는 통화량을 줄여도 되겠다는 생각이 들겠죠? 그런데 통화량을 1,200억 달러에서 0원으로 한 번에 줄여버리면 시장에 긴축 발작이 일어나겠죠. 그렇기 때문에 유동성 공급량을 시장이 적응할 수 있도록 천천히 줄여나가는 것입니다. 이것을 바로 테이퍼링이라고 합니다.

공급량이 증가하면 주가가 올라간다고 했습니다. 반대로 공급량이 줄면 '주가가 하방 압력을 받겠구나'라고 생각하면 될 것 같습니다.

주식 투자 팁 2. 금리

주식 투자의 팁 두 번째는 '금리는 주가와 역행한다'입니다. 미국 연준과 같은 중앙은행이 하는 일은 결국 물가를 잡는 거예요. 그 일을 하는 두 팔이 있습니다. 오른팔은 유동성 공급이고, 왼팔은 기준금리 인하예요. 이것을 활용해 경기를 부양시킵니다.

미국이 유동성을 1,200억 달러씩 공급하다가 테이퍼링을 단행했죠. 이제 두 팔이 없어도 경제가 알아서 제대로 굴러갈 것 같으니까 오른팔을 뺀 거예요. 이때 두 팔을 동시에 빼면 우당탕하면서 발작이 일어나겠죠. 그러니까 먼저 오른팔부터 상황을 보면서 서서히 빼다가 왼팔도 마저 빼는 거죠. 테이퍼링과 기준금리 인상 시점부터는 돈의 가치가 상승하기 시작합니다. 그러면 자연스럽게 주식 가치는 떨어지겠죠.

테이퍼링 계획을 미리 발표하기 때문에 기준금리 인상 타이밍도 예측할 수 있습니다. '이렇게 긴축적 통화정책이 진행되고 있다면 결국 주가는 역행하겠구나', '기준금리가 올라가면 약세장이 나오겠구나' 하고 판단할 수 있겠죠.

주가가 반드시 금리와 연동돼서 움직이는 건 아닐 수도 있어요. 왜냐하면 금리 외에 주가를 결정짓는 또 다른 변수들이 있기 때문입니다. 하지만 다른 조건이 동일하고 금리 인상이 예고된 경우라면 당연히 주가는 하방 압력을 받을 수밖에 없습니다.

주식 투자 팁 3. 나스닥

세 번째 팁은 바로 '나스닥을 봐라'입니다. 특히 국내주식의 흐름을 미리 읽으려면 우리나라보다 먼저 장이 열리는 나스닥을 봐야 합니다. 미국 장은 우리나라 기준으로 새벽에 열리고 끝나기 때문에 나스닥이 좋았다면 우리나라 장에도 긍정적으로 영향을 미칠 가능성이 높아요. 반대로 나스닥이 엄청나게 조정을 받았다면 국내주식에도 부정적인 영향을 미칩니다. 그러니까 나스닥 시장 자체가 우리나라 코스피, 코스닥 시장의 선행 지표 역할을 할 가능성이 매우 높기 때문에 나스닥을 참고하면 좋다는 점을 말씀드립니다.

주식 투자 팁 4. 경기 변동

주식 투자의 네 번째 팁은 바로 '경기 변동과 주가는 동행한다'입니다. 한번 생각해보세요. 경제는 여러 가지 산업의 합입니다. 그리고 그 산업은 또 여러 가지 산업에 종사하는 기업들의 실적의 합일 거예요. 그러면 경제가 좋다는 말은 평균적으로 여러 산업이 잘하고 있다는 뜻이고, 평균적으로 여러 산업이 못하고 있다는 말은 경기가 안 좋다는 뜻이라고 해석할 수 있겠죠.

만약 경기의 흐름이 좋다면 평균적으로 여러 산업이 잘하고 있다는 뜻이고, 그 여러 산업 중에 내가 중장기적으로 유망하다고 생각하는 산업은 더 호황일 가능성이 높겠죠. 그 속에서 가능성을 자꾸 찾는 거예요.

누군가는 전체적인 주가를 이끌어가는 대장주일 수도 있고, 누군가는 끌려가는 막내주일 수도 있어요. 그래서 경기 변동을 항상 확인해야 하고, 경기 변동과 주가는 동행할 가능성이 높기 때문에 경기 변동을 미리 알 수 있는 선행 지표를 봐야 한다는 점 강조드립니다.

주식 투자 팁 5. 이슈

다섯 번째는 바로 '큰 이슈에 주목하라'입니다. 최근 대표적인 큰 이슈는 코로나19죠. 코로나19 충격이 왔을 때 어떤 종목이든 다 같이 조정을 받았단 말이에요. 그럼 이제 반등할 종목에 투자를 해야 되는데, 그 반등도 이슈에 따라 영향을 받는다는 거죠.

코로나19라는 이슈의 특성상 자연스럽게 마스크 수요와 개인 위생 방역 용품 수요가 늘겠다고 상상할 수 있죠. 대면에서 비대면으로 삶의 방식이 바뀌면 초등학생들이 학교 수업을 집에서 비대면으로 받아요. 그럼 자연스럽게 PC 수요가 늘겠죠. 직장인들도 마찬가지입니다. 코로나19 때문에 일을 안 하지는 않습니다. 출근이냐 재택이냐 근무 방식의 차이가 생기겠죠. 재택근무가 늘어난다면 집에서 입는 홈웨어나 집 안에 있는 시간이 증가함에 따른 가전이나 가구 수요가 엄청나게 늘겠죠. 실제로도 늘었습니다.

이처럼 코로나19 이슈와 같이 저점 매수가 가능한 시점이 생겼을 때 이 이슈가 미칠 영향이 종목 선정에 기초가 될 수 있습니다.

주식 투자 팁 6. 경상수지

여섯 번째는 간단합니다. '경상수지가 흑자면 주가는 상승한다'입니다. 우리나라 기업들은 대부분 수출 의존도가 높은데요, 경상수지가 흑자라는 말은 그만큼 기업들이 수출 실적이 개선되고 있다는 의미잖아요. 때문에 경상수지 흑자 발표는 주가 상승에 기여한다는 사실을 기억하시기 바랍니다.

주식 투자 팁 7. 기업 실적

일곱 번째는 바로 '기업 실적'입니다. 기업은 한 해 4번의 사업 보고서를 발표합니다. 어떤 기업의 실적이 기존보다 호전되거나 시장의 예상치보다도 호전돼요. 매출액이 늘고 영업이익이 늘었습니다. 그러면 그 기업은 우리의 생각보다 더 실적이 좋다는 뜻이므로 과거 주가보다 상향 조정될 가능성이 높겠죠. 결국 기업의 영업 실적이나 기업 활동만큼 주가가 계속 수렴해나갈 것이기 때문에 기업 실적이 과거보다 호전되거나 시장 기대치보다도 호전된다면 주가는 상승한다고 판단하면 도움이 되겠네요.

주식 투자 팁 8. 환율

마지막으로 '환율은 주가와 역행한다'는 말씀을 꼭 드리고 싶어요. 환율이 높다는 것은 달러 가치가 강하다는 뜻이고, 환율이 낮다는 말은 달러 가치가 약하다는 뜻입니다.

생각해보세요. 달러가 약세일 때 외국인 투자자가 한국주식 투자를 해서 10퍼센트를 벌었어요. 이를 달러로 바꾸면 12퍼센트, 15퍼센트가 돼요. 반대로 달러가 강세일 때는 한국주식에 투자를 해서 10퍼센트를 벌어도 달러로 환전하고 나면 7퍼센트, 8퍼센트밖에 안 되는 겁니다. 굳이 한국주식에 투자할 필요가 없는 거예요.

그러니 달러 강세 기조가 유지된다고 하면 외국인 투자자들의 자금 이탈이 벌어집니다. 주식 시장에는 3대 투자 주체가 있습니다. 바로 기관 투자자, 외국인 투자자, 개인 투자자인데요. 이 중 외국인 투자자들이 한국주식 시장에서 빠져나갑니다. 우리나라 투자자들도 마찬가지예요. 달러 강세가 나타난다면 한국주식보다는 미국주식이 더 매력적일 것 아니에요. 이렇게 돈의 이동이 시작되는 것입니다.

두 번째 투자 팁으로 말씀드렸던 금리는 주식 시장에서 현금성 자산인 은행으로의 돈의 이동이었다면, 환율은 나라별 이동입니다. 그러니까 달러 강세가 유지되는 장세에서는 상대적으로 한국주식은 더 많은 하방 압력을 받을 수 있겠다고 미리 판단해볼 수 있겠죠.

여러분들께서 이 8가지 주식 투자 팁만 기억한다면 지속적으로 성공하는 투자를 하실 수 있지 않을까 생각합니다.

채권

2020년 한 해 주식 투자 열풍이 일었다면 2021년부터는 대체 투자 시장으로 관심도가 옮겨간 것 같아요. 그중 채권에 대해서 알아보겠습니다.

'채권에 투자하라고 하던데 채권이 도대체 무엇이냐?', '국채는 뭐고 회사채는 뭐냐?' 하는 질문을 많이 합니다. 그래서 채권, 국채, 회사채에 대해 먼저 정리해드리고요. 채권금리의 상승 배경과 채권금리와 채권가격의 관계까지 친절하게 설명드리겠습니다.

채권이란?

채무자가 채권자에게 돈을 빌립니다. 그리고 돈을 빌렸다는 확인증서, 즉 차용증서를 써요. 그 차용증서에 조건이 붙습니다. 채권자가 채무자에게 돈을 빌려주는 대신에 '3개월마다 연 8퍼센트의 이자를 주고, 3년 뒤에는 원금과 이자를 같이 주세요' 하는 조건을 담아요. 이 차용증서를 채권이라고 볼 수 있습니다. 즉, 채무자가 돈을 빌리는 것이 일종의 대출인데, 대출을 받을 때 차용증서인 채권을 발행한다고 이해할 수 있습니다.

● 대출과 채권의 차이

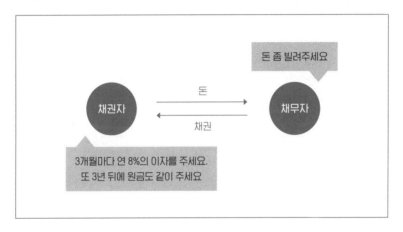

① 대출과 채권의 차이

대출과 채권은 뭐가 다를까요? 대출은 일반 개인이 받는 자금조달 방법입니다. 반면 채권은 개인이 아니라 기관이 받습니다. 회사나 국가, 지자체 같은 기관이 은행으로부터 혹은 그 밖의 투자자로부터 돈을 빌릴 때, 약간 어려운 말로 자금을 조달할 경우 채권을 발행해줍니다.

● 주식과 채권의 차이

구분	주식	채권
자금조달 방법	자기 자본	타인 자본
증권 소유자의 위치	주주로서의 지위	채권자로서의 지위
소유자로부터의 권리	결산 시 사업이익금에 따른 배당을 받을 권리	확정이자 수령 권리
존속기간	영속성	기한적(영구채 제외)
원금상환	원금상환이 불확실	원금상환
자본의 조달형태	출자증권	대부증권

② 주식과 채권의 차이

채권은 또 주식과 어떻게 다를까요? 예를 들어보겠습니다. 주식회사가 자금을 조달하는 방식은 크게 2가지입니다. 첫 번째는 주식을 발행하는 것이고, 두 번째는 채권을 발행하는 것입니다. 발행한 주식을 누군가 매수하면 그 비중만큼 회사의 주주가 됩니다. 회사의 주인이 되는 거예요. 다시 말해 주식을 발행해서 자금을 조달하는 방식은 자기 자본이 됩니다. 왜냐하면 주인이 갖고 있으니까 자기 자본이 되는 거죠.

채권의 경우에는 타인 자본이 됩니다. 즉, 자기 자본이냐 타인 자본이냐로 주식과 채권의 차이를 설명할 수 있습니다. 주식에 투자하는 것은 주주가 된다는 뜻이고, 채권에 투자한다는 이야기는 채권자가 된다는 의미입니다.

주주는 경영 의사결정에 참여할 수 있지만, 채권은 돈만 빌려줄 뿐 경영 의사결정에 참여할 수 없다는 차이가 있습니다. 또 소유자로부터의 권리에도 차이가 있습니다. 결산 시에 주식은 사업 이익금에 따른 배당을 받을 수 있고, 채권은 확정이자를 수령할 수 있다는 점이 다릅니다. 다시 말하면 주식의 경우에는 배당금이 수익이고, 채권은 이자 자체가 수익이 됩니다.

존속 기간은 주식은 영속적이죠. 주인이 된다는 거니까. 그런데 채권의 경우에는 영구적이지 않습니다. 제한적입니다. 채권은 기간을 정해놓고 만기까지 상환을 약속하는 차용증서라고 말씀드렸죠. 따라서 원금상환이 예정되어 있습니다. 반면, 주식의 경우에는 원금상환이 불확실합니다. 기업이 망할 수도 있으니까. 그러니 당연히 위험성이 높고, 그만큼 기업이 성장하면 주식 차액을 벌어들일 수 있기 때문에 수익성도 높다고 볼 수 있는 거죠.

주식과 채권의 차이를 그림을 통해 다시 한 번 설명할게요. 주식이라 하면 여러분이 매수한 금액이 있어요. 계속 변화하죠. 그래서 가급적 싼 가격에 사고 싶을 거예요. 그리고 매도 금액이 계속 변동해요. 그래서 되도록 비싼 가격으로 팔고 싶죠. 매도가에서 매수가를 뺀 값이 수익률이 되겠죠.

● 주식과 채권의 차이

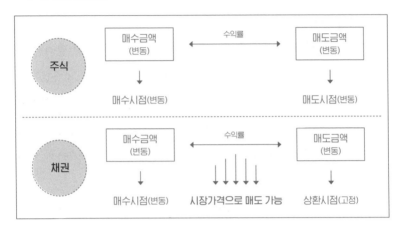

채권의 경우 매수가는 변동이 있어요. 다만, '3년 후에 얼마를 주겠다' 하는 액면 금액은 정해져 있어요. 이 때문에 매수금액이 싸면 상대적으로 수익률이 높아지고, 매수금액이 높으면 그만큼 수익률이 낮아지겠죠. 금리와 수익률 간의 반비례 관계를 잠깐 확인해봤습니다. 자세한 것은 뒤에서 설명할게요.

③ 채권의 종류

채권은 발행 주체에 따라 국가에서 발행하면 국채, 회사에서 발행하면 회사채가 됩니다.

채권가격과
채권금리의 관계

주식의 경우에는 주가가 오르면 수익도 올라가고, 주가가 떨어지면 수익도 떨어지는 구조입니다. 그런데 왜 채권은 채권금리가 오르면 채권가격이 오히려 떨어지고, 채권가격이 오르면 채권금리가 떨어질까요?

● **채권가격과 채권금리 예시**

채권가격	액면가격	수익률(시장금리)
100만 원		연 5%
95만 원	105만 원	연 10%
105만 원		연 0%

채권가격이 현재 100만 원이에요. 그리고 정해져 있는 액면가가 105만 원입니다. 이게 무슨 뜻이냐면 현재 100만 원의 채권을 발행하고 이걸 매수할 경우 105만 원을 받을 수 있다고 서로 약속한 것입니다. 이 약속에 따르면 수익률(시장금리)이 5퍼센트가 됩니다.

만약에 100만 원짜리 채권가격이 95만 원으로 떨어졌어요. 그런데 여전히 액면가격은 105만 원으로 고정이죠. 이런 경우 수익률이 어떻게 될까요? 연 10퍼센트로 올라가게 되는 거죠. 반대로 채권가격이 100만 원에서 105만 원으로 오른다면 액면가격은 105만 원으로 정해져 있기 때문에 수익률이 0퍼센트가 됩니다. 결국 이런 이유로 채권가격이 떨어지면 수익률이 올라가고, 채권가격이 올라가면 수익률은 오히려 떨어지는 것입니다.

여기서 한 단계 더 나아가볼게요. 만약 채권금리(시장금리)가 연 5퍼센트에서 10퍼센트로 올랐어요. 그럼에도 여전히 액면가 105만 원짜리 채권을 100만 원으로 발행하면 누가 사겠습니까? 아무도 안 사겠죠. 그러니까 95만 원으로 발행할 수밖에 없겠죠.

이렇게 금리가 상승하면 채권가격이 떨어진다고, 채권가격의 움직임에 따라서 수익률이 바뀐다고도 설명할 수 있고 수익률이 달라짐에 따라서 채권가격 역시 반대로 움직인다고 설명할 수도 있겠네요. 이로써 채권가격이 상승하면 채권금리는 떨어지고, 채권금리가 올라가면 채권가격이 오히려 떨어진다는 것을 충분히 이해하셨으리라 생각합니다.

고금리의 역습, 금융위기 오는가?

세계 경제가 공포에 휩싸이고 있다. 이른바 'R의 공포'가 시작되었다. 통상적으로 장기금리와 단기금리의 격차가 좁아지거나 역전되면 경기침체(Recession)의 전조현상으로 받아들여지고 있다. 장기금리가 단기금리보다 높은 것이 통상적인데, 오히려 단기금리가 장기금리보다 높으니 '이상한 일'인 것이다. 2022년 들어 장단기 금리가 역전되었고, 2023년 3월 현재까지 8개월 연속 역전된 채 불안한 기운이 지속되고 있다.

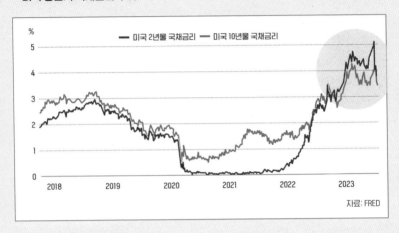

● 미국 장단기 국채금리 추이

%
— 미국 2년물 국채금리 — 미국 10년물 국채금리

자료: FRED

은행의 연쇄 파산 사태

불안한 일이 터지고 말았다. 2023년 3월 미국의 자산규모 16위 은행 실리콘 밸리은행이 파산했다. 미국의 5,000여 개의 은행 중 상당한 규모의 은행이고, 파산한 미국은행 중 역대 2번째라는 점에서 공포감이 크게 돌고 있다. 이어 시그니처뱅크도 파산했다. 퍼스트리퍼블릭(First Republic Bank)의 부실징후에 미국 대형 은행 11곳이 총 300억 달러를 예치하며 지원에 나섰지만, 주가가 급락하고 뱅크런 등으로 유동성 위기에서 벗어나지 못하고 있다.

유럽의 금융불안도 점증되고 있다. 1856년 설립한 스위스 2대 은행이자 유럽 최대규모의 투자은행(IB) 중 하나인 크레디트스위스(CS)가 대규모 적

● 미국 20대 은행 순위와 자산규모

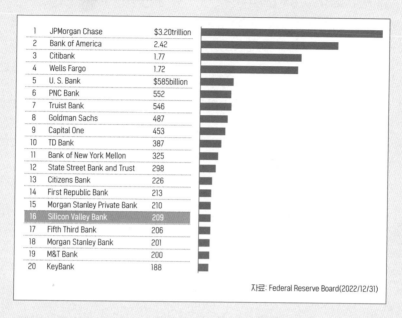

1	JPMorgan Chase	$3.20trillion
2	Bank of America	2.42
3	Citibank	1.77
4	Wells Fargo	1.72
5	U. S. Bank	$585billion
6	PNC Bank	552
7	Truist Bank	546
8	Goldman Sachs	487
9	Capital One	453
10	TD Bank	387
11	Bank of New York Mellon	325
12	State Street Bank and Trust	298
13	Citizens Bank	226
14	First Republic Bank	213
15	Morgan Stanley Private Bank	210
16	Silicon Valley Bank	209
17	Fifth Third Bank	206
18	Morgan Stanley Bank	201
19	M&T Bank	200
20	KeyBank	188

자료: Federal Reserve Board(2022/12/31)

자로 파산위기에 직면했다. 국제 금융기구 중 하나인 FSB(Financial Stability Board)는 세계 경제의 금융시스템에 중요한 역할을 하는 30대 은행(G-SIBs, Global Systemically Important Banks)을 매년 선정하고 있는데, 크레디트스위스는 이 중 하나다.

금융부실이 금융위기로까지 확산할까?

은행 파산 사태가 세계 경제에 공포감을 주고 있다. 물론, 실리콘밸리은행의 경우 미국의 예금자보호제도를 통해 대응을 하고, 크레디트스위스는 스위스 1위 은행 UBS의 인수로 급한 불은 껐지만, 은행들의 부실이 해소되었다고 판단하기에는 이른 감이 있다. 각각의 은행이 파산 혹은 파산위기에 처한 배경에는 차이가 있겠지만, 맥을 같이하는 요소가 있다. 그 요소를 선제적으로 분석해보고, 지금의 금융부실이 금융위기로 확산할지 판단하는 것은 매우 중대한 과제가 될 것이다.

첫째, '고금리의 역습'이다. 코로나19 이후 2020~2021년 주요 기업들의 매출액이 급격히 늘어남에 따라 예치금이 증가했다. 2022~2023년 기준금리를 인상하고, 기업들의 신규투자와 가계의 내수소비가 위축되고 경기침체가 시작되면서 예치금이 줄기 시작했다. 은행의 유동성 위기 징후가 나타나기 시작했다.

둘째, 은행의 증권투자가 부진해서다. 첫째 요소가 은행으로 유입되는 돈(Inflow)과 관련된다면, 둘째 요소는 은행으로부터 나가는 돈(Outflow)과 관련된다. 은행은 예치금의 일부를 대출 혹은 증권투자를 활용해 수익을 극대화한다. 2020~2021년 동안 제로금리 시대에는 자본시장의 열기가 뜨거웠기 때문에 증권투자에 따른 이익이 컸겠지만, 2022~2023년 금리는 급격히 상승하는 반면 주식가격과 채권(미국 국채 포함)가격이 떨어졌다. 대표적으로 크레디트 스위스는 투자손실이 심했다. 물론, 채권가격이 떨어진다고 해서 손실이 실현되는 것은 아니다. 채권의 경우 만기까지 들고 있으면 손실을 보지 않기 때문이다. 즉, 미국 국채에 투자한 은행들은 미실현 손실(Unrealized Loss)이 발생했지만, 유동성 부족과 뱅크런으로 손실을 감당하면서까지 국채를 매각해야만 하는 상황에 놓였던 것이다.

● **미국은행의 증권투자 미실현 손실 추이**

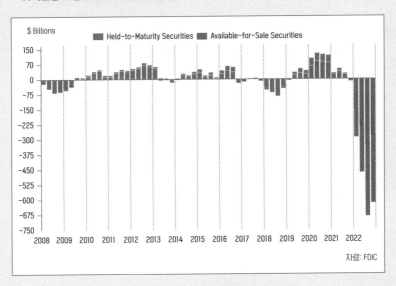

자료: FDIC

문제는 금융부실의 전이다. 글로벌 은행의 신용등급 강등이 이어지고 있다. 경제주체는 은행에 대한 기대가치를 조정할 수밖에 없고, 투자를 꺼리게 된다. 유동성 부족은 더 심각해질 수 있다. 더욱이 은행에 자금을 예치하는 것이 안전하지 않다는 생각을 확산시키고, 이는 금이나 달러 등과 같은 안전자산으로 돈의 이동을 불러오는 모습이다. 돈 문제를 돈으로 메꾼 형국이고, 근본적으로 은행의 수익성이 개선되거나 유동성이 풍부해진 것이 아니므로 언제든지 부실한 은행 순으로 파산 위기에 봉착할 수 있다. 즉, 2023년 금융부실 문제의 본질이 고금리에 있고, 아직 본질적인 해결책이 등장한 것이 아니므로, 언제라도 거침없는 부실의 전이가 이루어질 수 있다.

사상누각이라는 말이 있다. 토대가 튼튼해야 집이 쓰러지지 않는다. 금융은 경제의 토대이고, 지금은 토대가 부실해진 상황이다. 토대가 부실해진 배경을 요약한다면 한마디로 고금리라고 할 수 있다. 지금으로서는 두 가지 시나리오가 가능하다. 지금의 금융부실이 어느 정도 지속될 경우, 경기침체를 피하기는 어려운 상황이다. 은행이 수익성보다는 안정성을 택할 것이기 때문에, 대출 등을 소극적으로 할 가능성이 높다. 경제주체는 자금 마련이 어렵고 신규투자 위축과 같은 경기침체의 여진이 확대될 것이다. 한편, 금융부실이 금융위기로까지 전개될 경우, 세계 경제는 대혼란을 겪고 위기 때마다 그랬듯 급격한 기준금리 인하를 단행할 것이다. 폭풍이 지나고 난 자리처럼 위기가 온 후에는 새로운 토대가 등장하고, 새로운 토대 위에 새로운 집을 짓게 될 것이다.

부동산

열심히 일할수록
가난해지는 역설

부동산의 몇 가지 전제 중 하나는 자산의 규모, 소득수준, 거주하는 지역, 살고자 하는 주택의 유형 등에 따라서 전망이 다 다르다는 것입니다. 그래서 한데 모아 설명하기는 꽤 어려운데요, 많은 이에게 필요한 정보로 압축하여 최대한 쉽게 설명해보겠습니다.

먼저 다음 그림을 한번 볼까요? 무엇을 의미하는 그림일까요?

가난한 어부는 열심히 물고기를 잡고, 잘 차려입은 부자는 어부가 열심히 잡아놓은 물고기를 가로챕니다. 이처럼 가난한 사람은 계속 열심히 일만 하는 거예요. 하지만 부자는 나쁘게 표현하면 착취를 해요.

자료: West(Welfarre Society territory)

잘 이용하는 거죠. 제가 어린 시절부터 어머니께서 해오신 말씀이 있습니다.

"잘되려면 열심히 살아라."

어릴 적에는 진리처럼 받아들였습니다만, 현대 자본주의 사회에서는 과연 적절한 조언일까 하는 생각을 합니다.

열심히만 살면 안 됩니다. 전략적으로 살아야 합니다. 그림 속의 부자처럼 살아야 해요. 자산관리와 재테크 측면에서 이야기하자면, 열심히만 살아서는 절대 부자가 될 수 없습니다.

일하는 것 못지않게
투자가 중요한 이유

소득수준이 높다면 열심히만 살아도 부자가 될 수 있지만 평균적인 근로자들의 경우라면 어렵습니다. 왜냐하면 소득의 증가 속도가 자산가치의 증가 속도보다 느리기 때문입니다.

자산 투자를 해야 하는 이유

소득 증가 속도 〈 자산가치 증가 속도

주식에 투자하거나 부동산을 매수하는 것처럼 자산에 올라탈 때 중요한 것은 무엇일까요? 바로 시점입니다.

첫 번째는, 언제 올라탈까.

두 번째는, 무엇에 올라탈까.

다시 말해서 어느 시점에 어떤 물건에 투자해야 할까의 문제입니다.

우리나라 부동산, 어떻게 움직이나?

무엇보다도 미래 부동산 가격이 궁금하다면, 가격과 가격상승률의 차이를 명확히 구분해야 합니다. 부동산뿐만 아니라 대부분의 경제지표가 상승률 혹은 증감률의 개념을 씁니다. 경제성장률은 GDP가 얼마나 증가했는지, 물가상승률은 물가가 얼마나 상승했는지 설명해주는 경제 지표로 보통 한 해 전과 비교해 변화한 정도를 보여주는 개념이지요.

즉 '상승률이 하락한다'와 '가격이 하락한다'는 다른 이야기입니다. 기자들조차 잘못 쓸 때가 많은데 개념을 정확히 이해해야 합니다. 가격이 하락한다는 것은 작년에는 1,000만 원이었던 것이 올해 900만 원으로 떨어졌을 때를 말해요.

가격이 하락한다

1,000만 원 → 900만 원

그렇다면 '상승률이 하락한다'는 표현은 무엇일까요?

예를 들어 재작년에는 1,000만 원이었는데, 작년에는 1,100만 원으로 가격이 상승했어요. 그리고 올해도 100만 원 상승해서 1,200만 원이 됐다고 합시다. 작년이나 올해나 둘 다 가격이 100만 원씩 상승했죠? 하지만 작년에는 1,000만 원 대비 100만 원이 상승했고, 올해는 1,100만 원 대비 100만 원이 상승한 것입니다.

상승률이 하락한다

작년 1,000만 원에서 1,100만 원 상승 → 상승률 10%

올해 1,100만 원에서 1,200만 원 상승 → 상승률 9.1%

작년 올해 모두 100만 원씩 상승했지만, '상승률'은 하락했다

다시 말하면 상승폭이 줄어든 거예요. 상승률이 하락했다는 이야기는 가격은 상승했지만 그 폭이 이전에 비해 줄었다는 뜻입니다. 가격이 하락했다는 뜻이 아니에요. 두 가지를 혼동하면 안 됩니다.

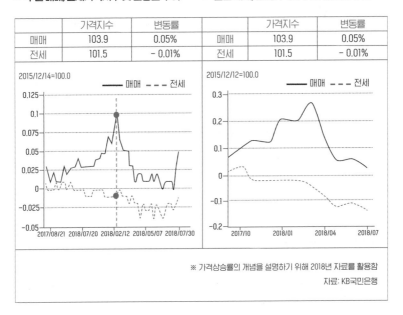

	주간 매매, 전세가격지수 및 변동률 추이		월간 매매, 전세가격지수 및 변동률 추이	
	가격지수	변동률	가격지수	변동률
매매	103.9	0.05%	103.9	0.05%
전세	101.5	- 0.01%	101.5	- 0.01%

※ 가격상승률의 개념을 설명하기 위해 2018년 자료를 활용함

자료: KB국민은행

위의 그래프를 보면, 월간과 주간 모두 매매가격이 하락하진 않았어요. 상승률이 둔화되고 있는 거예요. 주간 그래프를 보면 매매가격지수가 하락했지만 여전히 0보다 높죠? 상승세가 둔화되고 있는 것일 뿐 가격이 하락한 것은 아닙니다. 역시 월간 그래프에서도 매매가격은 상승세가 둔화된 것입니다. 여전히 0보다 위에 있으니까요. 물론 두 그래

프 모두에서 전세가격은 하락하고 있다는 게 명확히 드러납니다. 0보다 아래에 있으니까요.

다음 그래프를 볼까요? ①번 구간은 가격상승률이 둔화하지만 가격은 여전히 상승하는 구간입니다. ②번 구간은 상승률이 '0' 밑으로 떨어집니다. 2022년 중반부터 아파트매매가격 등락률이 마이너스로 전환되었거든요. 이 경우가 가격이 하락하는 상황인 것이죠. 특히 이 구간은 상승률이 가파르게 하락하고 있으니 하락속도가 점차 빨라지는 구간입니다. ③번 구간은 등락률이 반등하지만 여전히 '0' 아래에 머물고 있습니다. 따라서 이를 보고 '가격'이 반등한다고 오해하면 안 됩니다.

이 그래프에서 최선의 내 집 마련 시점을 고른다면 언제일까요? 아파트매매가격 등락률이 마이너스에서 플러스로 바뀌는 지점이 되겠네요!

● 아파트매매가격 등락률

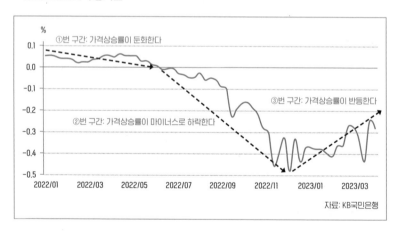

자료: KB국민은행

이와 같은 개념을 정확히 이해하고 그래프를 보면 해석하는 데 도움이 될 겁니다. 상승률이 하락해도 여전히 가격은 상승하고 있어요. 상승률이 마이너스로 바뀌지 않는 한 말이죠. 반대로 상승률이 마이너스일 때의 해석도 유사합니다. 상승률이 -5퍼센트에서 -3퍼센트로 올라간다 해도 가격은 여전히 내려가고 있는 겁니다. 떨어지는 속도만 줄어든 것뿐입니다.

부동산은 경제와 어떤 관계가 있을까

본격적인 부동산 이야기에 앞서, 경제와 부동산의 관계를 정리해봅시다. 금리가 상승하면, 부동산 가치가 하락합니다.

부동산을 매수할 때는 보통 주택담보대출에 의존합니다. 금리가 낮을 때는 1억 원을 빌려도 이자로 20~30만 원씩만 내면 됐는데, 금리가 올라가 40~50만 원을 내야 하는 상황이 됐어요. 돈을 빌리는 비용이 늘어나는 거죠. 이렇게 금리가 높아지면 부담이 커지기 때문에 부동산 매매 수요가 감소하게 됩니다.

금리 인상 → 부동산 매매 수요 감소

매매 수요가 줄어들면 어떤 일이 일어날까요? 공급은 차치하고 수요가 줄었다는 조건만 가지고 볼 때, 수요와 공급의 법칙에 의해서 가격

이 조정될 수 있어요.

공급 측면에서도 생각해볼까요? 금리가 오를 때는 다주택자나 갭투자자들이 매우 힘들어집니다. 이자는 눈덩이처럼 쌓이고, 집값도 내려가니 집을 팔고 싶어지겠죠.

더구나 전월세 시장을 통해 생각해보면 매우 명확해져요. 금리가 올라가면 임차인들이 상대적으로 월세를 선호하게 됩니다. 비싼 이자를 내면서 전세대출을 받고 싶지 않을 것이고, 전세보증금을 저축하고 그 이자로 월세를 내는 게 현명하다고 생각할 거예요. 그러다 보니 금리 인상기에는 통상적으로 '임차인의 월세 선호현상'이 일어납니다. 상대적으로 전세 수요가 줄고, 전세 가격이 내려갑니다. 집주인은 세입자 찾기가 어려워지고, 전세 가격이 내려가니, 더 많은 돈을 빌려야 할 것입니다. 투자했던 집을 하루라도 더 빨리 팔고 싶어지겠죠? 그래서 급매가 발생하는 겁니다.

경제에서 금리는 매우 중요하고, 금리의 변화는 부동산 가격과도 밀접하게 연결되어 있습니다. 그래서 경제를 이해하면 부동산 가격을 진단할 수 있는 것입니다.

부동산 전망의 핵심은
수요와 공급

부동산을 전망한다는 말은 곧 부동산 가격이 어떻게 움직일 것인지 본다는 말입니다. 저는 보통 아파트 매매가격을 중심으로 전망합니다.

가격은 수요와 공급의 법칙에 따라 정해지죠. 부동산 매매가격뿐만 아니라 옷이나 배추, 주식, 국제원유 등 모든 가격은 수요와 공급의 법칙을 따릅니다.

부동산 매매가격을 전망하려면 첫째, 수요를 봐야 합니다. 둘째, 공급을 봐야 합니다. 그리고 하나 더, 부동산 정책을 봐야 합니다. 정책은 수요와 공급 둘 다에 영향을 줍니다.

부동산 가격의 결정 요인

수요 + 공급 + 정책

수요 측면을 확인할 때, 가장 중요한 두 가지 변수는 구매 의사와 구매 여력입니다. A라는 사람이 주택을 구매할 의사는 '50'인데 구매할 여력이 '0'이라고 해보죠. A의 부동산 수요는 '0'입니다. 구매 의사가 '90'이든 '100'이든 아무리 올라가더라도 구매 여력이 '0'이면 부동산을 매수할 수 없겠죠? 당연히 반대의 경우도 마찬가지입니다. 그래서 두 변수의 관계는 '곱하기'입니다.

부동산 수요 = 구매 의사 × 구매 여력

먼저, 주택 구매 의사를 확인해야 합니다. 통상적으로 향후 집값이

오를 것으로 예상되면 주택 구매 의사는 올라가지요. 반대로 향후 집값
이 내릴 것으로 예상되면 구매 의사는 줄어듭니다.

국내 가구가 집값을 어떻게 예측하고 있는지 확인할 수 있는 지표
가 '주택가격전망 CSI'입니다. 이 지표가 100을 상회할 때는 집값이 오
를 것으로, 밑돌 때는 내릴 것으로 믿는다는 뜻입니다.

다음 그래프에서 보는 것처럼 2022년에는 주택가격이 떨어질 것으
로 전망하는 경향이 두드러졌고, 2022년 11월에서 2023년 1월까지 집
값 전망을 가장 비관적으로 했었네요. 이후 주택담보대출 금리가 다소
안정되고, 부동산 규제들도 완화되기 시작하면서 꽤 반등은 했으나 여
전히 비관적인 상황으로 해석할 수 있습니다.

● **지역별 주택가격전망 CSI 추이**

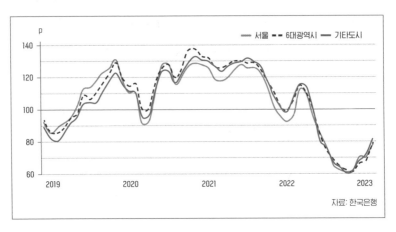

다음으로 가구가 주택을 구매할 여력이 있는지 봐야 합니다. 구매

의사도 중요하지만, 주택을 구매할 여력이 있는 가구가 느는지를 봐야 한다는 이야기예요.

주택 구매력을 볼 수 있는 중요한 잣대로 PIR지수가 있습니다. 주택가격과 가구의 소득을 비교하는 겁니다.

PIR(Price to Income Ratio, 소득대비주택가격비율)

연소득을 모두 모아 주택을 구입하는 데 걸리는 기간으로,
주택가격을 가구 소득으로 나눈 수치

PIR이 올라간다는 이야기는 소득의 증가 속도보다 주택가격의 증가 속도가 더 빨라진다는 뜻입니다. 소득 대비 주택가격이니까 우리나라 국민의 소득 증가 속도보다 부동산 가격의 증가 속도가 빨라졌다는 의미가 됩니다.

PIR 추이를 보면 서울에 사는 사람의 경우 소득을 한 푼도 안 쓰고 17.9년 동안 모아야 집을 살 수 있다는 뜻이 됩니다. 전국적으로 보면 7년이 걸리고요. 2019년에는 전국 PIR이 5.1배였고 점점 기간이 늘어나고 있기 때문에 어쩌면 7년 후에 PIR지표를 다시 보면 그때쯤에는 또 10년이 남았다고 할 수도 있어요. 이는 곧 주택을 구매할 여력이 점점 줄어든다는 뜻입니다.

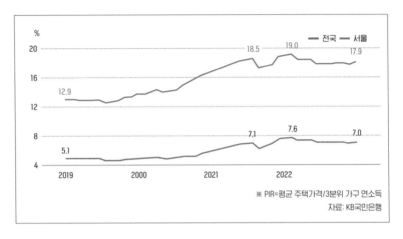

※ PIR=평균 주택가격/3분위 가구 연소득
자료: KB국민은행

대출 부담을 포함해 구매 여력을 보는 또 하나의 잣대로 HAI가 있습니다. 주택 구매 여력이 얼마나 되는지를 보는 지표인데 이 지표도 하락하고 있어요.

> **HAI**(House Affordability Index, 주택 구매력지수)
> 연소득 대비 주택담보대출의 원리금을 상환할 수 있는
> 능력을 나타내는 지표

2022년에 집값이 떨어졌음에도 시중금리 상승에 따른 이자 부담이 가중되고, 소득이 뚜렷하게 증가하지 않았기 때문입니다.

이상의 지표들을 보면, 전반적으로 구매 여력이 저하되고 있음을

알 수 있습니다.

● HAI 추이

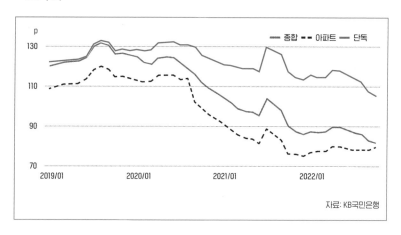

자료: KB국민은행

공급도 함께 보아야

부동산에 관한 이론 중에 '전세가격이 계속 떨어지면 곧 매매가격도 떨어진다'라는 말이 있습니다. 근거 없는 말은 아닙니다. 전세 수요가 없고 전세가격이 떨어지니까 이른바 갭투자자들이 집을 급하게 내놓기도 합니다. 이렇게 급매가 발생하면 가격이 조정될 수 있습니다.

실제로 전세수급지수를 보면 공급과 수요를 파악할 수 있어요. 전세수급지수가 높았다는 이야기는 전세수요가 엄청났다는 거예요. 2020~2021년 전세수급지수가 고점을 찍고, 2022년 들어 급격히 하락하네요. 금리가 상승하면서 나타나는 현상입니다. 앞서 말한 것처럼 임차인의 월세 선호현상으로 전세수요가 급감하는 것이죠.

● **전세수급지수 추이**

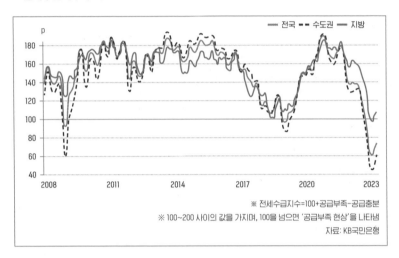

※ 전세수급지수=100+공급부족-공급충분
※ 100~200 사이의 값을 가지며, 100을 넘으면 '공급부족 현상'을 나타냄
자료: KB국민은행

2023년 1월에 전세수급지수가 저점을 기록하고 다시 반등하는 흐름입니다. 시중금리가 완만하게 하락하고 있기 때문이죠. 그러나 여전히 전국 전세수급지수가 100을 밑돌고 있으니 공급에 비해 수요가 부족한 상황입니다. 2020년 말 전세수급지수가 고점을 찍을 때 '전세대란'이, 2023년 초 전세수급지수가 저점을 찍을 때 '역전세난'이 나타난 겁니다.

지금까지는 '기존주택'을 중심으로 수급균형이 맞는지를 확인했습니다. 이제 '신규주택', 즉 분양물량을 중심으로 수급 분석을 시도해 보겠습니다.

수요와 공급이 얼마나 불균형한지, 즉 수요에 비해 공급이 과다한 상황 혹은 부족한 상황인지 판단하기 위한 좋은 잣대가 있습니다. 바로 미분양주택입니다. 미분양주택이 줄어들 땐 가격이 오름세이고, 늘어날 땐 내림세라고 판단할 수 있습니다.

다음 그래프를 보면 2020년 기준금리를 급격히 인하할 때, 전국 미분양주택 건수가 급격히 해소됩니다. 집값이 폭등하던 시기입니다. 2021년 미분양주택이 적정재고 수준에 도달해 한동안 머물지요? 기준금리를 동결하던 기간입니다. 반면, 2022년 들어 인플레이션에 대응하기 위해 엄청난 속도로 기준금리를 인상하기 시작합니다. 수요가 얼어붙으면서 미분양주택이 쌓이기 시작합니다. 미분양주택이 쌓일 때 집값은 하락합니다.

● 전국 미분양주택 건수 추이

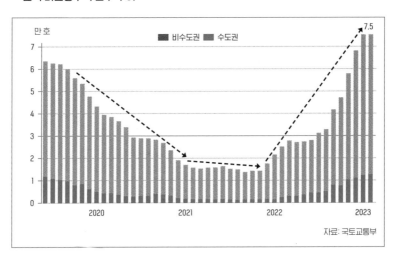

한 편의점이 새우깡을 하루에 10봉지를 판매한다고 가정해볼게요. 재고가 5봉지라면 없어서 못 팔게 되는 일이 발생하고, 100봉지가 있다면 너무 많아서 유통기한이나 물류비 등을 감안했을 때 비효율적이 되겠죠? 적정한 재고수준은 15~20봉지 수준이 될 겁니다. 이를 적정재고 혹은 시장재고라고 합니다.

지금까지 주택 매매가격을 결정짓는 수요와 공급측면에 집중해 분석방법을 설명했습니다. 이 밖에도 거시경제(금리) 측면과 정책(제도) 측면을 고루 들여다봐야 합니다.

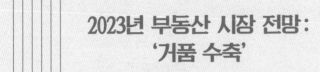

2023년 부동산 시장 전망: '거품 수축'

내 집 마련의 꿈이 멀어지는 시대다. PIR이 2020~2021년 급격히 상승했다. 예컨대 PIR이 10이라는 것은 10년 동안 소득을 한 푼도 쓰지 않고 모두 모아야 집 한 채를 살 수 있다는 의미다. 서울에서 집을 사려면, 평범한 직장인이 돈을 한 푼도 안 쓰고 다 모아도 약 17.6년이 걸린다. 2020년 팬데믹 경제위기 이전까지만 해도 그 기간이 약 12.9년 수준이었는데, 불과 2~3년 만에 4.7년이나 늘어난 것이다. 2020~2021년에 집값이 폭등하다시피 하면서 약 19.0년으로 늘어났다가 그나마 2022년 들어 집값이 조정되면서 줄어들었다.

고소득층이야 몇 년이면 집을 살 수 있지만, 저소득층은 평생 기회가 없을 수도 있다. 소득수준으로 5분위를 구분했을 때, 고소득층 5분위 가구는 PIR이 약 8.1배이지만, 저소득층 1분위 가구는 약 48.3배에 달한다. 소득을

48년 이상 한 푼도 쓰지 않고 모을 수도 없거니와, 48년 동안 지금 집값이 그대로라는 법이 어디 있겠는가?

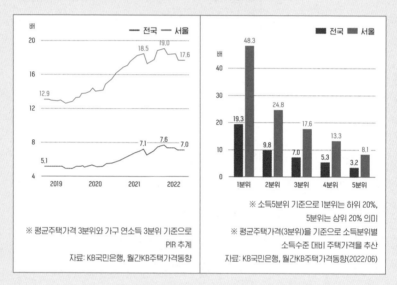

※ 평균주택가격 3분위와 가구 연소득 3분위 기준으로 PIR 추계
자료: KB국민은행, 월간KB주택가격동향

※ 소득5분위 기준으로 1분위는 하위 20%, 5분위는 상위 20% 의미
※ 평균주택가격(3분위)을 기준으로 소득분위별 소득수준 대비 주택가격을 추산
자료: KB국민은행, 월간KB주택가격동향(2022/06)

부동산 시장 전망은 왜 중요한가?

정부의 부동산 정책이라는 관점에서도 생각해보자. 집값이 오르는 게 좋을까? 떨어지는 게 좋을까? 이상적 가치는 딱히 없다. 즉, 집값은 옳고 그름의 문제가 아니다. 입장에 따라 선호의 차이가 있을 뿐이다. 집을 가진 자에겐 오르는 게 좋은 것이고, 못 가진 자에겐 값이 떨어지는 게 좋은 것이다. 수도권 자가점유비율이 49.8퍼센트라는 점을 고려하면(국토교통부, 〈2020년도 주거실태조사〉, 2021년 8월 8일) 집값이 오르든 내리든 반은 웃고, 나머지 반은 웃을 수 없는 게임인 것이다.

입장에 따라 상승-하락의 선호는 다를 수 있어도, 부동산 시장의 흐름을 아는 것은 입장을 불문한다. 집을 많이 가진 자든, 한 채 가진 자든, 못 가진 자든 상관없이 부동산 시장을 전망하고 적절한 매도 혹은 매수를 판단하는 것은 중요할 수밖에 없다.

부동산 시장을 전망하고, 시장 상황에 생길 수 있는 주거 불안요소를 해소하는 데 집중해야 한다. 시대를 규명할 필요가 있다. 부동산 가격상승기인지 하락기인지 구분하고, 그 시대에 정책적으로 주거안정을 도모할 수 있는 일을 고민해야 한다.

거시경제와 부동산 시장

2020~2021년은 완화의 시대였다. 2020년 팬데믹 위기가 왔고, 이를 극복하기 위해서 세계적으로 기준금리를 급격히 인하했다. 엄청난 유동성이 시장에 공급되었다. 한국뿐만 아니라 세계 거의 모든 나라의 집값이 폭등했다. 그렇게 집값이 많이 올랐다고 생각하는 한국도 OECD 회원국 중 상승률이 낮은 편에

해당할 정도다. 마치 풍선에 바람을 불 듯 말이다. 바람을 분다고 풍선이 무거워지는 것이 아니다. 부피만 커질 뿐이다. 자산버블이 일어나던 시기였다.

2022~2023년은 긴축의 시대다. 세계 주요 선진국들을 중심으로 제로금리를 벗어나 가파르게 기준금리를 인상하는 시기다. 미국은 빅 스텝과 자이언트 스텝을 연이어 단행했고, 유로존도 역사상 처음으로 자이언트 스텝을 단행했다. 돈의 가치가 급격히 올라가고, 자산가치가 떨어지는 시기다. 마치 부풀어 올랐던 풍선에서 바람이 빠지는 모습에 비유할 수 있다. 《위드 코로나 2022년 경제전망》에서도 "2022년에는 세계적으로 통화정책이 '완화에서 긴축으로' 기조 전환이 있을 것으로 전망된다. 금리 상승은 자산가치를 하락시키고, 이자 부담을 가중시켜 매수세에 하방 압력으로 작용할 것이다(210쪽)"라고 강조했던 바 있다. 제롬 파월 연준 의장이 잭슨홀 미팅에서 강조했듯, "2퍼센트 목표물가(2percent goal)"에 도달할 때까지 긴축적 통화정책 행보를 지속할 것이다. 집값이 2022년 하반기에 하락세에 진입했지만, 이는 하락기 초입에 해당한다.

금리와 자산의 관계는 가치적인 측면에서만 머무르지 않는다. 거래 관점에서도 매우 중대한 연결고리가 있다. 대출금리가 오르면 매수세가 약화된다. 더 많은 이자 비용을 지급해야 하므로 매수자의 주택 구매 여력과 구매 의사를 축소시킨다. 한편, 대출에 의존해 부동산에 투자한 매도자에게도 이자부담을 가중시켜 매도성향을 자극시킨다. 결과적으로 시중금리가 오르면 매수세를 약화시키고 매도세를 촉진하여 부동산 가격을 떨어뜨린다.

2023년 부동산 시장 전망: '거품 수축(Bubble Deflating)'

2023년 부동산 시장은 어떻게 움직일까? 모든 가격을 전망할 때와 마찬가지로, 주택 매매가격을 결정짓는 수요-공급-정책적 요인에 걸쳐 진단해보자. 부동산 정책은 주택 매매가격에 직접적인 영향을 미치는 요소라기보다, 수요와 공급에 영향을 주어 주택 매매가격을 상승 또는 하락시키는 요인으로 작용한

● 아파트 매매가격상승률과 전세가격상승률 추이

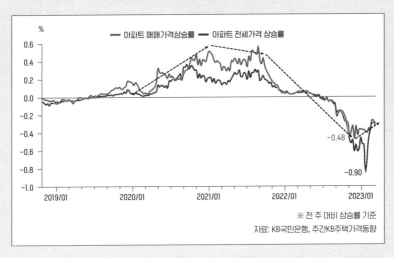

※ 전 주 대비 상승률 기준
자료: KB국민은행, 주간KB주택가격동향

다(통계학에서는 종속변수인 주택 매매가격에 수요와 공급이 매개변수로서, 정책이 독립변수로서 영향을 미치는 구조로 설명한다).

첫째, 부동산 시장의 수요 여건을 보자. 2022년 하반기 들어 매수세가 급격히 약해지고 있다. 매수우위지수가 2021년 8월 114.6p의 고점을 기록한 이후 하락세를 지속해 2023년 3월 17.9로 떨어졌다. 2008년 12월 이래 최저 수준이다. 2021년 8월부터 한국의 기준금리 인상이 단행되면서 매수심리가 '사자'에서 '팔자'로 돌아선 것이다. 특히, 2023년 초 아파트 매매가격 상승세가 급격히 둔화되면서 매수심리가 크게 위축되었다.

● 매수우위지수 추이   ● CSI 추이

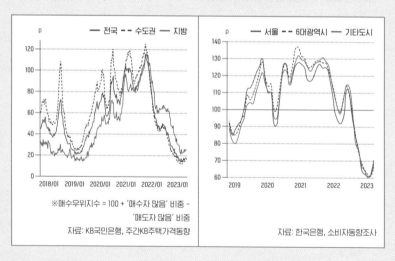

2022년 들어 주택 매수심리가 급격히 얼어붙은 이유는 '향후 집값이 하락할 것이라는 믿음' 때문이다. 2020~2021년 집값이 폭등하면서 투자자뿐만 아니라 상대적 박탈감을 느꼈던 세입자들의 매수심리가 급격히 치솟았다가, 2022년 들어 집값이 조정되고 있다는 뉴스를 접하면서 매도심리가 크게 확대되었다. 더욱이, 가계의 향후 주택가격에 대한 전망을 보여주는 주택가격전망(CSI)이 통계 작성(2013년 1월) 이래로 최저 수준까지 떨어졌다. 2023년 중반까지도 긴축적 통화정책 기조를 유지해나갈 것이기 때문에, 침체된 수요가 급격히 반등하긴 어려울 것으로 판단된다.

둘째, 부동산 시장의 공급 여건을 보자. 보통 신규 주택 공급 규모를 전망하기 위해 주택건설 인허가실적을 분석한다. 인허가실적은 주택 공급 규모를 결정짓는 선행변수이기 때문이다. 택지 발굴 이후 '인허가 → 착공 → 준공'에 이르기까지 상당한 시간이 소요된다. 규모나 종류 등에 따라 다르지만, 인허가만 1~2년, 착공 후 준공까지 2~3년의 시간이 걸린다.

신규 주택 공급이 2023년부터 늘어날 전망이다. 주택건설 인하가실적이 2020년까지 줄곧 감소하다가 2021년 들어 반등했다. 인허가실적은 2015년 76.5만 호에서 지속적으로 감소해 2019년 48.8만 호를 기록했고, 2020년은 약 45.8만 호에 달했다. 인허가 이후 착공 및 준공에 이르기까지 약 2년 이상 경과하는 것을 고려하면, 2021년 주택건설 인허가실적이 약 54.5만 호로 증가세로 전환되었기 때문에 2023년부터 신규 주택 공급량이 증가할 것으로 판단된다.

● 주택건설 인허가실적 추이

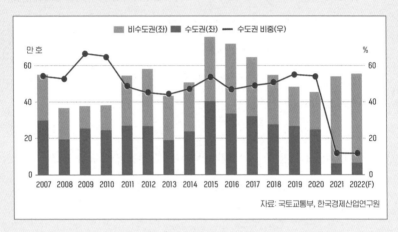

자료: 국토교통부, 한국경제산업연구원

신규 주택뿐만 아니라, 기존 주택의 매도세도 두드러지게 나타날 전망이다. 2023년까지 시중금리가 상승세를 유지하고 높은 이자 부담이 투자자들의 매도심리를 부추길 것으로 보인다. 2022년 하반기에 급매 물건이 나오기 시작했지만, 매수세가 약해 '거래절벽 현상'으로 나타나고 있다. 경매 물건도 많아지고 있는 반면, 낙찰가율이 하락하는 흐름이다. 전국 아파트 경매 낙찰가율(감정가 대비 낙찰가 비율)이 2019년 9월 이후 최저치를 기록하고, 경매 응찰자 수가 감소해 낙찰률도 하락하고 있다. 이러한 흐름은 부동산 매매시장이 전반적으로 위축되고 있음을 방증한다.

　셋째, 부동산 시장 정책 여건을 보자. 2022년 발돋움한 윤석열 신정부의 부동산 정책은 공급확대와 규제완화를 주요 골자로 하고 있다. 윤석열 대통령은 임기 내 신규주택 250만 호를 공급하기로 약속했다. 특히, 청년에게 상당 비중의 신규주택이 우선 배정될 수 있도록 약속했다. 한편, 문재인 정부가 도입해왔던 각종 부동산과 금융규제를 완화할 방침이다. 재건축 초과이익 환수제를 크게 완화하고, 리모델링 규제를 완화해 주거 수준을 개선하는 데 초점을 두고 있다. 종합부동산세를 폐지하고, 양도소득세를 개편하며 보유세 세제 개편 및 세율 적용 구간 단순화를 추진함으로써 거래 활성화를 유도할 계획이다. 주택 공급과 취득세 면제로 내 집 마련을 유도하면서도, 부동산 시장을 활성화하는 데에도 의지가 있다.

　2022년 9월 29일 국토교통부는 '재건축부담금 합리화 방안'을 발표했다. 재건축부담금 부과기준이나 부과시점 등을 현실화하고 합리적으로 조정하는 데 중점을 두고 있다. 종전의 경우 재건축 초과이익이 3,000만 원 이하일 때 재건축부담금을 면제했으나, 지금은 1억 원 이하까지 면제될 수 있도록 개선했다. 부과구간도 기존의 2,000만 원에서 7,000만 원 단위로 확대했다. 부과시점도 '조합설립' 인가일을 개시 시점으로 정하고, 1주택 장기보유자 등 실수요자를 배려하는 방향으로 제도를 개선했다.

물론, 정책만으로 부동산 가격이 움직이는 것은 아니다. 거시경제 여건이 같은 방향으로 움직일 때 가시적인 효과가 나타난다. 즉, 부동산 가격 안정화에 초점을 두었던 문재인 정부의 부동산 정책이 과잉유동성에 따른 자산버블 현상을 잡을 수 없었던 것처럼, 2022년부터 시작된 '거품 수축(Bubble Deflating)'의 시대에는 어떤 정책을 가동해도 집값 하락을 막는 데 한계가 있다. 물이 위에서 아래로 흐르는데, 아랫물을 바가지로 퍼서 위로 올린다고 거꾸로 흐르겠는가?

● '재건축부담금 합리화 방안'의 주요내용

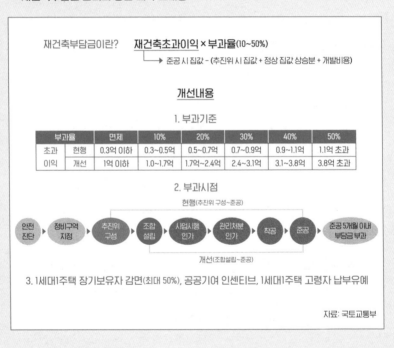

재건축부담금이란? **재건축초과이익 × 부과율(10~50%)**
↳ 준공 시 집값 - (추진위 시 집값 + 정상 집값 상승분 + 개발비용)

개선내용

1. 부과기준

부과율		면제	10%	20%	30%	40%	50%
초과	현행	0.3억 이하	0.3~0.5억	0.5~0.7억	0.7~0.9억	0.9~1.1억	1.1억 초과
이익	개선	1억 이하	1.0~1.7억	1.7억~2.4억	2.4억~3.1억	3.1~3.8억	3.8억 초과

2. 부과시점

현행(추진위 구성~준공)

안전진단 → 정비구역지정 → 추진위구성 → 조합설립 → 사업시행인가 → 관리처분인가 → 착공 → 준공 → 준공 5개월 이내 부담금 부과

개선(조합설립~준공)

3. 1세대 1주택 장기보유자 감면(최대 50%), 공공기여 인센티브, 1세대 1주택 고령자 납부유예

자료: 국토교통부

2023년 부동산 인사이트

2023년 부동산 시장은 '거품 수축'의 해다. 2020~2021년에 형성되었던 자산 버블이 2022년부터 상당 부분 해소되는 기간이다. '버블 붕괴'라는 표현을 쓰지 않는 이유는 여전히 2020년 말 기준 가격보다는 높게 유지될 것으로 보이기 때문이다. 아파트 매매가격을 확인할 수 있는 미분양주택 추이를 보아도 명확하다. 미분양주택은 수요와 공급의 결과물이기 때문에, 주택가격의 흐름을 가장 명확히 보여주는 지표 중 하나로 평가받는다. 미분양주택 수가 증가하면 공급이 수요를 초과하고 있다고, 감소하면 매수세가 강해지고 있다고

● **지역별 미분양주택 추이**

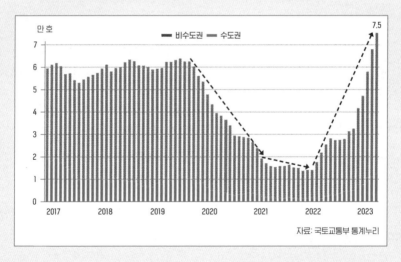

자료: 국토교통부 통계누리

진단할 수 있다. 2020년 미분양주택이 급격히 해소되면서 가격이 급등했고, 2021년 속도가 줄어들면서 가격상승세가 다소 둔화하였다. 2022년 들어 미분양주택이 늘어나기 시작했고, 2023년 들어 더 증가할 것으로 보인다. 수요는 미진한 데 반해 공급은 늘어날 것이기 때문이다.

부동산 정책의 신중함이 요구된다. 부동산 정책의 목적은 '주거안정'에 있다. 그래서 부동산 정책을 보통 '주거안정 대책'이라고 한다. 주거안정의 대상은 누구여야 하는가? 즉 주거불안이 가장 심각한 계층은 누구인가? 투자자인가? 자가점유자인가? 임차인인가? 부동산 정책이 '가격안정'에 목적을 두어선 안 된다. 주택 공급을 늘려 집값을 안정화하는 데 성공했다고 해보자. 임차인이 어렵게 내 집 마련에 성공했는데, 그 집값이 계속 내려가도 된다는 말인가?

주택가격은 시장의 '보이지 않는 손'에 의해 정해지는 것이다. 집값은 금리를 비롯한 거시경제 여건에 따라 결정되는 것이다. 부동산 정책은 주거불안을 해소하는 데 초점을 두어야 한다. 주택가격이 떨어지는 과정에서 임차인은 '깡통전세'의 위험에 노출될 가능성이 커지기 마련이다. 대출 부담까지 고려해 차라리 월세를 내려는 '월세 선호현상'이 나타나고, 이는 임차 거주자의 주거비 부담을 가중할 수 있다.

기업은 어떻게 대응해야 하는가? 건설사들은 선택과 집중이 요구된다. 주택경기가 침체하고, 신규주택 수요가 미진할 것을 고려해야 한다. 특히, 비수도권의 주택 수요는 크게 위축될 것이기 때문에, 수도권의 재건축 후보 지역을 중심으로 한 사업기획이 요구된다. 재건축 및 리모델링 규제 완화의 수혜를 입을 지역을 포착해야 하겠다. 2023년에는 미분양주택이 늘어나는 현상이 예상되고, 건설사들은 주택건축 사업보다는 토목건설 사업이나 재생에너지 인프라 사업과 같은 영역에 중점을 둘 필요가 있겠다. 한편, 건설 원자재의 안정적 조달에도 경영전략의 중점을 두어야 한다. 2022년 한 해 철강스크랩 등과 같은 원자재 조달에 차질이 발생했고, 원자재 가격이 급등함에 따라 건설 사업에 상당한 부담으로 작용했다. 2023년에는 공급망 불안이 해소될 가능성은 커지겠지만, 미-중 패권전쟁으로 일부 원자재와 부품 조달에 차질이 발생할 수 있음을 유의해야 하겠다.

가계는 거품이 빠지는 국면에 어떻게 대응해야 하는가? 내 집 마련과 투자관점의 매수 시점을 신중히 진단할 필요가 있겠다. 시장에서 콩나물 백번 깎아서 사면 뭐하나? 집값이 사자마자 1억 원 떨어지고, 팔자마자 1억 원 오르면 아무 소용없는 일이다. 주택가격 조정률의 저점은 시중금리의 고점에서 발생할 가능성이 크다. 물론 금리가 고점에서 한동안 머무는 지점을 지나면서 가격 하락률 폭이 줄어들 것이다. 2023년 중반 이후 미분양주택이 점차 해소되거나, 거래절벽 현상이 다소 완화되면서 주택 거래량이 점차 늘어나는 현상이 나타날 전망이다. 적절한 매수 시점을 잡는 것은 콩나물 값을 평생 깎는 것보다 더 중요한 일이다. 2020년 팬데믹 이후 완화의 시대에 나타났던 대세 상승장이 기대되지는 않는다. 이런 시점의 주된 특징은 오를 곳만 오른다는 것이다. 재건축 수요 등에 힘입어 서울 주요 지역의 상승세는 뚜렷할 것이나, 비수도권의 인구소멸 지역은 반등하기 어려울 것으로 보인다.

부동산 투자 팁

부동산 투자 전략 1. 국토교통부 보도자료 꼼꼼히 읽기

국토교통부 홈페이지에는 부동산과 관련한 다양한 자료가 올라와 있으니 자주 방문하는 것이 좋습니다. 전 재산에 관한 의사결정에 필요한 정보인 만큼 부동산 관련 기사에 관심을 가질 필요가 있습니다. 기사가 나오면 국토교통부 홈페이지를 방문하여 더 꼼꼼히 읽어보는 것이 좋습니다.

전체적으로 기조가 어떻게 흘러가는지를 관심 있게 보면 도움이 됩니다. 부동산 시장 후속 대책 등을 관심 있게 보고 매매 판단에 활용해야 합니다.

부동산 정책 기조가 어떻게 변화하는지, 기존보다 더 강도 높게 유지될지 등을 확인해야 합니다. 관련 기사들을 꼼꼼히 챙겨 읽고 국토교통부 홈페이지에 올라온 보도자료를 다운받아 보는 등의 노력이 필요합니다.

부동산 투자 전략 2. 거주 목적이면 분양 기회 모색

그런데 거주 목적일 때는 어떻게 해야 할까요? 투자가 아니라 들어가 살 집을
매수하고자 하는 경우에는 가능한 한 분양 기회를 계속 모색하는 것이 좋겠습
니다.

부동산 투자 전략 3.
중장기적 방향성을 가지고 가치 상승 지역의 분양에 주목

물론 분양을 받았는데 주택가격이 떨어지는 경우도 있습니다. 지방의 경우가

그렇습니다. 하지만 그렇더라도 기존 주택을 사는 것보다는 주택을 분양받는 것이 시세에 비해 더 저렴하기 때문에 떨어지더라도 덜 떨어집니다.

그렇다면 주로 어떤 지역에 관심을 기울여야 할까요? 가장 중요한 점은 부동산 시장 회복세가 나타나는 지역이어야 한다는 점입니다. 떨어질 집을 사지 말라는 뜻이죠. 기왕 '내 전 재산'을 이용해서 자산을 마련할 거라면 가치가 올라가는 상품에 관심을 갖는 게 좋지 않을까요? 특히 1인가구나 2인가구, 많게는 3인가구에 초점을 둔 소형 아파트에 관심을 갖는 게 좋습니다.

또한 투자를 하더라도 '가치 투자'를 해야 합니다. 즉, 가치 상승 지역을 중심으로 중장기적인 방향성을 가지고 분양을 받아야 한다는 뜻입니다. 전반적으로 주택 매매가격이 조정되는 흐름이기 때문에 기존 주택보다는 시세 대비 저렴한 분양에 관심을 가지고, 중장기적 목적으로 투자해야 한다는 뜻입니다.

부동산 투자 전략 4. 가치 상승 지역을 찾아서 투자

가치가 하락하는 지역도 있어요. 인구가 이동하면 더는 수요가 없으니까 가치가 하락합니다. 가치가 하락하는 대표적인 지역이 어디일까요? 실제로 주택 매매가격이 엄청나게 조정되는 지역, 바로 산업 구조조정이 본격화된 지역입니다.

가치가 상승하는 지역도 있습니다. 지금은 별 볼 일 없으나 앞으로는 별 볼 일 있을 것으로 기대되는 지역입니다. 인구가 유입되는 지역, 허허벌판이었는데 개발이 많이 이루어지는 지역, 지금은 교통이나 편의시설이 부족하지만 도시계획상 그런 시설이 많이 들어설 만한 지역 등을 중심으로 가치가 상승합니다. 현재의 가치가 아니라 미래의 가치를 봐야 합니다.

< 제8강 >

국제유가

국제유가는 어떤 이유로
오르내리나

세계 경제를 자주 들었다 놨다 하는 이슈 중 하나가 바로 '국제유가'입니다. 알다시피 모든 가격은 수요와 공급에 따라 정해집니다. 국제유가 역시 원유에 대한 수요와 공급에 의해 정해진다고 할 수 있습니다.

그렇다면 수요는 무엇일까요? 2017년 이전의 상황을 먼저 살펴보겠습니다. 2016년까지 세계 경제가 불황을 겪었습니다. 특히 중국의 경제성장률이 계속 하락하면서 원유에 대한 수요가 줄어들었지요. 수요가 부족한 상태였습니다. 더욱이 세계적으로 대체에너지, 신재생에너지, 풍력, 태양력 등 석유 외의 에너지 자원에 대한 의존도가 높아지면서 원유에 대한 수요가 더 줄어드는 구조적 변화도 일어났습니다.

반면 공급은 늘었습니다. 미국에서 셰일가스(Shale Gas)와 셰일오일(Shale Oil)이라는, 기존에는 채굴하지 않던 오일을 채굴하기 시작했습니다. 셰일가스와 셰일오일은 퇴적암의 한 종류인 셰일층에 형성되어 있는 가스와 오일을 가리킵니다. 원유에 비해 더 깊게 작업해야 하고 심부까지 시추하기 위해서는 많은 기술이 필요한 탓에 기존에는 제한적으로 생산됐습니다. 즉 석유는 석유인데, 캐내는 데 비용이 너무 많이 들어갔던 거지요. 채굴기술이 발달하면서 셰일가스와 셰일오일이 개발된 거라고 볼 수 있습니다. 그러면서 원유 공급량이 늘어난 것입니다.

더 중요한 것은 가격이 떨어지다 보니까 오직 원유만 팔아서 먹고사는 나라들이 생산량을 늘리기 시작했다는 겁니다. 참 아이러니하죠. 왜 그럴까요?

가령 우리 가족이 한 달을 살려면 100만 원이 필요해요. 제가 빵을 만들어 파는 사람이라고 합시다. 빵 하나가 1만 원이에요. 그럼 100개를 팔아야 우리 집 경제가 유지되겠죠. 그런데 빵 가격이 5,000원으로 떨어진다면 어떻게 될까요? 이제는 100개가 아니라 200개를 팔아야 생활이 유지됩니다.

그래서 산유국들이 자국 경제를 유지하기 위해서 원유를 더 공급하는 거예요. 공급이 늘어나니 가격은 더 떨어지고요.

산유국에서는 국가가 국민에게 기본소득을 제공합니다. 원유는 공동재산이에요. 공동재산을 팔았으니 기본소득을 주는 겁니다. 예를 들어 한 가정당 200만 원씩 준다고 합시다. 부자든, 저소득층이든 동등하게요. 그런데 공급이 늘어나 유가가 하락하다 보니 기본소득이 줄어드는 거예요. 아예 없어질 수도 있어요. 기본소득에만 의존해서 살던 저소득층에게는 날벼락이 따로 없죠. 그 때문에 국가경제, 가계경제를 보조하기 위해 원유를 더 공급하는 겁니다. 이렇게 2016년까지는 수요 요인과 공급 요인이 맞물려 국제유가가 하락했습니다. 하지만 유가 하락에 못 이겨 2016년 11월 말 러시아와 OPEC(석유수출국기구)이 석유 감산합의를 했습니다. 공급량이 조절되면서 유가 하락세는 진정됐습니다.

2017년 이후로는 세계 경제가 회복세를 보이면서 국제유가도 반등하기 시작합니다. 세계 경제의 회복은 곧 원유 수요의 증가이기 때문입니다. 원유 공급량이 다소 조정되어가는 상황에서 원유 수요가 늘어나니 회복세가 나타난 것입니다.

미국의 핵협정 탈퇴와
유가에 미치는 영향

2018년 들어 미국 트럼프 전 대통령은 석유시장을 뒤흔드는 또 하나의 선언을 했습니다. 바로 2018년 5월 8일에 이란 핵협정(JCPOA, 포괄적 공동행동계획) 탈퇴를 선언한 것인데요. 이 선언으로 경제적으로 큰 동요가 있었습니다. '핵'과 '경제' 간에 대체 무슨 관련성이 있기에 이렇게 떠들썩했던 걸까요?

우선 이란 핵협정이 무엇인지 알아봅시다. 유엔 안전보장이사회가 있고, 상임이사국들이 있습니다. 상임이사국은 미국, 영국, 프랑스, 독일, 중국, 러시아 등 총 6개국입니다.

이란이 핵 프로그램을 지속하자 6개국은 이란에 경제적 제재를 가하는 데 동의했습니다. 이란과는 수출도 하지 말고, 이란으로부터 석유도 수입하지 말라는 내용이었어요. 이후 이란이 핵 프로그램을 종결하겠다고 선언하자 그 대가로 제재를 상당히 풀어줬어요. 이것을 이란 핵협정이라고 합니다. 즉, 핵 프로그램을 중단하는 대가로 보상 차원에서 경제제재를 풀어주기로 협정한 것이지요.

그런데 트럼프가 "난 그거 반댈세! 우리 입장에서 봤을 때 좋지 않아"라면서 "우린 이란 핵협정을 탈퇴할 거야"라고 선언한 거예요.

이게 왜 문제냐. 미국이 핵협정을 탈퇴함에 따라 이란의 원유 공급량이 줄어들기 때문입니다. 핵협정을 탈퇴한다는 것은 경제제재 완화에 동의하지 않는다, 즉 이란으로부터 석유를 수입하지 않겠다는 이야기거든요. 이란의 원유 공급량은 굉장합니다. 그런데 미국이 수입하지않아 공급이 줄어드니 국제유가가 어떻게 되겠어요. 최악의 경우 오일쇼크로까지 이어질 수 있다는 불안감이 조성된 겁니다.

핵협정 탈퇴를 선언한 날 오히려 유가 하락

네, 유가가 떨어졌습니다.

국제유가에는 크게 세 종류가 있습니다. 미국을 중심으로 한 서부텍사스유(WTI, Western Texas Intermediate), 영국 북해를 중심으로 한 브렌트유(Brent Oil), 중동을 중심으로 한 두바이유(Dubai Oil)입니다. 세 가지 원유에 대해 알아두는 것만으로도 상식적으로 큰 도움이 될 거예요.

● 유가의 종류

- 미국: WTI(서부 텍사스유)
- 영국: 브렌트유
- 중동: 두바이유

그런데 미국 거래소의 WTI 가격이나 영국 거래소의 브렌트유 가격이 미국의 핵협정 탈퇴 선언과 동시에 오히려 하락했어요. 일반적으로는 급등을 예상했는데 오히려 떨어졌다니 고개가 갸우뚱해질 수 밖에요.

그 이유는 핵협정 탈퇴와 동시에 경제제재가 즉각적으로 이행되는 것이 아니었기 때문입니다. 90일에서 180일 정도, 즉 3개월에서 6개월의 유예기간을 두는 절차가 있거든요.

유예기간 내에 핵 프로그램이 중단된다든가 여러 가지 조치가 충분할 경우에는 경제제재를 바로 취소할 여지가 있습니다. 그래서 국제유가가 급등하지 않은 것입니다.

미국의 나 홀로 제재는 효력이 있을까

일반적으로 국제유가는 OECD 산하의 IEA(International Energy Agency, 국제에너지기구)나 미국 정부 산하의 EIA(Energy Information Administration, 에너지정보청) 같은 전문기관들의 전망치를 준용합니다. 국내 대부분의 경제기관에서도 그런 국제기관들의 전망치를 준용하여 경제가 어떻게 흘러갈지 판단합니다.

하지만 여기에는 한 가지 함정이 있습니다. 이란 핵협정에서 탈퇴한 나라가 미국 하나뿐이라는 거죠. 그러니까 미국이 '나 홀로 탈퇴'했는데, '나 홀로 제재'가 정말 국제적인 교역에 영향을 미치겠느냐 하는 것입니다. 더욱이 이란과 미국 간에는 원래 교역량이 그렇게 많지도 않아요. 미국은 원유를 자급하기도 하잖아요. 이미 자국 내에서 원유 공급을 시작했습니다. 앞서 말한 것처럼 셰일가스, 셰일오일이 있으니까요. 즉 미국의 나 홀로 제재가 바로 먹히진 않는다는 말입니다.

이란산 원유를 주로 수입하는 나라들이 있습니다. 대표적으로 중국과 인도를 들 수 있고, 우리나라도 일부 수입합니다. 이런 나라들이 제재에 동참한다면 국제유가가 배럴당 5~10달러 정도 상승할 테지만, 나 홀로 제재만으로는 큰 충격이 없다고 볼 수 있습니다.

유가 상승이 우리 경제에 미치는 영향

두 가지 경로가 있습니다.

첫째, 경제 성장에 영향을 줄 수 있습니다.

우리나라는 원유를 100퍼센트 수입합니다. 우리나라에서 원유가 나지 않으니 전량 수입해서 정제합니다. 우리나라는 석유 수입량보다 수출량이 훨씬 많습니다. 원유를 수입하여 고부가가치 석유 제품을 수출하는 구조니까요. 원유가격은 결국 우리나라의 제조비용이에요.

국제 원유가격이 올라가면 수입하는 비용이 커지겠죠? 그러면 수입물가 상승해요. 수입물가가 상승하면 제조물가가 상승하고, 제조물가가 상승하면 완제품 가격이 상승합니다. 그러면 결국 소비자물가가 상승합니다. 높은 물가 상승이 예견된다는 이야기죠.

앞서 봤듯이, 물건의 가격인 물가가 오르면 소비가 위축될 수 있습니다. 그러면 투자도 위축되어 경제 성장에 악영향을 줄 수 있어요. 적정한 물가는 경제 성장에 필요하지만 과도하게 높은 물가는 걸림돌이 될 수 있습니다. 그런 측면에서 한 가지 우려할 점이 있고요.

둘째, 달러 자금이 자국으로 회귀할 수 있어요.

국제유가가 상승하면 일반적으로 달러 가격이 떨어집니다. 반비례 관계에 있어요. 그런데 최근 미국의 기준금리 인상을 비롯해 그 밖의 원

● 유가 상승에 따른 흐름

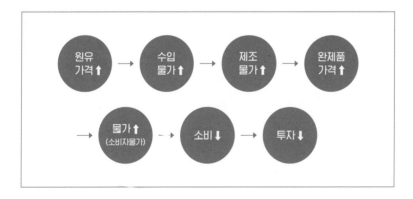

달러 환율에 대한 압력이 가해지고 있어요. 최근 달러화의 가치가 올라가면서 한국에 투자했던 외국인 자금이 미국으로 회귀하는 현상이 벌어지고 있고요.

자금이 단기에 심각하게 유출되면 어떤 일이 생길까요? 우리나라가 1997~1998년에 겪었던 IMF 외환위기를 다시 맞이할 수도 있어요. 현재 우리 국가경제의 구조가 외환위기를 겪을 만큼 취약하지는 않지만, 자금 유출은 기업에 상당한 자금난을 초래할 수 있고, 그것이 한국 경제 회복에 걸림돌이 될 수도 있습니다. 이런 측면에서도 국제유가의 추이를 눈여겨봐야 합니다.

< 응용 학습 >

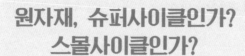

원자재, 슈퍼사이클인가?
스몰사이클인가?

팬데믹 경제위기는 1930년대 대공황 이후의 가장 큰 충격이었기 때문에 기술, 경제, 사회, 문화 등 이 시대 전반에 큰 변화를 가져왔다. 원자재 시장도 예외가 아니다. 2020년 2분기 코로나19의 경제충격이 집중되면서 원자재 가격이 최대 60퍼센트 급락했다. 공장 가동이 멈춰서고, 항공 및 해운 물동량이 급감했다. 사회적 거리 두기와 셧다운 조치 등으로 교통 및 이동량이 줄어들고 고조된 불확실성은 경제활동을 크게 둔화시켰다. 경제를 구성하는 모든 영역에 제동이 걸리면서 원유, 금속, 농산물 등의 원자재 수요가 멈춰 섰던 것이다.

2021년 경기회복의 신호들이 차츰 나타나고, 백신이 보급되면서 원자재 가격이 급등하고 있다. 한국은 원유뿐만 아니라 자원 대부분을 수입에 의존하는 자원 빈국이다. 다른 어떤 나라들보다 더욱 민감한 사안이 될 수밖에 없다.

슈퍼사이클이라는 주장까지 제기되고 있는 만큼 원자재 가격의 동향을 파악하고 전망하며 대응책을 마련하는 것은 중대한 과제가 될 것이다.

원자재 가격, 얼마나 올랐나

원자재 가격이 심상치 않다. 가장 두드러진 흐름은 금속 원자재를 통해 확인할 수 있다. 금속 원자재들은 건설, 기계장비, 인프라, 운송 등에 활용되는 산업의 쌀이라 할 수 있다. 특히, 구리는 경기가 하락할지 둔화할지 보여주는 척도(선행 지표)다. 구리는 2020년 3월 톤당 4,618달러에서 2021년 8월 24일 9,237선 달러까지 치솟았으며 8년 만에 최고치를 기록했다. 그 밖의 알루미늄, 팔라듐, 니켈, 아연, 코발트 등의 산업용 금속 가격이 뚜렷한 상승세를 보이고 있다.

에너지 가격도 마찬가지다. 국제유가가 코로나19 이후 가장 높은 수준을 기록했다. 운송수단이나 공장의 동력으로 이용되고, 합성섬유 등과 같은 원료용으로 이용되는 석유는 일상생활에 들어가지 않는 것이 거의 없을 정도다. 석유는 세계 무역액의 7퍼센트를 차지하는 부동의 1위 품목이다. 경제가 회복될 때 자연스럽게 수요가 늘어나는 원자재다.

WTI는 2020년 선물시장에서 배럴당 -37.6달러까지 떨어졌다가 13개월 만에 60달러 선을 넘어섰고, 2021년 8월 24일 65.64달러를 기록했다. 두바이유와 브렌트유도 비슷한 흐름이 나타나고 있다.

농산물 가격의 강세는 불안하기까지 하다. 곡물 가격이 2014년 이후 최고 수준까지 상승했다. 옥수수는 2020년 저점에서 81.8퍼센트나 올랐고, 대두나 소맥도 각각 67.4퍼센트, 51.8퍼센트 상승했다. 코로나19 이전 수준으로 치솟고 있어, 실물경제가 아직 회복되지 않은 상황에서 서민의 식료품물가상승으로 이어질 것으로 염려된다.

원자재 가격의 상승 배경과 전망

원자재 가격은 한꺼번에 상승했다. 거의 모든 원자재 가격이 일괄적으로 상승한 것에는 통화정책이나 경기회복과 무관하지 않다. 세계 각국은 역사상 가장 낮은 기준금리를 도입하고, 최대 규모의 유동성을 공급하는 과정에서 자산뿐만 아니라 거의 모든 물건의 가치가 상승했다. 즉, 돈의 가치가 하락하면서 돈을 주고 사는(바꾸는) 거의 모든 것의 가치가 오른 것이다. 게다가 백신 보급과 경기부양책의 기대감, 경제 회복세가 동시에 작용하면서 전반적인 원자재 수요를 이끌었다. 결과적으로 코로나19 충격이 원자재 가격을 급락시켰듯, 팬데믹 종식의 기대감이 이를 다시 급등시킨 것이다.

원자재 가격이 일괄적으로 상승하는 현상은 매우 이례적이다. 원자재 가

● 주요 원자재 가격 추이

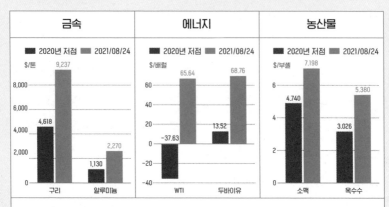

※ 2020년 저점의 기준일은 ( )에 표시: 구리(3.23), 알루미늄(4.6), WTI(4.20), 두바이유(4.22), 소맥(6.26), 옥수수(4.28)

자료: Bloomberg

구분		2018년	2019년	2020년	2020년 저점	2021년 8월 24일
에너지 ($/배럴)	WTI	64.90	57.04	39.34	-37.63	65.64
	두바이유	69.27	63.16	42.21	13.52	68.76
농산물 ($/부셸)	소맥	4.956	4.939	5.495	4.740	7.198
	옥수수	3.682	3.834	3.633	3.026	5.380
	대두	9.317	8.897	9.529	8.216	12.940
금속 ($/톤)	구리	6,545.0	6,020.3	6,197.3	4,617.5	9,237.0
	알루미늄	2,114.4	1,812.7	1,731.8	1,130.0	2,270.0
	니켈	13,186.4	13,969.7	13,860.8	11,055.0	18,895.0

※ 2020년 저점의 기준일은 ( )에 표시: WTI(4.20), 두바이유(4.22), 소맥(6.26), 옥수수(4.28), 대두(3.16), 구리(3.23), 알루미늄(4.6), 니켈(3.23)

자료: Bloomberg

격 상승 배경이 제각각이기 때문이다. 먼저 금속 원자재 가격상승은 인프라 정책이 가장 큰 배경이다. 구리는 전기와 열 전도성이 높아 친환경 에너지 발전 시설과 전력 시설 및 전기차 배터리 등에 쓰인다. 미국 바이든 대통령이 파리기후협약에 재가입하고 친환경 산업에 드라이브를 거는 것도 한몫한다. 희귀 금속인 팔라듐(Palladium)은 자동차 배기가스 감축제로 사용되고, 백금(Platinum)은 친환경 수소를 생성하는 전해질 분해 과정에서 필수적인 역할을 하므로 산업용 금속 원자재 수요는 지속적으로 늘어날 것으로 전망된다.

원유 가격이 상승한 것은 경기적 영향과 일시적 요인들이 맞물려 나타났다. 국제유가 하락세를 막고자 석유수출국기구(OPEC)와 러시아 등을 포함한 OPEC+가 산유량 감산 합의에 이르고, 실제 감산을 이행해나감에 따라 공급 과잉 문제가 해소되었다. 반면 수요는 크게 늘었다. 중국 경제는 이미 코로나19 이전 수준으로 회복되었고, 적극적인 산업정책들이 집중되면서 원유 수요가 크게 늘고 있다. 더욱이 2021년 초 미국 전역에 불어닥친 한파로 난방용 기름 소비가 급증한 반면, 텍사스 주의 석유업체들은 전기 부족 사태로 시설을 완전히 가동할 수도 없었다.

농산물 가격상승세는 더욱 복잡한 요인들이 작용했다. 코로나19가 장기화하면서 이동 제한으로 일손이 부족해지고, 농작물 생산 차질이 빚어지고 있다. 세계 각지에 발생하고 있는 이상기후는 잦은 가뭄과 폭염 및 한파를 불러와 곡물 공급에 차질이 빚어졌다. 동아프리카와 서아시아 지역에 메뚜기 떼가 기승을 부리고, 라니냐(La Niña)는 브라질, 아르헨티나 등 곡물 수출국들의 생산과 수출을 가로막았다. 이런 시점에 전 세계 콩(대두)의 3분의 2를 수입하는 중국에서 수요가 급증하고 있고, 바이든 행정부가 바이오연료 정책에 드라이브를 걸면서 옥수수와 대두의 수요가 늘어날 전망이다. 세계 각국의 식량안보 경쟁이 시작되어 재고를 축적하기 위한 움직임이 이어지고 있다. 아르헨티나는 옥수수를 비롯한 주요 농산물 수출 금지 조치를 단행하고, 러시아는 소맥 수출 쿼터제와 수출세를 도입했다. 세계 각국이 2021년 1월부터 파리기후협약의 약속을 이행해나감에 따라 지구온난화 등의 기후문제가 완화될 가능성이 높아, 농산물 가격이 장기적으로 상승하기는 어려울 것으로 전망된다.

● 세계 이산화탄소 배출량 추이 및 감축 목표

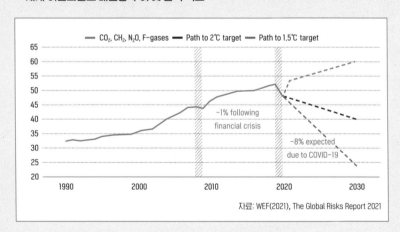

자료: WEF(2021), The Global Risks Report 2021

원자재 슈퍼사이클 vs 스몰사이클

슈퍼사이클은 통상적으로 20년 이상의 장기적인 가격상승 추세를 뜻한다. 원자재 슈퍼사이클(Commodities Super-cycle)은 국제유가, 금속, 농산물 등의 원자재 가격이 중장기적으로 상승하는 추세를 가리키는 용어다.

역대 원자재 슈퍼사이클은 장기적이고 구조적인 원인으로 발생했다. 1차 슈퍼사이클(1906~1920)은 1917년을 고점으로 발생했고, 미국 경제가 부상하면서 원자재 수요가 확대되었다. 2차 슈퍼사이클(1932~1947)은 1941년을 고점으로 한다. 제2차 세계대전 및 한국전쟁에 따른 원자재 소비와 전쟁 후 사회간접자본 재건과 같은 구조적 원인 때문이다. 1973년을 고점으로 한 3차 슈퍼사이클(1972~1980)은 1, 2차 오일쇼크에 따라 원유 공급이 급격히 부족해지면서 대체재 수요가 증폭되어 발생했다.

2000년대에 있었던 4차 슈퍼사이클(2001~2016)을 자세히 들여다보자. 2000년대 들어 중국이 사회주의적 시장경제(Socialist Market Economy)를 도입하기 이른다. 2001년 WTO(세계무역기구)에 가입하고, 국유기업의 민영화를 추진했다. 환율제도를 개편하면서 해외직접투자가 중국으로 집중되는 등 대외거래가 급격하게 증가했다. 중국이 두 자릿수로 성장하면서 세계 주요 원자재를 흡입하다시피 했다. 중국은 세계 에너지의 20퍼센트, 철강의 43퍼센트, 알루미늄의 41퍼센트를 소비했다(2012년 기준). 한편 인도, 브라질, 러시아 등의 신흥국들이 도시화를 진전시키고, 제조업을 일으키며 사회기반시설을 확충하면서 다양한 원자재 소비가 늘었다. 뿐만 아니라 신흥국들의 국민소득이 증대되고 중산층이 확대되면서 곡물 소비가 증가하고, 커피나 코코아 등과 같은 기호성 농산물 소비도 크게 늘었다.

원자재 시장이 5번째 슈퍼사이클에 진입했다는 주장이 제기되고 있다. 골드만삭스는 코로나19 종식 후 국제유가가 배럴당 최대 100달러까지 오를

● 국제 원자재가격

※ CRB Index=Commodity Research Bureau Index
※ S&P GSCI=S&P Goldman Sachs Commodity Indices
자료: Bloomberg

수 있다고 전망했다. JP모건도 원자재 슈퍼사이클이 새롭게 시작되었다고 분석했다. 원인으로 ① 경기회복, ② 통화확장, ③ 재정부양, ④ 달러 약세, ⑤ 인플레이션 우려, ⑥ 친환경 정책과 같은 요소들을 꼽았다.

역대 원자재 수퍼사이클과 비교해보면, 최근의 원자재 가격상승세는 상대적으로 일시적 요인들이 많이 작용했다. JP모건이 제시한 각각의 원자재 슈퍼사이클의 근거들이 구조적이고 장기적인 것인지 아니면 일시적인 요인인지 판단해볼 필요가 있다. 첫째, 2021년의 경기회복세는 코로나19 충격에 따른 기저효과일 경향이 강하다. 중장기적인 회복세와는 거리가 있다는 것이다. 둘째, 통화정책도 한시적 요인이다. 2020년 각국은 최저 수준의 기준금리를 도입했고, 대규모 양적완화를 단행하고 있으나 경기가 회복세를 보이면서 이러한 완화적 통화정책의 기조가 둔화되고 있다. 수 년간 원자재 가격이 상승해 고물가 기조로 전환된다면 통화정책도 긴축적으로 전환되지 않겠는가? 셋째, 재정정책도 수 년간 지속될 것이 아니라, 코로나19의 경제충격을 상쇄시키기 위한 2021~2022년까지의 한시적 요인이다. 이후에는 각국이 재정건전성을 회복시키기 위한 노력을 집중할 것으로 판단된다. 넷째, 달러약세도 통화정책의 기조가 전환될 시 변화될 만한 요인이다.

인플레이션 우려와 친환경 정책과 같은 요소들도 슈퍼사이클이라고 진단하기에 한계가 있다. JP모건이 제시한 다섯째 요소는 인플레이션 우려다.

전반적인 상품가격의 상승이 우려된다는 측면에 동의할 수 있으나 지금의 현상은 리플레이션(Reflation)이지 인플레이션이 현실화된 것은 아니다. 리플레이션은 디플레이션에서 벗어나 심한 인플레이션까지는 이르지 않은 상태를 뜻한다. IMF는 선진국들의 평균 물가상승률이 2021년과 2022년에 각각 2.4퍼센트, 2.1퍼센트 수준으로 상대적으로 안정적일 것으로 전망했다. 마지막으로 친환경 정책은 상대적으로 구조적 요인에 해당하지만 여기에도 허점이 있다. 친환경 산업에 필요한 산업용 금속들의 수요가 늘어나겠지만, 그만큼 공급이 집중될 수 있다. 경제주체들은 동태적으로 기회를 쫓아 움직이기 때문이다. 많은 기업이 늘어나는 수요에 적극 대응해 시장으로부터의 기회를 포착하려 움직일 것이다. 국내외 자동차 기업들의 친환경차 보급이 집중될 것이다. 폐비닐을 이용해 고급기름을 생산하거나, 폐플라스틱을 활용해 수소를 생산하는 등 쓰레기를 에너지화하는 기술들이 상용화되고 있다. 특히, ESG 경영 열풍이 불면서 이러한 움직임이 향후 더 거세질 전망이다. 원자재 가격을 결정짓는 가장 중요한(가중치가 높은) 변수가 국제유가인 만큼, 친환경 정책은 오히려 원자재 가격지수를 장기적으로 떨어뜨리는 역할을 할 수 있다.

그러므로 슈퍼사이클에 진입했다고 보기에는 설득력이 다소 부족하다. 앞서 살펴보았듯이 주요 기관들이 슈퍼사이클에 진입했다는 주장의 근거들이 장기적이거나 구조적 요인들이 아니라는 점에서 그렇다. 그뿐 아니라 최근 원자재 가격이 급등하는 현상은 실질적인 수요가 늘어났기 때문이 아니라 투기적 수요에 따른 것이다. 각국이 확장적 재정정책을 이행함에 따라 일시적으로 경기회복 기대감이 커진 것도 요인이다. 산업적 수요가 함께 증가하는지 지켜볼 필요가 있다. 물론, 원자재 가격이 상당한 수준으로 상승할 것이라는 전망에는 동의하지만 슈퍼사이클로 단정짓기에는 허점들이 있다. 스몰사이클에 더 무게가 실린다.

원자재 스몰사이클에 대응하라

자원 안보력을 높여야 한다. 차질 없이 원자재를 공급받을 수 있도록 하는 외교적 노력이 중대해졌다. 주요 원자재 공급 국가들과 자원 파트너십을 강화해야 한다. K-방역이나 K-문화콘텐츠 등을 활용해 교류의 장을 넓히고, 원자재 공급국가를 다변화할 필요도 있다. 기업들이 원자재 구입 및 조달 과정에서 차질이 생기지 않도록 장기 공급계약을 확대하거나 상품 선물시장을 통해 가격 변동에 따른 위험을 분산하는 등의 대응책이 마련되어야 하겠다. 식료품과 같은 일부 품목의 물가상승으로 서민들의 생계부담이 가중될 수 있기 때문에, 식료품 수급 안정과 같은 정책적 노력이 더욱 강조될 시점이다.

기업들은 친환경 인프라 사업들이 늘어날 것이기 때문에 해외 건설사업으로부터의 기회를 살피고, 산업 수요에 맞게 자원개발사업 등의 영역으로 다각화하는 전략도 고민해봐야 한다. 한편, 모니터링 역량을 강화할 필요가 있다. 금리, 환율 등에 영향을 줄 국제 이슈들을 선제적으로 확인하고, 주요 원자재 가격에 영향을 줄 변수들도 실시간으로 확인해야 한다. 주요 원자재 생산을 주도하고 있는 신흥국에 진출하고, 주요 기업들과 공동 사업을 영위하는 시도도 고려해봐야 한다.

가계는 원자재 투자를 고려할 수 있다. 국제유가나 주요 원자재 가격의 상승세를 반영한 ETF(Exchange Traded Fund, 상장지수펀드) 혹은 ETN(Exchange Traded Note, 상장지수증권)을 투자 포트폴리오에 반영할 수 있다. 특히 구리, 팔라듐 등과 같은 친환경 산업 관련 원자재는 중장기적으로 유망할 것이다. 슈퍼사이클보다는 스몰사이클을 가정하고 원자재 지수에 투자하되 여건에 따라 유연하게 포트폴리오 구성을 전환할 필요가 있다.

가계부채

빚 권하는 사회

여기에 4개의 그림이 있습니다.

첫 번째는 빚 권하는 사회를 의미합니다. 저 역시 빚을 권하는 사람입니다. 다만 '적정한 빚'을 권합니다.

두 번째는 가계부채에 대해 이야기하기 위한 그림입니다. 가계부채는 서민의 주거와 밀접한 관련이 있습니다. 전세자금 마련을 위한 부채가 서민의 부담이 되고 있는 것이지요.

세 번째는 가계부채에서 가장 많은 비중을 차지하는 것이 전세자금대출과 주택담보대출임을 이야기하기 위한 그림입니다. 가계부채, 빚이라는 단어는 부동산과 떼려야 뗄 수 없죠.

마지막 사진은 무엇을 의미할까요? 바로 소비를 제약한다는 의미입니다. 경제와 가계부채의 연관성을 보여주는 가장 중요한 개념이 바로 소비입니다. 그런 의미에서 소비라는 단어를 먼저 짚어보겠습니다.

소비에 영향을 미치는 요소

소비를 결정하거나 영향을 미치는 여러 가지 요소가 있습니다. 가장 중요한 요소가 뭘까요? 바로 소득입니다. 소득이 소비를 결정하죠. 국가경제의 소득수준이 개선되면 자연스럽게 그 나라 국민의 소비수준도 개선됩니다. 물론 100퍼센트는 아니에요. 그 밖의 여러 요인이 있기 때문이죠.

그럼 소득 말고 무엇이 소비에 영향을 미칠까요?

소득이 없어도 소비를 열심히 하는 사람들이 있어요. 자산가들입니다. 이들은 소득이 아니라 자산이 있는 겁니다. 자산도 소비에 영향을 미치는 중요한 변수예요. 둘을 비교하자면 소득은 유량(Flow) 변수이고, 자산은 저량(Stock) 변수입니다. 유량 변수는 수도꼭지에서 흐르는 물처럼 일정 기간에 흐르는 물의 양을 말하고, 저량 변수는 양동이에 채워진 물처럼 일정 시점에 채워진(누적된) 물의 양을 말합니다. 소득은 매월 발생하고, 자산은 이미 축적되어 있잖아요.

소비에 영향을 미치는 요소가 또 있습니다. 바로 부채입니다. 가계부채는 특히 마이너스 영향을 주죠. 가계부채를 짊어지는 순간, 소비심리가 위축됩니다. 또한 '내가 벌어들인 소득' 중 일부를 원금과 이자로 상환해야 하기 때문에 소득 중에서 지출할 수 있는 규모가 줄어들겠죠.

중요한 요소가 또 하나 있습니다. 마트에 방울토마토를 사러 갔어요. 평소에는 3,000원이었는데 오늘은 5,000원이라네요. 그렇다면 평소처럼 구매할까요? 아마 구매하지 않을 확률이 높습니다.

일반적으로 가격은 소비에 영향을 미칩니다. 그러나 거시경제에서는 가격이라고 부르지 않고 물가라고 합니다. 즉, 물가는 소비에 영향을 줍니다. 그 외에도 많은 것이 영향을 미쳐요.

소득에 영향을 미치는 요소

이제 한 단계 더 나아가 소득을 결정하는 요소를 보죠. 가장 중요한 변수로 고용이 있습니다. 고용이 개선될 때 소득수준이 올라갑니다.

고용에는 또 두 가지 중요한 변수가 있죠. 하나는 양이에요. 취업자가 많아져야 합니다. 다른 하나는 고용의 질입니다. 일자리가 많이 늘어나도 '반쪽짜리 일자리'만 자꾸 생기면 소득으로 연결될 가능성이 작죠. 양과 질이 동시에 소득수준을 결정하는 겁니다.

고용이 늘어야 소득이 늘어납니다. 그리고 소비로 연결됩니다. 이 인과관계가 대략 80퍼센트를 차지할 겁니다. 결국 이렇게 해서 소비가 늘면 기업들은 '내가 생산하는 제품의 소비가 느네?'라고 생각하겠죠. 그럴 때 기업은 더 적극적으로 투자합니다.

여기서 투자는 기계 설비를 추가하거나 공장을 더 짓는 것을 말합니다. 사업 규모를 확대하거나 새로운 사업을 시작하는 것, 그게 투자의 개념이에요. 쉽게 말하면 생산 용량을 늘리는 거죠. 그렇게 투자가 많아지면 자연스럽게 일자리가 늘어납니다. 이것이 또다시 고용에 영향을 미쳐요. 이를 경제의 선순환 구조라고 합니다. 그래서 우리가 고용, 고용 하는 겁니다.

● 경제의 선순환 구조

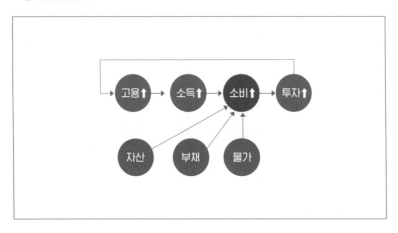

이 경제 구조 속에서 중요하게 다룰 주제가 바로 가계부채입니다.

"아니, 고용 여건도 개선되고 자산 수준도 느는데 왜 이렇게 소비가 안 늘어?"

소비심리를 제약하는 중요한 변수 중 하나가 바로 가계부채이기 때문입니다. 그래서 경제를 이해하려면 가계부채를 중요하게 고려해야 합니다. 이제 장 시작에 등장한 4개의 그림 중 신용카드를 묶어놓고 있던 자물쇠 그림이 정확히 이해됐으리라 생각합니다.

가계부채의
파급 경로

강의를 다니다 보면 가계부채가 왜 이렇게 증가하는지, 늘어난 부채가 경제에 어떤 영향을 미치는지 궁금해하는 사람이 많습니다. 그래서 어떻게 하면 쉽게 이해할 수 있는 플로 차트를 그릴 수 있을까 고민한 끝에 다음 그림을 완성했습니다. 〈가계부채 현황과 시사점〉이라는 논고를 통해 발표한 것인데요, 포털에서 검색하거나 국회예산정책처 홈페이지에서 파일을 다운받아 볼 수 있어요.

가계부채가 증가하는 배경에는 크게 세 가지가 있습니다.

첫 번째는 소득 경로입니다. 이것은 저소득층의 부채입니다. 저소득층은 노동시장이 불안정하고 근로조건이 좋지 못하다 보니, 소득이 축소되고 생활비가 부족해집니다. 생활비 마련을 위해서 부채에 의존하죠. 이것이 바로 소득 경로입니다. 이번 달에 생활비가 부족해 빚을

● 가계부채 증가 배경과 파급 효과

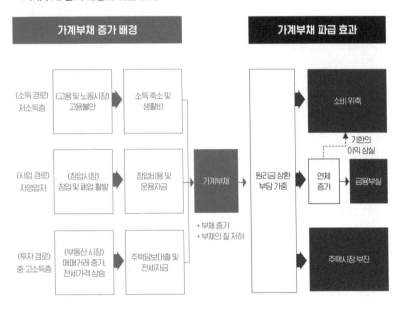

자료: 김광석(2015), 〈가계부채 현황과 시사점〉, 《예산춘추》 국회예산정책처, VOL.38, 35~42쪽

졌는데, 다음 달에는 충분하지 못한 소득으로 원금과 이자를 상환해야 하기 때문에 생활비가 더 부족해지는 겁니다. '부채 악순환의 고리'에 머무는 저소득층을 설명해주는 경로입니다.

두 번째는 사업 경로입니다. 자영업자의 부채입니다. 자영업자의 창업과 폐업이 활발히 일어나는 시점에는 창업비용이나 운용자금을 마련하기 위해 부채에 의존하죠. 최근 베이비붐 세대의 퇴직이 시작되면서 창업이 활발하게 이루어지고 있습니다. 대부분이 과도하게 밀집되어 있는 치킨집, 빵집, 식당, 호프집 등의 업종으로 창업을 시도합니다.

이미 과밀 상태에서 경쟁하고 있는 업종에 더 큰 경쟁이 유발돼, 결국 시장에서 밀려나는 자영업자가 속출하게 되죠.

세 번째는 투자 경로입니다. 주로 중소득층, 고소득층의 부채라고 볼 수 있어요. 특히 부동산 시장에서 매매거래가 활발히 일어날 때 주택담보대출 또는 전세자금대출을 받아 생기는 부채입니다.

이렇게 세 가지 경로로 부채가 증가하게 됩니다. 부채가 증가하면 우리 경제에는 어떤 영향을 미칠까요?

우선, 원리금 상환 부담이 가중됩니다. 원리금은 원금과 이자를 말하죠. 부채 규모가 늘어나니 상환해야 하는 원리금 규모가 늘어나고, 상환 부담이 가중되다 보니 소비가 위축됩니다.

그리고 원리금 상환 부담이 가중되다 보면 연체가 증가할 수 있습니다. 연체가 증가한다는 이야기는 결국 못 갚는 사람이 생겨난다는 거죠. 하나의 경제 울타리 안에서 빚을 못 갚는 사람들이 많아지면 금융부실이 발생할 가능성이 커집니다.

마지막으로, 이미 부채에 의존해서 부동산을 매수했기 때문에 앞으로의 부동산 시장이 긍정적일 수 없습니다. 추가적인 부동산 매매가 일어나기 어려운 상황이기 때문입니다. 가계부채가 소득보다 너무 빨리 증가했다면 '앞으로 부동산 경기가 좋지 않겠구나'라고 추론할 수 있어요. 미래에 살 부동산을 미리 산 거라고 해석할 수 있습니다.

우리나라 가계부채는
안전한가?

'가계부채 얼마 넘었다, 얼마 넘었다'라는 보도가 나올 때마다 당장 무슨 일이라도 일어날 것처럼 세상이 소란스러운데요. 가계부채가 어느 정도일 때 안전한 수준일까요?

가계부채 규모를 말할 때면 매번 놀랍니다. 가계부채 규모는 줄어든 적이 한 번도 없어요. 심지어는 2008년 글로벌 금융위기 때에도 여전히 늘었어요. 2012년 유럽발 재정위기에도 늘었습니다.

언론에서는 항상 '가계부채 문제'를 강조합니다. 왜냐하면 1,000조 원이 넘었으니까요. 그렇지만 1,000조 원은 이미 2013년에 넘어섰습니다. 저는 그때부터 가계부채 문제를 깊이 연구했습니다. 1,000조 원을 돌파하면 뭔가 문제가 있는 것처럼 자꾸 보도가 됐거든요. 가계부채가 2022년 4분기 기준으로 1,867조 원에 다다랐습니다. 2023~2024년 동안 2,000조 원을 돌파하지 않을까 예상될 만큼 가계부채 규모는 증가하는 추세에 있어요. 이제는 가계부채 규모가 2,000조에 육박한다고 기사가 나옵니다. 그런데 정말, 문제인가요?

1,100조 원 돌파했어요. 문제였나요?

1,200조 원, 1,300조 원 돌파했어요. 문제가 발생했나요?

2,000조 원, 2,100조 원 돌파하면 더 문제인가요?

인구는 증가하지 않나요? GDP는 어떻고요? 나무 숫자도 증가하고, 아파트 숫자도 증가합니다. 어쩌면 돌멩이 숫자도 증가할지 몰라요. 그런데 가계부채는 늘면 안 되나요? 가계부채 규모만 가지고 '늘어나서 문제다'라고 보도하면 기사의 논리가 떨어지는 겁니다.

그러면 뭐가 필요할까요? 늘어난 가계부채를 갚을 수 있는지 봐야죠. 이를 판단하는 여러 가지 기준이 있는데, 가장 흔하게 쓰이는 기준이 '소득 대비 부채'입니다.

물론 인구 대비 부채도 괜찮은 지표일 수 있습니다. 인구가 느는데 가계부채가 더 가파르게 늘거나 인구는 줄어드는데 가계부채만 는다면 문제일 수 있죠. 분모에 자동차 대수를 넣어도 됩니다. GDP를 넣어도 되고요. 경제규모가 증가하는 속도보다 가계부채의 증가 속도가 더 빠른지를 판단하는 것이 타당하며, 단순히 가계부채 규모만 봐선 안 된다는 겁니다.

지금 보고자 하는 건 소득 대비 부채예요. 분모에 소득을 놓고 분자에 가계부채를 놓습니다. 이 값도 계속 상승하고 있습니다. 이는 소득의 증가 속도보다 가계부채의 증가 속도가 더 빠르다는 겁니다. 소득은 줄어드는데 부채가 그대로이거나 늘어날 때도 그 값이 상승합니다. 반면, 부채의 증가 속도가 소득의 증가 속도보다 느리다면 상승하지 않죠.

이 지표를 이용하면 '소득의 증가 속도보다 부채의 증가 속도가 빠르니 언젠가 못 갚는 부채가 생길 수도 있겠구나!' 하고 예상할 수 있습니다. 다시 말해, '가계부채 규모가 굉장히 빠른 속도로 늘어나고 있구나!'라고 진단할 수 있다는 겁니다.

가계부채 부담 정도를 진단하는 지표, DSR

가계부채 규모를 진단하는 데 매우 유용한 잣대가 하나 있습니다. 바로 DSR입니다.

DSR(Debt Service Ratio, 채무상환비율)

$$= \frac{\text{원리금 상환액}}{\text{가처분소득}} \times 100$$

우선 가처분소득을 분모에 두고, 분자에는 원리금 상환액을 둡니다. 그리고 100을 곱합니다. 이게 DSR이에요. 전혀 어렵지 않습니다.

그렇다면 가구의 가처분소득을 어떻게 구할까요? 가처분소득이란 월급쟁이의 경우 '월급날 통장에 찍히는 돈'이라고 생각하면 편합니다. 일정 기간에 개인이 획득하는 소득과 그가 이를 실제로 자유롭게 소비할 수 있는 소득 간에는 차이가 있습니다. 연봉은 획득하는 소득이요, 통장에 찍히는 돈이 가처분소득입니다. 즉 연봉에서 세금이나 보험료, 대출이자 등을 제외한 소득이 자유롭게 소비(처분)할 수 있는 소득인 겁니다.

돈을 혼자 번다면 그대로 두고, 맞벌이라면 2명의 가처분소득을 합하세요. 우리 집의 가처분소득이 가령 나 200만 원, 배우자 200만 원이라면 우리 가구의 가처분소득은 400만 원이 됩니다. 이걸 분모에 놓으면 됩니다.

그런 다음 분자에 원금과 이자 상환액을 넣어요. 매월 갚고 있는 원금과 이자 말입니다. 예를 들어 매월 원금 40만 원을 갚고 이자 10만 원을 낸다고 합시다. 그러면 이 둘을 합한 금액인 50만 원이 분자에 놓여요.

우리 집 가처분소득이 400만 원이고 매월 원금과 이자로 50만 원을 상환한다고 할 때, 채무상환비율을 계산해봅시다. 400만 원 중에 50만 원이니까 DSR이 12.5퍼센트로군요. 이게 바로 우리 집 채무상환비율입니다.

채무상환비율 계산하기

$$\frac{50}{400} \times 100 = 12.5\text{퍼센트}$$

이 수치는 부동산에서도 매우 중요합니다. 부동산 대출 규제에도 DSR이 도입됐기 때문입니다. DTI와 LTV 규제를 강화해나가는 과정에서 DSR까지 적용해 대출을 까다롭게 심사하겠다는 겁니다. DSR이 높으면 대출을 안 해주겠다는 뜻이죠. DSR은 채무상환능력을 진단하는 매우 범용화된 지표라고 볼 수 있습니다. 금융권에서는 채무상환비율 지표가 40퍼센트를 넘어서면 고위험군으로 분류합니다. 그리고 30~39퍼센트는 위험군, 20~29퍼센트는 안정군으로 분류합니다.

즉, 빚을 질 때는 채무상환비율이 40퍼센트를 넘지 않게 해야 한다는 얘기입니다. 그래야 빚을 져도 위험하지 않다는 뜻이에요.

지금 빚이 없다면 채무상환비율이 '0'이죠. 거기서 내가 1억 원의 빚을 진다 했을 때 매월 얼마를 상환해야 하는지 따져보면 수치를 쉽게 구할 수 있습니다. 가계의 소득을 분모에 두고 원리금 상환액을 분자에 놓고 100을 곱하면 되니까요. DSR이 40퍼센트를 넘기지 않는 선에서 부채에 의존하는 것이 가계를 안정적으로 운영하는 방법입니다. 이것은 저의 기준이 아니고, 일반적인 금융권에서의 잣대입니다.

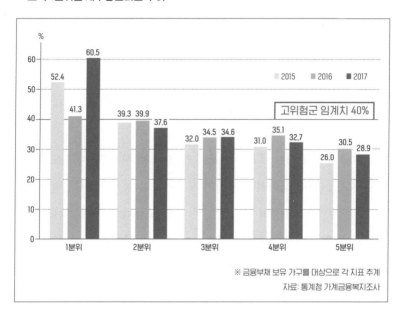

※ 금융부채 보유 가구를 대상으로 각 지표 추계
자료: 통계청 가계금융복지조사

정말 시급한 문제는
생계형 부채가 급증한다는 것

1분위는 쉽게 말해 하위 20퍼센트 가구, 저소득계층입니다. 5분위는 가장 잘사는 20퍼센트를 말하죠.

1분위 가구의 DSR을 살펴봅시다. 채무상환비율이 60퍼센트가 넘어요. 100만 원 벌어 60만 원을 빚 갚는 데 쓰고 있다는 뜻이니 얼마나 부담이 되겠습니까? 물론 1분위 가구는 부채 규모가 작아요. 생활비 마련을 위한 생계형 부채니까요. 많아야 몇천만 원 수준이죠.

5분위 가구의 부채는 투자형 부채예요. 보통 억 단위로, 부채 규모가 상당히 큽니다. 주택담보대출이 대부분이며, 1,000만 원 벌어 200~300만 원을 빚 갚는 데 씁니다. 고소득층의 부채는 규모는 크지만, 부담되는 수준은 아닙니다. 저소득층의 부채와는 구조적으로 매우 다릅니다.

2016~2017년에 부채가 급격하게 늘어났습니다. 특히 1~2분위 저소득층을 중심으로 채무상환 부담이 가중됐는데, 이것은 굉장히 중요한 이슈라고 볼 수 있습니다.

2017년 하반기는 우리나라에서 역대 최저금리 수준이라고 볼 수 있었어요. 그런데 금리가 반등하기 시작했습니다. 이에 따라 변동금리에 의존하는 저소득층의 원리금 상환 부담이 급격히 커졌습니다. 고소득층의 대출은 보통 주택담보대출이기 때문에 금리가 높지 않습니다. 그래서 상대적으로 부담이 적어요. 많은 경우 1금융권에서 고정금리 방식으로 대출을 받았기 때문에 이자 상환 부담이 크게 늘지 않습니다. 하지만 저소득층은 보통 신용대출을 받는데 신용 수준도 좋지 않아 2금융권, 3금융권까지 갑니다. 그러다 보니 금리 상승에 따른 이자비용 부담이 클 수밖에 없습니다.

그래서 가계부채 규모를 줄이고자 하는 정책보다는 채무상환능력이 현저히 떨어지는 저소득층을 대상으로 채무상환능력을 키우는 방향의 정책이 더 시급하게 요구되는 겁니다.

< 응용 학습 >

채무리스크 급부상,
불황의 그늘 가계부채

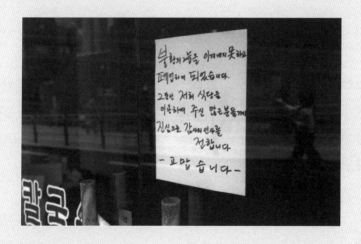

"불황의 그늘을 이겨내지 못하고 폐업하게 되었습니다. 그동안 저희 식당을
이용해주신 많은 분께 진심으로 감사의 인사를 전합니다."

수십 년 된 서울의 한 칼국숫집의 가게 문에 걸려 있는 문구다. 이 문장을 옮겨놓는 내 마음이 이토록 무거운데, 이 글을 써내려간 주인의 마음은 어떠했을까?

태풍이 지나간 자리에 흔적이 남듯, 경제충격이 지나간 자리에도 흔적이 남는다. 태풍의 흔적은 떨어진 나뭇잎이고, 경제충격의 흔적은 부채다. 2020~2022년에 한국 역사상 최대규모의 가계부채가 쌓였다. 금리가 오르는 상황에서 가계부채는 최대의 경제문제로 작용할 것으로 보인다.

눈덩이처럼 쌓인 부채, 문제의 본질은?

코로나19 이후 엄청난 규모의 가계부채가 쌓였다. 2019년 말 대비 2021년 1분기 약 165조 원에 달하는 가계부채가 증가했다. 한국은행이 가계신용 통계를 집계한 이래 이토록 큰 규모로 가계부채가 누증된 적은 없었다(주택담보대출을 제외한 가계대출 기준).

가계부채의 문제는 총량에 있지 않다. 앞서 언급했듯이 그 규모는 줄어든 적이 없기 때문이다. 가계부채는 2002년 465조 원에서 2020년 1,727조 원으로 증가했다. 2022년에는 1,955조 원을 기록했다. 하루가 멀다하고 가계부채를 다룬 신문기사에는 '1,800조 원을 넘었다', '1,900조 원을 넘었다'고 아우성

친다. 이런 기사 제목을 700조 원부터 들었던 기억이 난다. 가계부채가 1,000조 원 넘어서면 문제고, 2,000조 원 넘어서면 문제인가? 반대로 늘어나지 않는 것은 또 무엇이 있는가? 주택 수도 늘고, 자산규모도 늘고, 경제 규모도 늘었는데, 가계부채는 늘면 안 되는가?

가계부채 문제의 핵심은 '상환능력'에 있다. 쌓인 부채를 가계가 상환할 수 있을지가 관건이다. 빚 없는 부자 없다고 하지 않는가? 사실 가난하면 빚도 없다. 신용등급이 높은 사업가가 많은 빚을 지고 견실하게 사업체를 운영하면서 차곡차곡 원리금을 상환하고 있다면, 무엇이 문제인가?

상환능력이 취약해지고 있다. 가계부채의 증가 속도가 소득의 증가 속도보다 빠르기 때문이다. 국민총소득(GNI) 대비 가계부채의 비중이 추세적으로 상승하고 있다. 이 값은 2019년 82.5퍼센트에서 2020년 88.3퍼센트로, 코로나19 이후에 더 가파르게 상승했다. 2021년과 2022년에는 각각 약 88.9퍼센트, 약 89.7퍼센트로 상승했다. 소득은 제자리에 머물지만, 가계부채는 큰 폭으로 늘어나는 형국이다. 향후 시중금리가 뚜렷하게 상승하면, 담보로 설정한 자산가치가 하락하는 반면 이자 상환 부담은 오히려 가중될 것이다. 2023년에는 가계부실과 금융부실이 발생할 우려가 있다.

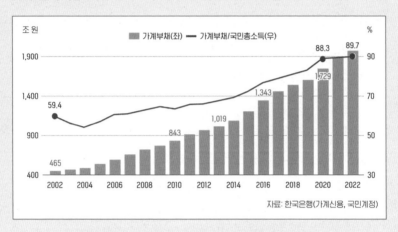

조 원

■ 가계부채(좌) ━ 가계부채/국민총소득(우)

자료: 한국은행(가계신용, 국민계정)

가계부채 진단

가계부채 부실 여부를 진단해보자. 일반적으로 '부채 증가 → 원리금 상환 부담 가중 → 연체 증가 → 금융기관 부실 증가 → 금융시스템 불안정성 확대'의 경로를 거쳐 경제가 도미노처럼 무너진다. 가계부채가 부실한지를 판단하기 위한 가장 범용화된 지표로 은행대출금 연체율과 부실채권비율이 있다. 가계대출에 대한 은행대출금 연체율은 추세적으로 하락해왔으며, 2020년 0.3퍼센트에서 2021년 0.2퍼센트로 하락했다. 30일 이상 상환이 지연되는 가계대출이 줄어들고 있는 것이다. 3개월 이상 연체된 대출을 가리키는 부실채권도 유사한 흐름을 보였고, 2020년 1분기 0.26퍼센트에서 2021년 1분기 0.2퍼센트로 하락했다.

부채 문제에 취약한 계층은 얼마나 되는지도 확인해보자. 3건 이상의 다중채무자이면서 동시에 저소득층이거나 저신용등급에 해당하는 사람을 취약차주라고 한다. 취약차주가 의존하고 있는 대출금액이 전체 가계대출에서 차지하는 비중은 5.3퍼센트로 2020년 이후 낮게 유지되고 있고, 전체 대출자 중에서 취약차주가 차지하는 비중은 2020년 6.4퍼센트에서 2021년 1분기 6.3퍼센트로 하락했다. 다행히 가계부채는 총량적인 측면에서 안정적인 모습이다.

● 은행대출금 연체율과 부실채권비율 추이 ● 취약차주 비중 추이

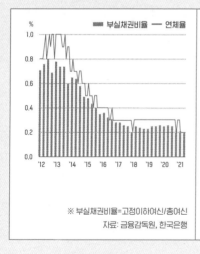

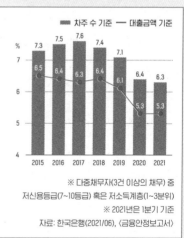

255

저소득, 자영업자에 가계부채 위험 집중돼

가계부채가 총량적인 측면에서 문제가 없어 보인다면, 구체적으로 어떤 계층에 위험이 집중되고 있는지 확인해볼 필요가 있다. 채무상환능력, 즉 빚을 갚을 수 있는 능력이 충분한가를 진단해보아야 한다. 아무리 부채가 늘어도 갚을 능력이 충분하다면 문제가 아니기 때문이다.

채무상환능력을 평가하는 가장 보편적인 지표 중 하나로 채무상환비율(DSR)이 있다. 채무상환비율은 가처분소득 대비 원리금상환액을 나타내는 지표로, 개별 가구의 채무불이행 가능성을 판단할 수 있을 뿐만 아니라, 개별 가구에 원리금상환이 얼마나 생계에 부담을 주는지를 파악할 수 있다. 국제 금융기관들은 통상적으로 채무상환비율이 40퍼센트를 넘는 채무자를 채무불이행 가능성이 큰 '고위험군'으로 분류하고, 한국은행은 '과다채무가구'로 정의한다.

가계부채 위험이 저소득, 자영업자에게 집중되고 있다. 저소득층에 해당하는 소득 1분위 가구는 채무상환비율이 2019년 61.9퍼센트에서 2020년 62.6퍼센트로 상승했고, 채무불이행 가능성이 큰 '고위험군'이 저소득층에 집중되어 있음을 확인할 수 있다. 상대적으로 2분위 이상은 고위험군 임계치 40퍼센트를 밑돌고 있다. 종사상지위별로는 자영업자의 채무상환능력이 현저히 떨어지고 있음을 확인할 수 있다. 자영업자의 채무상환비율은 2019년 36.7퍼센트에서 2020년 37.3퍼센트로 상승했고, 고위험군 임계치 40퍼센트에 매우 근접해졌다. 결국, 자영업자 중에서도 규모가 영세할수록 채무불이행 가능성이 매우 크다는 결론을 도출할 수 있다.

2021년에는 반도체 등의 주력품목들을 중심으로 수출이 크게 호조를 이루고, 소비심리와 투자심리가 회복되면서 내수도 회복세를 보이고 있지만, 영세 자영업자들에게는 '남의 이야기'일 뿐이다. 2021년 하반기에는 사회적 거리두기 단계가 최고 수준으로 격상되면서 매출 손실이 심각했다. 2022년에는

● 소득계층별 및 종사상지위별 채무상환비율 추이

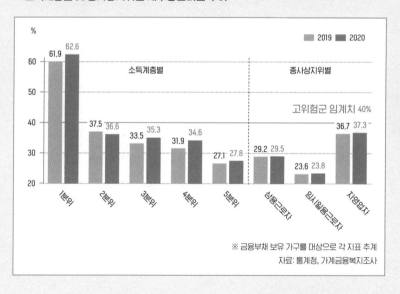

※ 금융부채 보유 가구를 대상으로 각 지표 추계
자료: 통계청, 가계금융복지조사

세계적으로 통화정책 기조가 긴축적으로 전환되는 움직임이 나타나고, 한국은행도 기준금리를 인상했다. 채무상환능력이 현저히 떨어지는 저소득, 자영업자들이 우후죽순 부실 위험에 처하게 될 우려가 있다.

가계부채, 문제의 본질에 집중하라

가계부채 문제의 본질은 규모가 아니다. 건전한 부채가 늘어나는 일은 소비와 투자를 증진해 경제를 선순환시킬 수 있다. 가계부채 문제를 총량이나 규모에만 집중할 경우, 기준금리를 인상할 때 오히려 걱정이 없다. 통화정책 기조가 완화에서 긴축으로 전환될 경우, 가계부채 규모의 증가 속도는 둔화할 것이다. 과거 통계적으로 봐도 그렇고, 차주 관점에서 생각해봐도 높은 금리의 대출은 매력이 떨어지는 게 당연한 일이다. 2023년 연중에 가계부채가 '2,000조 돌파'했다는 기사가 걸릴 것으로 보인다. 그런 기사에 흔들리지 말아야 한다.

가계부채 문제의 본질은 '상환능력'에 있다. 갚지 못하는 부채는 얼마고, 누가 부채를 갚지 못하는지 보아야 한다. 가계부채 대책은 채무상환능력이 현저히 떨어지는 저소득층과 생계형 자영업자에게 집중해야 한다. 코로나19의 경제적 충격이 모두에게 똑같이 오지는 않았다. 직장이 안정적인 임금근로자나, 특수를 누린 몇몇 사업자 혹은 고자산가들은 경제적 충격을 경험하지 않았다. 경제적 충격을 피하지 못한 특정 계층에게 맞춤화된 정책금융을 마련해 가계부실로 연결되지 않도록 해야 한다. 코로나19 피해를 본 가계의 대출 상환을 유예하거나, 재정구제(Fiscal Relief)를 통해 소득을 지원하는 등의 조치가 필요하다.

중장기적인 가계부채 대책 마련도 필요하다. 가계의 채무상환능력을 보존하는 일이다. 저소득, 자영업자들이 부채의 악순환에서 빠져나올 수 있도록 해야 한다. 코로나19 충격으로 직장을 잃었거나 폐업을 단행한 계층이 다시 뛸 수 있도록 일자리 매칭 및 창업 지원, 재기 지원을 확대해야 한다. 한편, 취약차주가 대부업체와 같은 고금리 대출로 연결되지 않도록 서민금융 지원을 확대해야 한다. 근로 능력마저 없는 취약차주에게는 맞춤형 안전망을 구축해야 한다. 특정 계층의 가계부채 부실이 한국 경제 전체의 부실을 초래하는 나비효과를 차단해야 한다.

부채 활용 팁

빚을 활용하는 3가지 기술

어떻게 하면 빚에 현명하게 의존할 수 있을까요? 가계부채에 의존하는 전략적인 접근법을 살펴보겠습니다.

첫 번째, 적정 부채에 의존하세요.

채무상환비율이 30퍼센트를 넘지 않아야 합니다. 만약 현재 부채가 없고, 앞으로 1억 원을 대출받아야 하는 상황이라면 먼저 채무상환비율을 계산해보세요. 자신의 월평균 가처분소득이 얼마인지는 알고 있을 겁니다. 그런데 원리금 상환액이 얼마나 발생할지는 잘 모르니까 반드시 은행에 가서 상담해야 합니다.

보통은 고정금리에 분할상환 방식을 택하라고 이야기할 텐데요. 그러면 월 평균 원리금 상환액을 예상할 수 있습니다. 즉, 은행 직원에게 매월 원금과 이자를 얼마만큼 상환해야 하는지 반드시 알려달라고 해야 합니다. 그 액수와 자신의 가처분소득을 놓고 채무상환비율을 계산한 비율이 30퍼센트를 넘지 않도록 해야 합니다.

> ## 채무상환비율(DSR)이 30퍼센트가 넘지 않도록 하라

이미 5,000만 원의 부채가 있고 원리금 상환액이 현재 매월 20만 원씩 발생한다고 할 때, 추가로 부채에 의존하려면 앞으로 발생할 원리금 상환액을 반드시 물어봐야 합니다. 그 금액을 더해서 채무상환비율을 다시 계산하면 됩니다. 적정부채를 결정하는 데에는 여러 가지 지표가 있지만, 그중에서 가장 쉽고 유용한 지표가 채무상환비율입니다.

두 번째, 대출상품을 현명하게 고르세요.

원리금 상환 방식에는 균등분할상환과 만기일시상환이 있습니다. 10년 만기라고 할 때, 10년 동안 이자만 지급하고 만기에 원금을 다 갚는 것이 만기일시상환 방식입니다. 이런 시나리오는 좋지 않습니다. 이자와 원금을 함께 상환하는 균등분할상환 방식이 좋습니다. 하루라도 빨리 갚아나가야 한다는 의미입

니다. 저만이 아니라 정부에서 추천하는 방식이기도 합니다.

　또 중요한 것은 고정금리냐, 변동금리냐입니다. 고정금리는 앞으로 금리가 어떻게 될지 모르니 그 책임과 위험을 은행에 넘기는 겁니다. 반면 변동금리는 그 책임을 내가 진다는 뜻이에요. 두 방식의 출발점에는 차이가 있어요. 보통은 변동금리가 금리는 더 낮지만 안정적으로 대출을 받고자 하는 가구라면 고정금리가 좋을 겁니다. 매월 갚아야 할 원리금이 얼마나 되는지 미리 알고 있는 것이 중요하니까요.

　무엇보다 금리의 향방을 가늠하고 고정금리 혹은 변동금리를 선택하는 것이 중요합니다. 2021년 끝자락에 '영끌' 해서 집 사신 분들이 계십니다. 2020~2021년 동안 유례없는 낮은 금리 시대를 살았고, 집값이 폭등하는 것을 지켜본 경험 때문입니다. 그러나 사자마자 집값이 떨어지고, 금리는 천정부지로 치솟았습니다. 투자는 최근의 경험이 중요한 것이 아니라, 미래에 대한 전망에 기초해 판단해야 한다는 교훈을 주었지요. 적어도 금리의 향방을 가늠하고 대출의 형태를 골랐다면, 2021년 끝자락에 변동금리를 선택하지는 않았을 것이라 생각합니다. 2023년 중반부터 대출을 받을 계획이라면, 금리가 정점 찍고 하락하는 구간이기 때문에 변동금리를 선택하는 것이 유리하겠지요.

　마지막으로, 투자 관점에서 반드시 1금융권에 의존하고 2금융권까지 가지는 말아야 합니다. 그렇게 해서까지 투자하면 안 됩니다. 자신의 신용과 담보 수준보다 과도한 부채에 의존하다 보니 2금융권으로 가는 것이고, 그러다 보면 상환해야 하는 이자 때문에 부담이 말도 못하게 증가합니다. 그 때문에 부실이 생기는 거예요.

만기일시상환보다는 균등분할상환을 택하라
1금융권 부채 수준에서 투자하라

세 번째, 어쨌든 최저금리를 사수하세요.

어떻게 사수할 수 있을까요? 우선 전국은행연합회 소비자포털 홈페이지에 들어가면 국내 주요 은행들의 대출별 금리와 수수료가 다 제시되어 있어요. 국내 은행들의 금리 현황판이라고 할 수 있습니다. 물론 금리는 매일 바뀌니, 대출이 필요한 최근 시점에 확인해봐야 합니다.

최저금리를 사수하기 위한 두 번째 지침은 '발품을 팔아라'입니다. 은행을 모두 방문해야 한다는 이야기입니다. 저는 정수기와 공기청정기를 렌탈해서 쓰고 있는데요. 3년간 그 서비스를 이용하기 위해서 한 달에 몇만 원씩 내는 겁니다. 그런데 대출은 10년 만기인 경우가 많죠. 길게는 30년 만기도 있고요. 그런 어마어마한 금융상품을 사는데 은행 한 군데만 가보고 결정하면 안 된다는 거예요. 여러 은행을 방문하세요. 어떤 은행은 프로모션 기간이어서 특별히 더 쌀 때가 있습니다. 금융상품을 패키지로 구매할 경우 금리 혜택을 주는 경우도 있습니다. 은행에서 발행하는 신용카드를 이용하거나 작은 규모의 저축통장을 개설할 경우 금리 혜택을 주는 경우도 많습니다. 그래서 발품을 팔아 많은 은행을 방문해 상담해야 한다는 것입니다.

10년, 20년, 30년짜리 금융 서비스를 구매하는 상황입니다. 매달 내야 하는 이자가 어마어마합니다. 은행마다, 지점마다, 또 은행에 아는 사람이 있느냐 없느냐에 따라 다 다르기 때문에 부지런히 발품을 팔아야 합니다.

발품, 손품을 팔아라

전국은행연합회 홈페이지(portal.kfb.or.kr)에서 최저금리를 찾아라

모든 은행을 방문하라

< 제10강 >

추경

경제성장률을
믿지 않게 됐다?

세계적인 경제저널 《이코노미스트》는 〈Managing ○○○〉라는 주제의
발간물을 내놓았습니다.

여기서 ○○○는 무얼까요?

정답은 바로 'Uncertainty(불확실성)'입니다. Managing Uncertainty,
즉 불확실성을 관리해야 한다는 이야기죠. 이것은 가계 또는 기업이 생
존하는 데 중요한 기술이 될 수 있습니다.

그렇다면 불확실성을 어떻게 관리할 것인가?

미래 경제의 흐름을 먼저 짚어보는 것이 매우 중요합니다.

불확실성 관리와
경제 전망

경제 전망을 하는 주요 기관, 즉 기획재정부도 경제 전망을 하고 정부 산하 기관인 한국개발연구원(KDI)이나 산업연구원(KIET)도 경제 전망을 합니다. 한국은행도 경제 전망을 하고 현대경제연구원, LG경제연구원, 삼정KPMG경제연구원 등 주요 민간 경제연구원들도 경제 전망을 합니다. 불확실성을 줄이기 위해서죠. 경제가 앞으로 어떻게 펼쳐질지 내다보고 먼저 준비하기 위함입니다.

　저도 매년 경제 전망을 하고 있습니다. 경제 전망 시즌에는 관련 부서 연구원들이 한 달가량 모여서 내년 경제의 주요 현안들을 짚어보고, 어떻게 흘러갈지 예상합니다.

　그런데 언제부턴가 정부가 제시한 경제성장률 전망치를 믿지 않는 경향이 생겼어요. 기획재정부는 우리에게 걷은 세금으로 예산을 편성하고 내년 예산을 계획합니다. 그 밖에 여러 가지 일이 있지만, 예산 관련 업무가 기획재정부의 가장 중요한 역할입니다.

　기획재정부는 매년 경제성장률 전망치를 너무 높게 제시하는 경향이 있습니다. 무려 3퍼센트 이상을 제시하니 전망치인지 목표치인지 모르겠습니다.

더 중요한 것은 경제성장률 전망치를 너무 낙관적으로 제시하다 보니 경제주체들에게 혼란을 준다는 겁니다. 그 전망치에 의존해서 투자나 소비 등의 의사결정을 하니 혼란스러워지는 거죠.

게다가 실제로 경제 전망을 했던 시점에 다가서면 계속 전망치를 하향조정합니다. 예를 들어, 2023년 10월에 2024년 경제성장률 전망치를 발표한다고 가정하겠습니다. 아주 낙관적인 전망치를 제시해놓고는 2024년 5월쯤에 하향조정하는 것입니다.

이뿐만이 아닙니다. 여기서 더 중요한 문제점은 경제성장률 전망치를 낙관적으로 제시하면 예산이 소극적으로 편성된다는 데 있습니다. 왜냐하면 경기가 좋거나 회복되리라 전망했으니까 경기 회복을 위해 정부지출을 과하게 계획할 필요가 없기 때문입니다. 하지만 예상됐던 시기에 가서는 성장률이 그에 미치지 못하는 거예요.

그러다 보니 이제 추경(追更, 추가경정예산)을 하겠다고 합니다. 즉, 예산을 확대 편성하겠다는 겁니다. '추경'이라는 단어가 낯설 수도 있는데요, 잠시 경제정책을 살펴볼까요?

추경이 해마다 되풀이되는 이유

앞서 '기준금리' 편에서 경제정책을 소개했는데, 그 자료를 다시 한 번 참고하겠습니다.

경기를 부양하기 위해 할 수 있는 경제정책에는 크게 통화정책과 재정정책이 있습니다. 통화정책에 관해서는 앞에서 자세하게 알아봤기

● 경기부양책의 종류

구분	의미
통화정책	기준금리
	양적완화
	지급준비율
재정정책	조세정책
	재정지출정책

때문에, 여기서는 재정정책에 집중하겠습니다.

재정정책은 다시 조세정책과 재정지출정책으로 나뉩니다. 쉽게 말해, 세금을 어떻게 거둘지와 어떻게 쓸지에 초점을 두는 것입니다.

세금은 일종의 '회비'라고 볼 수 있습니다. 동호회를 운영할 때 동호회 구성원들이 '공평정당'하게 회비를 내도록 운영진이 걷는 돈과 마찬가지예요.

'공평정당'한 방법에는 여러 가지가 있을 겁니다. 모두 똑같이 1만 원씩 내는 방법, 소득이 많은 회원이 더 많이 내는 방법, 가끔 오는 사람보다 활동이 많은 사람이 회비를 더 내는 방법 등 여건에 맞게 정할 것입니다. 운영진은 공평정당하게 회비를 걷고, 지출 내역을 회원들에게 투명하게 공개하는 등의 역할을 수행할 것입니다. '모인 회비를 앞으로 이렇게 지출하겠다' 하고 설명하는 자리를 갖기도 합니다.

여기서 동호회는 국가이고, 회원은 국민이며, 운영진은 정부입니다. 그리고 회비는 세금입니다. 기획재정부가 "현재의 경제적 여건이 이러

하니, 내년에는 이만큼 예산을 지출하겠습니다. 경제에서 이런 곳이 고장났으니, 이 부분에 더 많은 예산을 지출하겠습니다"라고 내년 예산 지출 계획을 발표합니다. 여기서 현재의 경제적 여건을 잘못 진단하면 다음 해 예산 지출 계획도 잘못되겠지요? 이때 추경을 하는 것입니다.

추경의 사전적 정의는 다음과 같습니다.

"추경이란, 용도가 정해진 국가의 예산이 이미 실행 단계에 들어간 뒤에 부득이하게 필요하고 불가결한 경비가 발생했을 때 정부가 예산을 추가 변경하여 국회에 제출하고 의결을 거쳐 집행하는 예산이다."

추경의 사전적 정의

국가 예산의 실행 단계에서 부득이하게 발생한 경비를 추가 편성하는 것

이에 따르면, 예기치 못한 지출 요인이 발생했거나 부득이한 상황에서 추경이 필요합니다. 그런데 추경이 마치 정책을 시행하는 데 의당 거쳐야 하는 단계인 양 거의 매년 반복되고 있어요. 추경은 정책이 아닙니다. 추경을 하는 이유는 예산 편성, 예산 계획이 실패했기 때문이죠. 이런 실패를 되풀이하지 않으려면 경제성장률을 객관적으로 제시해야 합니다.

잘못된 것은 잘못된 것이고, 경제를 이해하고자 할 때 추경이 무엇인지는 알고 있어야 합니다. 특히 추경이 어느 분야에 집중 편성되는지 살펴보면, 경제의 흐름을 이해하는 데 상당한 도움이 될 것입니다.

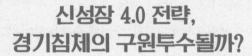

신성장 4.0 전략,
경기침체의 구원투수될까?

경기침체가 시작된다. 정부는 2023년 한국 경제가 1.6퍼센트 성장할 것으로 전망했다. 이는 무슨 의미일까? 1960년 이후 한국 경제는 4번의 경제위기를 경험했다. 1980년 오일쇼크로 -1.6퍼센트, 1998년 IMF 외환위기로 -5.1퍼센트 역성장했다. 2008년 글로벌 금융위기로 0.8퍼센트 성장에 그쳤고, 2020년 팬데믹 경제위기로 -0.7퍼센트 역성장했다. 2023년 경제성장률은 이렇게 4번의 경제위기 다음으로 안 좋은 수치다. 1.6퍼센트 경제성장률은 경제위기로 정의하기에는 부족함이 있지만, 한국의 잠재성장률 2퍼센트를 크게 밑도는 경기침체 국면으로 보기에 부족해 보이지 않는다.

2023년 한국 경제를 구성하는 부문별로 살펴보면 상황은 더욱 심각하다. 정부는 2023년 설비투자와 건설투자가 각각 -2.8퍼센트, -0.4퍼센트로 감소할 것으로 전망했다. 내부사정이 이렇다 하더라도 대외거래가 버텨주면 된다고 생각할 수 있다. 그런데 정부는 수출(통관기준)이 -4.5퍼센트로 감소할 것으로 전망했다. 교역탄성치가 감소하기 때문이다. 통상적으로 세계 경기가 호황일 때는 세계 교역이 더 많이 증가하고, 경기침체가 진행되는 과정에서는 더 많이 침체되는 경향이 있다. 산업재와 중간재 비중이 높고, 소비재 중에서는 내구재 비중이 절대적으로 높은 한국의 수출구조는 글로벌 경기침체 국면에 더 취약하다. 글로벌 경기침체 국면에서는 주요국의 내구재 수요나 설비투자가 축소되기 때문이다.

기업들을 만나고, 경영 의사결정자들의 고민을 들어보면 상황은 더욱 심각하다. 시장금리가 올라 신사업을 할 수 없다며 고충을 토로한다. 시장금리는 곧 사업 지속성을 판단하기 위한 기회비용인 셈이다. 시장금리가 3퍼센트를 넘으면 기업은 자금을 빌려 투자를 할 수 없고 신규채용은 불가능하다. 반도체 산업의 방향자 역할을 하는 미국의 마이크론이 인력을 10퍼센트 감축하고, 2년 동안 자본지출을 줄이기로 했다. 메타, 트위터와 같은 글로벌 IT기업뿐만 아니라, 대부분의 국내 기업도 사정은 마찬가지다.

'신성장 4.0 전략' 추진계획

정부는 '신성장 4.0 전략' 추진계획을 발표했다. 국가 재도약을 위한 전략마련이라는 관점에서 기업은 구체적인 계획들을 주지하고, 사업기회와 정책지원을 탐색해야 한다. 중점을 두는 3대 분야 15대 프로젝트를 주목할 필요가 있다. 첫째, 신기술 확보를 통해 미래 신성장동력을 확보하고자 하는 영역이다. 미래 모빌리티, 우주탐사, 양자기술, 미래의료, 에너지 신기술 분야에 중점을 둘 방침이다. 둘째, 신일상, 즉 Digital Everywhere를 구현하겠다는 계획이다. 내 삶 속의 디지털을 구현하고, 차세대 물류, 탄소중립도시, 스마트 농어업, 스마트 그리드를 육성할 계획이다. 셋째, 신시장을 선점하기 위해 초격차를 확보할 계획이다. 반도체와 디스플레이 등과 같은 전략산업의 초격차를 확보하고, 바이오와 관광, 콘텐츠 산업 육성을 지원하며, 해외건설과 방산, 원전 등의 글로벌 대형 프로젝트 수주를 추진할 것이다.

'신성장 4.0 전략'을 뒷받침하기 위한 인프라 정비 방안도 마련했다. 첫째, R&D 체계를 민간중심으로 전환할 계획이다. 민간이 R&D 수행기업을 발굴하고 선투자하면, 정부가 매칭 지원하는 방식으로 재편하는 것이다. 둘째, 대통령 주재의 인재양성 전략회의를 신설하고, 첨단 분야 인재양성 방안을 2023년 내에 마련할 것이다. 셋째, 범국가 수출지원체계를 운영하고, 국제협력 활동을 강화할 방침이다. 넷째, 혁신성장펀드를 조성해 정책금융 지원을 강화할 계획이다. 다섯째, 핵심규제 혁신을 추진할 계획이다.

● 신성장 4.0 전략 체계도

신성장 4.0 전략

❹ (신성장 4.0) 미래산업 중심 성장(2023~) : 국민소득 5만 불, 초일류국가 도약
❸ (성장 3.0) IT(정보기술) 중심 성장(2000년대 이후) : 국민소득 3만 불, 선진국 진입
❷ (성장 2.0) 제조업 중심 성장(1970~1990s) : 국민소득 1만 불, 중진국 진입
❶ (성장 1.0) 농장 중심 성장(1960s) : 국민소득 200불, 빈곤 극복

3대 분야 15대 프로젝트

	(신기술) 미래 분야 개척	(신일상) Digital Everywhere	(신시장)경쟁을 넘어 초격차 확보
도전 과제	미래 기술 선제 확보로 신성장동력 확충	디지털 기술혁신을 일상 속 변화로 연결	신산업 전략을 통해 전략분야 초격차, 신격차 창출
프로 젝트	• 미래형 모빌리티 • 독자적 우주탐사 • 양자 기술 • 미래의료 핵심기술 • 에너지 신기술	• 내 삶 속의 디지털 • 차세대 물류 • 탄소중립도시 • 스마트 농어업 • 스마트 그리드	• 전략산업 No.1 달성 • 바이오 혁신 • K-컬처 융합 관광 • 한국의 디즈니 육성 • 빅딜 수주 릴레이

인프라 정비

❶ R&D 체계 개편   ❷ 인재 양성   ❸ 글로벌 협력   ❹ 금융 지원   ❺ 규제 혁신

자료: 관계부처 협동

정책적 제언

신성장 4.0 전략이 차질 없이 추진되고, 나아가 재도약을 위한 발판이 될 수 있기를 바라는 면에서 제언을 아낄 수 없다. 첫째, 혁신성장펀드가 실패하면 안 된다. 모든 프로젝트가 제대로 운영되기 위해서는 금융지원이 건재해야 한다. 2023년의 시중금리를 고려하면 민간자금이 조성되기 쉽지 않은 환경임을 직시하고, 어떻게 자금을 유인할 것인지 구체적인 방안을 마련해야 한다. 둘째, 인재양성 전략은 민간수요 기반이어야 한다. 그동안의 인재양성 프로그램들이 '교육' 그 자체를 위한 경향이 강했고, 기업으로부터의 실질적 수요와 거리가 멀었음을 인정할 필요가 있다. 셋째, R&D와 신사업 투자를 모두 민간주도로 진행한다면 규제혁신의 주체도 민간이 될 필요가 있다. 민간이 요구하는 규제를 완화하는 것도 여전히 수동적이다. 어떤 규제완화가 필요한지 파악해 산업패러다임의 변화에 맞게 선제적으로 완화하는 보다 적극적인 대응이 필요할 것이다.

< 제11강 >

실업률

고용률과 실업률

우리나라 실업률이 얼마나 될까요?

주변에서 '일자리가 문제다. 청년 실업이 문제다'라는 이야기를 많이 합니다. 그런데 실업률이 얼마나 되느냐고 물으면 제대로 대답하지 못합니다. 보통 20퍼센트나 30퍼센트라는 답변이 돌아와요. 역으로 고용률에 대한 질문을 던지면 대략 60퍼센트라고 답합니다. 그럼 실업률이 40퍼센트여야 맞는 것 아닌가요?

2020년 팬데믹 경제위기 때 고용 절벽 현상이 나타났습니다. 2021~2022년 고용 지표가 개선되는 듯했으나, 2023년에는 경기침체가 본격화하면서 다시 악화될 것입니다.

○× 퀴즈입니다. 문장이 맞으면 ○, 틀리면 ×라고 답해주세요.

'고용률도 오르고 실업률도 오른다.'

많은 이들이 ×를 선택합니다. 그러나 정답은 ○입니다. 이런 일이
가능할까요? 상식적으로는 일단 불가능하다고 생각할 겁니다. 듣기에
불편하겠지만, '고용에 대한 상식'이 아직 채워지지 않았기 때문입니다.
지금부터 고용에 관한 모든 것을 정리해봅시다.

● 고용률 추이

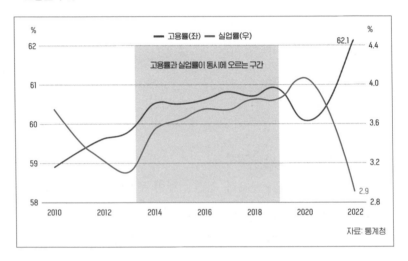

2013~2019년까지 고용률이 어떻습니까? 오르고 있지요. 그런데
같은 기간 실업률도 함께 오르고 있죠? 고용률과 실업률이 함께 오르다
니, 이게 어떻게 된 일일까요?

고용의 큰 그림을
이해하자

생산가능인구부터 살펴봅시다. 정의는 간단합니다. 만 15세 이상이면 예외 없이 생산가능인구로 봅니다. 생산가능인구는 크게 두 갈래로 나눌 수 있습니다. 경제활동인구와 비경제활동인구입니다.

경제활동인구는 취업자와 실업자로 나뉩니다.

비경제활동인구는 여러 유형으로 쪼개지는데 대표적인 분류로 주부, 학생이 있습니다. 그리고 '쉬었음' 인구, 취업준비자, 구직단념자, 취업무관심자가 있어요. 여기서 '쉬었음' 인구는 뚜렷한 이유 없이 구직활동을 하지 않은 사람들을 의미하는 통계청 공식 용어입니다.

취업자는 크게 임금근로자와 비임금근로자로 구분하고, 비임금근로자를 자영업자라고 부릅니다. 자영업자를 영어로 'Self-employment'라고 표현합니다. 스스로 취업한 사람이지요. 다시 말해, 남에게 봉급을 받는 것이 아니라 자신에게 봉급을 주는 사람입니다.

비임금근로자는 세 가지로 구분하는데요. 고용주, 자영자, 무급가족종사자입니다. 가령 남편이 하는 치킨집의 일을 돕는 부인은 무급가족종사자에 해당합니다. 그렇다면 이 사람을 취업자로 봐야 할까요, 실업자로 봐야 할까요? 이 경우에는 취업자로 보고 있습니다. OECD 기준으로 무급가족종사자 역시 자영업자에 포함시킵니다. 우리나라 자영업자 비중이 높다는 이야기가 나오는데요. 25퍼센트 정도입니다. 여기에는 무급가족종사자가 포함됩니다.

● 고용시장의 구조

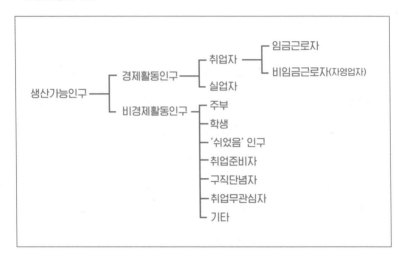

　　자영업자 중 직원을 1명이라도 데리고 일하면 고용주로 분류합니다. 하지만 말 그대로 '나 혼자 일한다'면 자영업자예요. 고용주와 자영업자는 고용원이 있는 사람과 없는 사람으로 구별됩니다.

　　임금근로자는 '봉급생활자'를 가리키는데, 종사상 지위에 따라 상용 근로자, 임시 근로자, 일용 근로자로 구분됩니다.

고용률과 실업률이
둘 다 오르는 이유

이 정도면 고용의 큰 그림을 웬만큼 그려본 것 같네요. 복잡하게 다양한 정의를 나열했지만, 앞서 제시한 '고용시장의 구조'를 머릿속에 떠올리면서 살펴보면 도움이 될 것입니다.

우리나라의 전체 인구가 5,000만 명이라면 그중 4,400만 명이 생산가능인구입니다. 생산가능인구가 만 15세 이상이라 했으니까 만 15세 미만은 약 600만 명이겠죠.

15세 이상 인구 중 경제활동인구는 약 2,800만 명입니다. 그럼 남은 1,600만 명이 비경제활동인구가 되겠죠. 경제활동인구 중에서 취업자는 약 2,700만 명, 실업자는 약 112만 명입니다.

● **고용률의 계산**

$$고용률(\%) = \frac{취업자}{생산가능인구} \times 100$$

여기서 중요한 것은 고용률과 실업률을 계산하는 방식입니다. 고용률의 분모에는 생산가능인구, 즉 15세 이상 인구가 들어갑니다. 그리고 분자에는 취업자가 들어가지요. 실업률의 분모에는 생산가능인구가 아니라 경제활동인구가 들어갑니다. 그리고 분자에는 실업자가 들어갑니다.

● **실업률의 계산**

$$실업률(\%) = \frac{실업자}{경제활동인구} \times 100$$

고용률과 실업률이 둘 다 오를 수 있는 근본적인 이유 중 하나는 분모가 다르기 때문입니다. 취업자와 실업자를 정의해볼까요? 우리나라 통계청은 매월 15일이 포함되어 있는 주간에 약 3,000가구를 방문해 만 15세 이상을 직접 조사하면서 이렇게 묻습니다.

"당신은 일주일 동안 생계 또는 수입을 위해서 1시간이라도 일했습니까?"

"네"라고 대답한 사람은 취업자로 분류됩니다. 쉽게 말해 일주일에 1시간이라도 수입을 목적으로 일했다면 취업자인 겁니다.

취업자가 되는 건 굉장히 쉬워요. 하지만 실업자가 되는 건 굉장히 어렵습니다. 일단 실업자가 되려면 통계청에서 조사를 하는 일주일 동안 적극적으로 취업준비를 하고 있어야만 해요. 회사에 구직 전화를 한다든가 이력서를 냈다든가 해야만 실업자가 됩니다. 더욱이 일자리가 주어지면 즉시 일할 능력과 여건이 되어야 합니다. 그래야만 실업자예요.

실업자는 ① 현재 일을 하지 않는 상태이고, ② 일이 주어지면 일을 할 수 있고, ③ 지난 4주간 적극적인 구직활동을 한 사람입니다. ①, ② 번에는 부합하지만 지난 4주간 구직활동을 하지 않아 실업자 조건에 부합하지 않는 사람이 상당합니다. 이들은 비경제활동인구에 속하게 됩니다.

이제 실업자 되기 어렵다는 말, 충분히 이해되지 않나요? 많은 사람이 실업률을 20~30퍼센트로 생각하는 이유는 방금 이야기한 사람들을 실업자의 범주에 넣기 때문입니다. 이때는 실업률보다는 체감실업률이라는 용어가 더욱 적합합니다.

통계상 실업률과
체감실업률이 차이 나는 이유

체감실업률을 계산할 때는 분자에 취업준비자, 구직단념자, 취업무관
심자까지 넣습니다. 그래서 체감실업률과 실제 실업률에 차이가 있는
겁니다.

● **체감실업률의 계산**

$$체감실업률(\%) = \frac{실업자 + 취업준비자 + 구직단념자 + 취업무관심자\cdots}{경제활동인구}$$

통계청에서 정의하는 실업자의 범주에 들어가기는 매우 어렵습니
다. 예를 들어 구직을 단념했다면 실업자가 아닙니다. 취업에 무관심한
사람이나 취업준비자도 포함되지 않습니다.

취업준비와 관련된 활동이 아닌 고시 공부나 토익 공부를 하고 있
는 취업준비자, 특히 학생이라면 비경제활동인구로 분류되어 실업률에
포함되지 않습니다. 만약 대학교를 졸업한 청년이 계속 취업이 안 되어
아르바이트를 시작했다면 '취업자'가 됩니다. 체감적으로는 실업자이
지만, 정의상 취업자입니다. 체감실업자에 해당하는 수많은 사람이 비

경제활동인구나 취업자에 속한다는 거죠.

다시 한 번 생각해봅시다. 고용률이 오르는데 실업률도 오른다는 게 가능한가요? 지금까지 살펴봤듯이, 취업자와 실업자가 각각 느는 겁니다. 비경제활동인구가 취업자 또는 실업자로 전환되면서, 고용률과 실업률이 둘 다 상승할 수 있습니다. 실업률은 분모에 해당하는 경제활동인구가 줄어들어도 상승합니다. 고용률과 실업률의 분모가 경제활동인구로 같다면, 같이 상승할 수도 없고 합해서 100이 되겠지요. 분모가 다르기 때문에 같이 오르기도 하고 같이 떨어지기도 하는 겁니다.

취업자가 늘어나면 경제활동인구가 줄어들 수도 있어요. 취업자나 실업자 중 일부, 특히 취업자가 비경제활동인구가 될 수 있거든요. 그러면 경제활동인구가 줄고 실업률이 올라갈 수 있습니다. 취업자도 늘고 실업자도 같이 늘 수 있어요.

정리하자면, 고용률과 실업률이 같이 늘어날 수 있는데 그 이유는 '분모가 다르기 때문'이라는 겁니다. '실업률+고용률=100'이라고 생각하는 경향이 있는데 사실 그게 아니라는 거죠.

$$실업률 + 고용률 \neq 100$$

2022년 실업률은 2.9퍼센트, 고용률은 62.1퍼센트였어요. 두 수치를 아무리 더해도 100이 될 수 없습니다.

간단한 정리로 고용을 보는 눈이 좀 뜨였으리라 생각합니다. 체감실업률과 실업률의 차이, 그리고 취업을 준비하는 청년은 실업자가 아니라 비경제활동인구로 분류된다는 사실이 이해가 됐지요? 이렇게 보면 고용시장이 크게 그려질 겁니다. 생산가능인구 안에는 경제활동인구뿐 아니라 비경제활동인구가 있고, 취업자가 비경제활동인구가 되고 비경제활동인구가 실업자가 되는 등 이 과정에서 수치가 달라질 수 있다는 거죠.

청년 실업률도 잠깐 정리해볼까요? 청년 실업률도 오르고, 청년 고용률도 오릅니다. 2013년부터 고용률 70퍼센트 달성이라는 목표하에 열심히 일자리를 만들었습니다. 여기에서 만들어진 일자리는 투자에 기반을 둔 양질의 일자리가 아니라 일과 학습병행제, 시간선택제, 청년 인턴제 등 대부분 질 낮은 일자리였습니다.

어쨌든, 단기적으로는 취업자가 늘어납니다. 당장 청년인턴으로 고용하니 고용률이 높아집니다. 단기적으로는 취업자가 되지만, 반드시 이 중 상당한 인원이 다시 실업자가 돼요. 고용을 경험하지 않았다면 계속해서 비경제활동인구에 머물렀을 사람들이 취업자가 됐다가 일자리를 잃으면서 실업자가 되는 거죠.

그래서 고용률이 오르고 실업률도 같이 오르는, 두 가지 수치가 모두 치솟는 현상이 발생한 것입니다.

고용 없는 회복

모든 것이 제자리로 돌아가고 있다. 상처를 입었던 자리에 새살이 돋아나듯, 혼란스러웠던 경제도 제자리를 찾아가는 느낌이다. 손님들로 북적북적한 백화점의 풍경도, 운동경기장을 가득 메운 관중들의 응원 소리도, 공원을 뛰노는 아이들의 표정도 코로나19의 경제충격으로부터 돌아온 모습이다. 모든 것이 제자리로 돌아가고 있는데, 고용은 그렇지 못하다. 그 현상과 문제의 본질을 살펴보고 대응책을 모색해야 할 시점이다.

강한 경기회복의 진전

경제의 3대 주체들이 바삐 움직이고 있다. 가계의 소비도 회복되고, 기업의 투자도 상당 수준 진척되고, 정부의 공적 사업도 활발하다. 주요 거시경제 지표인 수출, 투자, 소비가 코로나19 이전 수준으로 돌아가고 있다. 피해가 집중되었던 대면서비스업 경기도 점진적으로 회복되고 있다. 특히, 코로나19의 직격탄을 맞고 바닥을 찍었던 항공, 여행, 면세점 업도 백신 보급과 함께 반등하고 있다.

경기종합지수가 코로나19 이전 수준으로 뚜렷하게 돌아왔다. 경기종합지수는 "국민경제 전체의 경기동향을 쉽게 파악하고 예측하기 위해 주요 경제지표의 움직임을 가공, 종합하여 지수형태로 나타낸 것"으로 정의된다. 즉, 숫자 하나로 경제상황을 보여주는 지표다. 선행지수 순환변동치는 2021년 6월

● **경기종합지수 추이**

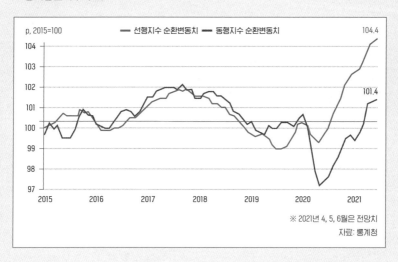

104.4로 상당히 강한 회복세가 진전되고 있다. 이는 2002년 104를 기록한 이후 가장 높은 수준이다. 동행지수 순환변동치도 2021년 6월 101.4를 기록해, 경기가 확장국면임을 보여준다.

제자리를 못 찾는 고용

고용은 제자리를 못 찾고 있다. 2020년 2분기 대혼란이 시작되면서, 수출계약이 줄줄이 파기되고, 공장도 항공, 해운 운항도 모두 멈춰 섰다. 임시, 일용근로자들을 중심으로 대규모 해고가 시작됐고, 자영업자들은 버티지 못해 폐업을 단행했다. 2020년 2분기 약 41만 명의 취업자가 감소했고, 2021년 1분기

● **고용 동향**

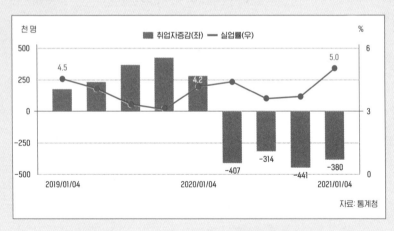

자료: 통계청

에도 약 38만 명 감소해 취업자 감소폭이 줄어들지 않고 있다. 2021년 1분기 실업률이 5퍼센트로 2019년과 2020년 1분기와 비교했을 때 월등히 높은 수준을 유지하고 있다(고용 지표는 계절성을 감안해 직전분기와 비교하지 않는다. 전년동기와 비교해 개선 여부를 판단한다).

왜 고용은 제자리를 찾지 못하고 있을까? "원래 그렇다." 무책임한 답변 같지만, 가장 원론적인 답변이기도 하다. 고용은 경기 후행적인 변수이기 때문에, 위기 이후 상당한 시간을 두고 회복되는 경향이 있다. 1997년 외환위기 당시에도 고용이 회복되는데 약 31개월 걸렸고, 2008년 금융위기 때는 약 16

● **위기별 경기, 고용 경로**

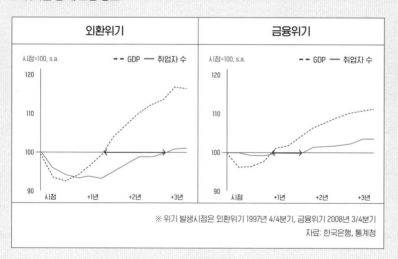

※ 위기 발생시점은 외환위기 1997년 4/4분기, 금융위기 2008년 3/4분기

자료: 한국은행, 통계청

개월 소요됐다. 고용주로서는 언제 경기가 다시 악화할지 모르는 불확실성을 떠안고 채용을 할 수도 없고, 그동안 악화되었던 경영실적을 인건비를 절약해서라도 상쇄하고자 할 것이다. 실무적으로도 공고, 모집, 선발 등의 채용절차가 있기 때문에 경기와 고용이 동행할 수는 없다.

고용의 이중구조화

그렇다고 안심할 수는 없다. 그동안의 위기와는 달리, 고용이 영구적으로 제자리에 돌아오지 못할 수 있다. 즉 경제충격은 일시적이지만, 일자리는 영구적으로 변화할 수 있다. 경제충격과 함께 비대면화, 디지털화, 자동화라는 산업의 구조적 변화가 맞물렸기 때문이다. 경제충격은 대규모 해고를 이끌었지만, 경제회복은 채용이 아닌 디지털 기반 투자를 이끄는 것이다.

비대면이 새로운 표준이 되고, 디지털이 일상화되었다. 금융사들은 영업지점을 축소하고, 비대면 금융 서비스 투자를 확대하고 있다. 제조사들은 제품을 생산해 판매하는 과거의 방식에서 벗어나 플랫폼을 활용해 구독서비스를 제공하는 방향으로 전환하고 있고, 생산공정마저 자동화에 많은 투자를 하고 있다. 유통사들은 온라인쇼핑과 라이브쇼핑으로 비즈니스 모델을 고도화하는 데 집중하고 있다. 오프라인 매장을 운영하는 프랜차이즈나 자영업체에도 해고한 일자리가 이미 키오스크로 대체되었다. 변화한 산업환경에서는 경제가 회복되어도 해고된 인력이 다시 설 자리가 없다.

좀 더 구체적으로 예를 들어보자. 과거의 기업교육은 50명, 100명 단위로 이루어졌지만, 비대면 교육은 500명, 1,000명 단위로 이루어진다. 심지어 녹화된 강의 영상을 송출하는 방식은 인원에 제약마저 없다. 한 은행의 전국 지점장 대상의 특강을 나선 적이 있다. 예전 같으면 한자리에 대면으로 모였겠지만, 대상자들은 전국에 흩어져 각자의 자리에서 강의를 들었다.

비용 효율성이라는 잣대로 생각해볼 때, 코로나19가 종식될지라도 비대면 교육은 예전으로 돌아가지 않을 것이다. 더구나 기업들은 코로나19가 장기화하면서 비대면 교육 인프라에 적극적으로 투자해왔고, 그동안 임직원들은 달라진 환경에 익숙해졌다. 비대면 교육 환경하에서 어떻게 효율적으로 콘텐츠를 기획하고 실감 나는 교육서비스를 전달할지 고민할 뿐이지, 대면교육으로 다시 돌아갈지 고민하지 않는다. 대면교육이 더욱 효율적인 경우를 제외한다면, 전면적으로 돌아가긴 어렵지 않을까?

이러한 현상은 고용의 이중구조를 심화시킨다. 첨단산업 위주로 사업재편이 이루어지고, 디지털 전환이 이루어짐에 따라 더 많은 고급인력이 필요하다. 하이패스가 보급되면서 요금 수신원의 일자리는 줄어들지만, 하이패스 제조 및 인프라 산업의 인력들은 늘어날 수밖에 없다. 챗봇이 확산하면서 전화 상담사 일자리가 줄어들지만, 챗봇 소프트웨어 및 개발 인력은 더 많이 필요하다. 고급 숙련 일자리는 늘어나고, 중숙련, 중위임금 일자리는 소멸하고 있다. 제조업의 공장 노동자나 서비스업의 요금 수신원, 소위 '운영 일자리(Operational Job)'가 급감하는 추세다. 실제 유수 기업들의 채용공고를 보면 온통 인공지능, 빅데이터 경력직뿐이다.

인력도 부족하고, 일자리도 부족하다?

노동의 수요자 측뿐 아니라, 공급자 측에서도 구조적인 변화가 일고 있다. 청년들은 '폼 나는 직장' 아니면 차라리 '알바'를 선택한다. 즉, 중숙련, 중위임금 일자리가 줄어든다고 하지만, 중숙련, 중위임금 일자리를 찾는 청년도 없다. 닭이 먼저인지, 달걀이 먼저인지 알 수가 없다. 프리터족(Free Arbeiter), 즉 특정한 직업 없이 갖가지 아르바이트로 생활하는 젊은 층이 늘고 있다. 대기업의 안정적인 직장이 아니라면, 적당히 일하고 삶을 즐기는 방법을 선택한 것이다. 심지어 실업급여제도를 활용해, '힘들게 일해 얼마 버느니, 실업급여나 받으며 일 안 한다'는 생각마저 확산하고 있다. 효용을 극대화하는 삶의 방식이요, 개인의 선택일 수 있다.

이마저도 다행인가? 그러나 니트족(NEET, Not in Education, Employment or Training)이 늘어나는 현상은 문제다. 니트족은 정규교육을 받지도 않고, 노동시장에서도 제외되어 있으며, 취업을 위한 직업훈련에도 참여하지 않는 청년층을 의미한다. 현대경제연구원에 재직 시 발표했던 보고서 〈김광석(2015),

청년 니트족 특징과 시사점〉을 통해, "고용대책의 핵심은 청년이고, 청년고용의 핵심은 니트족이다"라고 강조한 바 있다. 수년이 지난 지금도 이 생각은 변한 바 없다. 주식 투자로 돈 벌었다는 몇몇 사례들에만 솔깃해 자기계발과 취업 준비는 뒤로하고 '한탕주의' 기회만 바라고 있다. 도대체 '나에 대한 투자'는 어디에 두었는가? 미래를 그리고 꿈을 좇는 청년들의 모습은 어디서 찾을 수 있는가?

중소기업들은 심각한 인력난에 처해 있다. 코로나19와 관련 없이 고질적인 문제다. 기업의 규모가 커질수록 인력 부족률이 하락하는 경향성이 뚜렷하

● **기업 규모별 부족인력 및 부족률**

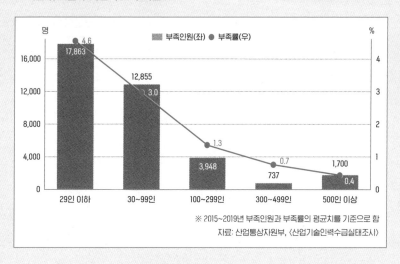

※ 2015~2019년 부족인원과 부족률의 평균치를 기준으로 함
자료: 산업통상자원부, 〈산업기술인력수급실태조사〉

다. 2015~2019년의 평균 인력 부족률은 29인 이하가 4.6퍼센트, 500인 이상이 0.4퍼센트로 현격한 차이가 난다. 통계상으로는 확인할 수 없지만 5인 이하 사업체는 얼마나 인력 부족이 심각할지 가늠이 될 정도다. '일자리'가 부족한 것이 아니라, '청년들이 원하는 일자리'가 부족한 것이다.

고용정책, 근본적인 제안

원치 않는 직장에 취업하라고 강요할 수는 없지만, 원하는 직장으로 만들어주는 것은 가능하다. 중소기업과 대기업 간 근로조건의 격차가 있다면, 정책은 이 격차를 축소하는 데 집중되어야 할 것이다. 중소기업들이 유연한 근무환경이나 높은 임금 및 복지조건을 제공할 수 있도록 정책적 보조가 강화된다면, 청년층의 선호를 이끌 수 있지 않을까? 네임 벨류의 한계를 극복하긴 어렵겠지만 중소기업들의 부족한 부분이 상쇄되고, 오히려 청년층이 원하는 근무환경이 마련될 수 있을 것이다.

　고용 안전망 확대도 마찬가지다. 실업급여 등과 같은 안전망 강화에도 조심스럽게 접근해야 한다. 고용 안전망이 오히려 실업을 장려하는 것은 아닐지 고찰해봐야 한다. 실업이 아니라 근로를 장려하는 제도가 필요하다. '일 안 하고는 못 버티는' 베이비붐 세대에게는 고용 안전망이 실업을 촉진하지 않겠지만, '일하고는 못 버티는' 밀레니얼 세대에게는 오히려 실업을 즐기게 할 수 있다. 실업자와 비경제활동인구를 양산하기보다 견실한 취업자를 유도하고, 취업 준비나 역량개발 등을 독려하는 고용제도가 필요하다.

산업 패러다임이 전환하듯, 인력 패러다임도 전환되어야 한다. 초점은 일자리의 규모가 아니라 구조다. 일자리의 규모가 줄어드는 것보다, 일자리의 구조가 바뀌는 것이 더 중요하다. 산업의 비대면화, 디지털화, 자동화는 '운영 일자리'를 소멸시키지만, 기술 및 경영 혁신을 위한 일자리는 더 많이 요구된다. 스마트폰을 손에 들고 생각해보자. 제품의 총 부가가치에서 노동(인건비)이 차지하는 비중이 얼마나 될까? 기술의 비중은 또 얼마나 될까? 지금까지의 교육제도와 인재육성 프로그램들이 운영 일자리를 양산하는 데만 머물러 있지 않은지 고찰해보고, 미래에 요구되는 역량들을 함양할 수 있도록 청년들에게 안내해주어야 하겠다.

<　제12강　>

인구

세계에서 가장 빠르게
늙어가는 나라, 한국

우리나라가 고령사회에 진입했다고들 이야기합니다. 고령화사회니 고령사회니 초고령사회니 하고 논의가 뜨거워요. "이미 고령사회 아니에요?" 하고 묻는 사람도 많습니다.

    인구구조적으로 고령사회 진입은 중요한 의미가 있습니다. 우리나라의 고령화 속도가 꽤 빠르다고 하는데 정말 그런지, 얼마나 빠른지, 그렇게 된 배경은 무엇인지, 고령사회에서 비즈니스상 어떤 기회를 모색할 수 있는지 살펴봅시다.

    인구구조 변화부터 볼까요?

● 인구구조 변화

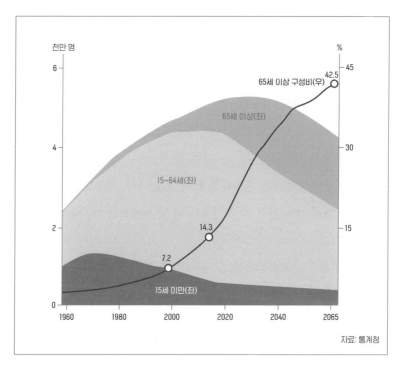

천만 명   %

자료: 통계청

2001년에 고령화사회 진입

우선 우리나라 인구를 크게 쪼개볼게요.

인구는 15세 미만, 15~64세, 65세 이상 세 가지로 구분할 수 있습니다. 모두 만 나이 기준입니다. 앞서 봤듯이, 이 중 15~64세를 생산가능인구라고 합니다.

15세 미만은 생산가능인구에 들어가지 않는 계층이죠. 생산가능인구에 65세 이상을 넣기도 합니다만, 일반적으로는 15세에서 64세 사이에 속한 인구를 가리킵니다.

만 65세 이상이면 고령자라고 할 수 있습니다. 고령화 속도란 전체 인구에서 65세 이상 인구, 즉 고령 인구가 몇 퍼센트를 차지하는지 보여주는 거예요.

UN 기준으로 고령화사회, 고령사회, 초고령사회를 나눠볼 수 있습니다. 고령화사회는 영어로 'Aging Society'라고 합니다. '나이 들어가고 있는 사회'라는 느낌이고요. 고령사회는 'Aged Society', 즉 '이미 나이 든 사회'라는 뜻이에요. 그리고 초고령사회는 한마디로 '매우 나이 든 사회'라고 보면 됩니다. 고령 인구 비중이 7퍼센트면 고령화사회, 14퍼센트 이상이면 고령사회, 20퍼센트 이상이면 초고령사회로 분류할 수 있어요.

● 고령화 과정에 따른 사회의 분류

구분	만 65세 이상 인구의 비중
고령화사회	7% 이상
고령사회	14% 이상
초고령사회	20% 이상

초고령사회로 빠르게 이동 중

우리나라는 2018년에 고령화사회에서 고령사회로 진입했으며 이를 정부에서도 매우 중요하게 다루고 있습니다. 기업 역시 대응에 고심합니다. 이렇게 인구구조적인 변화가 있는 시점에는 항상 대응책을 마련해야 해요.

우리나라는 2000년에 7.2퍼센트로 고령화사회에 진입했어요. 그리고 불과 약 8년 만에 14.3퍼센트로 고령사회에 진입했죠. 미국은 진작에 고령화사회를 경험했고, 일본은 더 이릅니다. 독일도 마찬가지고요.

주목할 것은 고령화사회에서 고령사회로 진입하는 속도, 즉 도달 기간입니다. 고령사회 진입 기간, 초고령사회 진입 기간이 비교도 안 되게 빨라요. 우리나라는 18년 만에 고령사회에 진입했는데 미국은 73년, 일본은 24년, 독일은 40년이 걸렸어요. 우리나라의 진입 속도가 매우 빠르다는 거죠.

● **고령화 과정에 따른 사회의 분류**

구분		한국	미국	일본	독일
도달연도	고령화사회	2000	1942	1970	1932
	고령사회	2018	2015	1994	1972
	초고령사회	2025	2036	2006	2009
도달연수	고령사회	18	73	73	40
	초고령사회	8	21	12	37

현재 인구 추계상 우리나라는 초고령사회를 목전에 두고 있습니다. 2025년에 초고령사회에 진입할 것으로 전망합니다. 고령사회에서 초고령사회로 진입한 기간이 7년이에요. 다른 나라를 다시 살펴보면 미국이 21년, 일본이 12년, 독일이 37년이었습니다. 달리 말하면 고령사회 진입에 대한 준비가 어떤 나라보다도 시급한 상황이라고 볼 수 있습니다.

여기서 꼭 짚고 넘어가야 하는 것이 고령사회의 명과 암입니다. 가장 어두운 측면으로는 노인 빈곤율(Elderly Poverty Rate)을 꼽을 수 있습니다. 고령자들의 빈곤 수준이 굉장히 높다는 거죠.

OECD에 가입된 나라의 노인 빈곤율을 보면 우리나라가 압도적으로 높아요. 이스라엘을 비롯해 다른 나라들과 비교해보면, 특히 2~3위 국과 비교해봐도 엄청난 차이를 보입니다. OECD 평균치와 비교해봐도 빈곤율이 매우 높습니다. 이게 바로 정책적으로 어떤 준비를 해야 하는지 알 수 있게 해주는 부분입니다.

실제 우리나라는 17세 이하나 18~65세 구간에서는 OECD 평균보다 오히려 빈곤율이 낮아요. 하지만 66세로 진입하는 순간 빈곤율이 갑자기 높아져요. 결국 66세 이전에는 안정적인 소득에 기초해 자기 삶을 영위해나갈 수 있지만 은퇴 후 '노인'으로 진입하는 순간 소득절벽을 경험하게 된다는 것입니다. 우리나라 노인의 빈곤 수준에 대해 고민해야 할 게 많다는 의미입니다.

노인들이 삶을 정상적으로 영위할 수 있도록 기초노령연금을 비롯하여 공적 이전지출을 통한 다양한 복지 혜택을 깊이 고민해야 하는 시점입니다.

고령사회는
기회다

고령사회 진입에 따른 어두운 단면을 살펴봤으니, 이번에는 고령사회에서 붙잡을 수 있는 기회에 대해 알아보겠습니다. 어떻게 기회가 될 수 있겠느냐고 생각하는 사람도 많을 것 같네요.

정책 의사결정자, 학계 전문가, 국회의원 등 여러 계층에서 이 분야에 매우 큰 관심을 갖고 있습니다. 어쨌든 고령사회에 진입했으니 고령화 속도를 늦추든가, 고령사회에서 맞닥뜨리게 될 문제들을 해결하든가, 아니면 나름의 기회로 포착해서 잘 대응해야 할 것입니다.

● **기존 시니어 vs. 액티브 시니어**

구분	기존 시니어	액티브 시니어
세대 특성	수동적, 보수적, 동질적	적극적, 다양함, 미래지향적
경제력	의존적이며 경제력 보유자가 적음	독립적이며 경제력 보유자가 많음
노년의식	인생의 황혼기	새로운 인생의 시작
가치관	본인을 노년층으로 인식	실제 나이보다 5~10년 젊다고 생각
소비관	검소함	합리적인 소비 생활
취미 활동	취미 없음, 동일 세대 간 교류	다양한 취미, 다양한 세대와 교류
레저관	일 중심, 여가 활용에 미숙	여가에 가치를 두며 생활
여행	단체여행 신호, 효도여행 중심	여유 있는 부부여행, 자유여행
노후 준비	자녀 세대에게 의존	스스로 노후 준비
보유자산	자녀에게 상속	자신의 노후를 위해 사용

그러기 위해 우선 이 전제로 시작합니다.

'이전의 시니어와 지금의 시니어는 다르다.'

최근 들어 시니어라는 표현을 쓰지만, 전에는 '노인'이라고 했어요. 지금부터 저는 시니어, 특히 '액티브 시니어(Active Senior)'라는 표현을 쓰겠습니다. 기존 고령자와 앞으로 10년 후의 고령자는 다르기 때문입니다. 기존 고령자는 일반적으로 매우 수동적이고 보수적이었습니다. 경제력이 없고 의존적이기도 했어요. 노후 준비를 한 적이 없기 때문입니다. 인생의 황혼기, 노년에 대한 인식이 매우 낮았어요.

가장 재미있는 것 중 하나는 소비관이 매우 검소했다는 겁니다. 본인을 노년층으로 인식했으며, 취미 활동 같은 건 없었습니다. 그냥 동일 세대끼리만 교류하고, 일 중심이어서 여가 활동에 미숙했어요. 여행이라고 해봐야 단체여행이나 효도여행이 전부고요. 노후 대비가 되어 있지 않아 자녀에게 의존하고, 주로 손주들을 돌보는 데 많은 시간을 썼습니다.

이처럼 기존의 고령자는 소비 여력이 불충분했고, 그래서 여가나 자기 삶을 가꾸고 즐기는 데는 크게 관심이 없었다고 볼 수 있습니다.

하지만 앞으로는 베이비붐 세대가 고령자의 주축이 됩니다. 베이비붐 세대가 고령 세대로 진입하는 순간, 다른 시니어의 세계가 펼쳐질 겁니다. 이들은 이전 고령자와 달리 매우 적극적이고, 미래지향적이에요. 그리고 '나는 100세까지 산다'라고 생각하고 있죠. 경제력이 충분하고 노년이 인생의 끝이 아닌 새로운 시작이라고 생각해요. 그래서 자신이 나이보다 젊다고 생각하죠. 소비도 열심히 즐깁니다. 물론 합리적인 소비를 하죠. 다양한 취미도 즐깁니다.

다양한 세대와 교류하고, 여가에 상당한 가치를 둬요. 여유 있는 부부여행이나 자유여행도 선호하고요. 더 중요한 것은 자녀에게 의존하지 않고 스스로 노후 준비를 한다는 겁니다. 자신의 노후를 위해 보유자산을 사용합니다. 자산을 자녀 세대에게 물려주는 것이 아니라 자신의 삶을 멋지게 가꾸는 데 사용하죠.

이렇게 기존의 시니어와 미래의 액티브 시니어는 다른 세대라고 말할 수 있습니다. 간단히 말해 이전의 고령자는 스마트폰을 사용하지 못했지만, 앞으로의 고령자는 디지털에 익숙한 세대가 될 겁니다.

고령사회에서는 이 계층을 주된 소비자 타깃으로 삼아야 합니다. 기업들은 이 세대를 주된 소비층으로 인식해야만 성장의 기회를 마련할 수 있어요.

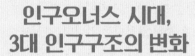

인구오너스 시대, 3대 인구구조의 변화

놓쳐서는 안 될 것을 놓치고 있다. 코로나19 사태, 러시아-우크라이나 전쟁, 인플레이션 등과 같은 당장 앞에 들이닥친 시급한 현안에 흔들리다, 장기적으로 고민해야 할 문제를 뒷전으로 미루고 있다. 인구구조 변화는 한국에 주어진 가장 중요한 과제다. 인구구조 변화를 이해하고, 어떤 중장기적 대응이 필요할지 고민해야 할 시점이다.

인구보너스 시대에서 인구오너스 시대로

인구감소는 이미 시작되었다. 2020년은 대한민국 현대사에서 인구가 감소하기 시작한 원년이다. 인구는 2020년 약 5,184만 명에서 2021년 약 5,174만 명, 2022년 약 5,163만 명으로 감소했다. 통계청은 이후에도 줄곧 인구가 감소해 2041년 5,000만 명 선을 밑돌 것으로 추계했다. 이마저도 2020년 기준 출생율이 유지된다고 전제할 경우다. 합계출생율은 이미 2020년 0.84명에서 2021년 0.81명, 2022년 0.78명으로 하락했다.

경제학에서 인구는 곧 노동력과 소비력을 뜻한다. 그동안 한국 경제는 인구가 증가하면서 자연스럽게 경제성장 효과를 누리는 인구보너스(Demographic Bonus) 시대였다. 생산연령인구가 증가하면서 자연스럽게 노동력이 생산 활동에 투입되고, 다시 소비 활동증가로 연결되는 시대였다. 2020년 이후 인구가 본격적으로 감소함에 따라 생산과 소비가 수축하는 경제에 들어섰고, 노동력 부족이나 인건비 상승과 같은 문제가 함께 수반되는 인구오너스(Demographic Onus) 시대로 전환되었다.

한국이 당면한 제1의 과제, '빠른' 고령화

한국이 세계 1등 하는 것이 몇 가지 있다. 그중 하나가 '고령화 속도'다. 즉, 한국은 세계에서 가장 빠른 속도로 고령화되고 있는 나라다. 한국은 2000년에 전체 인구에서 고령자가 차지하는 비중이 7.2퍼센트에 이르면서 고령화사회에 진입했고, 불과 약 8년 만인 2018년 이 비중이 14.3퍼센트를 기록하며 고령사회에 진입했다. 이제 2025년 초고령사회 진입을 목전에 두고 있다.

주목해야 할 점은 고령사회에서 초고령사회로 진입하는 데 걸리는 기간이다. 일본과 독일은 이 기간은 각각 12년, 37년 소요되었다. 미국은 약 21년 걸리는 것으로 추계된다. 한국은 불과 7년이다.

● **인구 추계 및 인구증감률**

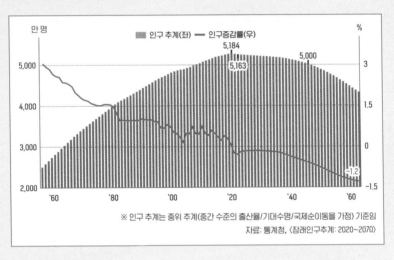

※ 인구 추계는 중위 추계(중간 수준의 출산율/기대수명/국제순이동을 가정) 기준임

자료: 통계청, 〈장래인구추계: 2020~2070〉

고령화가 너무 빠르게 진전되다 보니, 사회가 준비도 못 한 채 낯선 환경에 던져질 수 있다. 일할 사람은 줄어드는데, 부양해야 할 사람은 늘어나고 있다. 2023년에 당장 현안이 될 사안 하나가 국민연금 개혁 아닌가? 생산연령인구의 감소 자체보다도 상대적으로 많은 고령자를 부양해야 하는 부담마저 가중되는 현상이 한국 경제의 성장성을 크게 제약할 것으로 보인다. 국제기구나 국내 주요 기관들이 한국의 잠재성장률이 빠르게 하락할 것으로 판단하는 주

된 근거도 '빠른' 고령화에 있다.

1인가구가 표준이 되는 시대

'나 혼자 산다'가 대세가 된다. 인구가 줄어도 가구는 늘어난다. 1인가구가 매우 빠른 속도로 늘어나기 때문이다. 2000년 1인가구는 전체 가구에서 약 15.5 퍼센트에 불과했으나, 2020년 약 30.3퍼센트를 기록하고, 2030년 33.8퍼센트에 이를 것으로 전망된다. 2020년에도 1인가구가 다른 유형보다 절대적으로 많았고, 앞으로는 지배적인 가구 유형이 될 것이다. 1인가구가 가구의 새로운 표준, 즉 뉴노멀(New Normal)이 되는 것이다.

● 가구유형별 가구추계　　　　● 연령대별 1인가구 추계

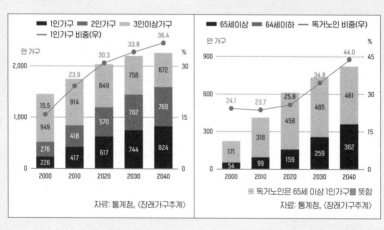

1인가구가 빠르게 늘어나는 주된 이유는 미혼, 이혼, 사별 등이다. 특히 국내 미혼의 싱글족이 2020년 약 365만 가구에서 2030년 약 454만 가구로 증가할 것으로 전망된다. 한편, 1인가구가 급증하는 현상의 가장 중요한 이유는 사별 등에 따른 독거노인이 급속히 늘어서다. 1인가구 중 65세 이상의 독거노인이 차지하는 비중은 2020년 25.8퍼센트에 달하지만, 2030년과 2040년 각각 34.8퍼센트, 44퍼센트를 기록하며 기하급수적 증가세를 보일 전망이다. 결국, 1인가구를 중심으로 가구구조가 변화하는 현상도 인구감소 및 저출생, 고령화와 맞닿아 있는 것이다.

막을 수 없다면 적응하라

첫째, 인구구조 변화의 속도를 조절하라. 변화가 정해진 미래라면, 경착륙이 아닌 연착륙이 필요하다. 급격한 변화에는 사회가 적응할 여력이 부족하기 때문에, 속도를 늦추어 적응할 수 있도록 해야 한다. 정부는 저출생, 고령화를 초래하는 원인을 다각적으로 확인하고, 원인 요소를 최소화하는 방향으로 인구 정책을 집중해야 한다.

둘째, 인구구조 변화를 막을 수 없다면 적응해야 한다. 노동력 부족, 노년 부양비 가중, 국민연금 고갈, 지방 소멸, 대학 구조조정 등과 같은 인구구조에 따른 산적한 문제들에 대한 대응책을 마련해야 한다. 지금까지 도입했던 그 어떤 정책들보다 더욱 적극적인 특단의 대책들을 모색해야만 한다. 문제는 인구구조 변화 그 자체가 아니라, 변화에 따른 사회, 경제적 충격에 있기 때문이다.

셋째, 변화에서 비즈니스 기회를 탐색하라. 기업들은 시니어를 대상으로 하는 시니어 비즈니스 전략을 마련하고, 시니어에 적합한 상품과 서비스를 제공하기 위한 에이징 테크(Aging Tech) 도입에 투자해야 한다. 한국보다 먼저 고령사회에 진입한 독일, 일본, 미국 등의 사례들을 확인하면서 시니어 비즈니스 기회를 탐색하는 것도 적절하겠다. 인구문제가 가장 중대한 사회문제로 부상하는 만큼 시니어 비즈니스적 접근이 곧 ESG 경영이 될 수 있음을 간과해서도 안 된다. 한편, 1인가구가 가구의 표준으로 부상한 만큼 '가구'라는 개념을 재정의해 기업의 상품 및 서비스를 맞춤화하는 전략도 필요하다.

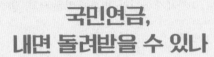

국민연금, 내면 돌려받을 수 있나

"국민이 대부분 가난하고 비참하게 사는데 그 나라가 부유하다고 말할 수 없다(No society can surely be flourishing and happy, of which the far greater part of the members are poor and miserable)."

경제학의 아버지, 애덤 스미스(Adam Smith)가 남긴 말이다.

국민이 가난해졌다. 미래에 받을 수 있는 노후 자금이 80조 원이 증발했기 때문이다. 약 900조 원의 기금을 운용하는 국민연금이 2022년 -8.22퍼센트의 수익률을 기록했다. 국민연금이 수급자에게 지급하는 금액이 2022년 기준 약 30조 원에 달하는 것을 고려하면, 2년치가 넘는 지급액이 사라진 셈이다.

국민연금, 손실액 분석

국민연금 기금운용본부가 1999년 출범한 이후 2008년과 2018년 두 번의 마이너스를 기록했고, 2022년 연간 수익률까지 세 번째 마이너스를 기록했다.

국내외 주식과 채권에 국민연금기금의 절대적인 비중인 82.8퍼센트를 운용하고 있는데, 국내주식과 해외주식 수익률이 각각 -25.47퍼센트, -9.52퍼센트다. 국내채권 수익률도 -7.53퍼센트에 달한다. 해외채권과 대체투자는 각각 6.01퍼센트, 16.24퍼센트로 양호하다. 결과론적이지만, 왜 해외채권과 대체투자 비중을 늘리는 방향으로 포트폴리오를 리밸런싱하지 않았는지 아쉬

● **국민연금기금 수익률 현황**

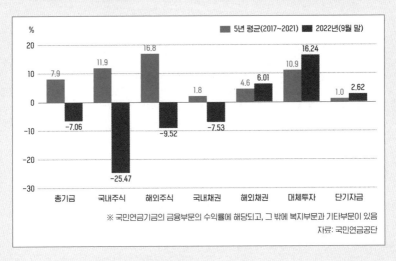

※ 국민연금기금의 금융부문의 수익률에 해당되고, 그 밖에 복지부문과 기타부문이 있음

자료: 국민연금공단

● 국민연금기금 부문별 운용비중

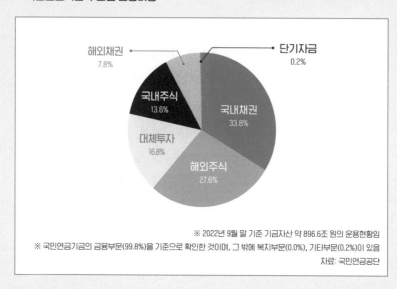

해외채권
7.8%

단기자금
0.2%

국내주식
13.6%

국내채권
33.8%

대체투자
16.8%

해외주식
27.6%

※ 2022년 9월 말 기준 기금자산 약 896.6조 원의 운용현황임
※ 국민연금기금의 금융부문(99.8%)을 기준으로 확인한 것이며, 그 밖에 복지부문(0.0%), 기타부문(0.2%)이 있음

자료: 국민연금공단

움이 든다. 2022년 한 해에는 국내외 주식 비중을 크게 줄이고, 원자재나 달러 투자로 전환했다면 손실을 최소화할 수 있었을 것이다.

한국의 국민연금뿐만 아니라, 세계적으로 연기금 운용수익률이 마이너 스를 기록했다. GPFG(노르웨이)가 -18.2퍼센트, ABP(네덜란드)가 -16.6퍼센 트, CPPIB(캐나다)가 -6.8퍼센트, CalPERS(미국)가 -15.9퍼센트, GPIF(일본) 가 -3.8퍼센트에 달한다. 2022년 러시아-우크라이나 전쟁이 발발하고, 인플 레이션 압력이 가중되었으며, 강도 높은 기준금리 인상이 진행되면서 글로벌 투자환경이 악화된 것은 사실이다. 그럼에도 마이너스 폭을 최소화하거나 플러스로 지키지 못했음을 지적할 수밖에 없다. '세계적으로 마이너스이니 한국도 어쩔 수 없다'는 표현은 변명에 불과하다. 시중금리가 상승함에 따라 개인투자자들이 주식 비중을 줄이고, 예·적금 비중을 늘리지 않았는가?

● **2022년 9월 말 기준 글로벌 연기금 운용수익률 비교**

연기금	국민연금 (한국)	GPFG (노르웨이)	ABP (네덜란드)	CPPIB (캐나다)	CalPERS (미국)	GPIF (일본)
운용수익률	−7.1%	−18.2%	−16.6%	−6.8%	−15.9%	−3.8%

※ GPFG는 통화바스켓 기준 수익률, 나머지는 해당국 통화 기준 수익률
※ 주요국 중앙은행이 고물가에 대응하기 위해 긴축에 속도를 낸 것과 달리 일본 중앙은행은 완화적인 통화정책을 고수,
이에 따라 일본 금융시장은 상대적인 강세를 보임과 동시에 엔화 약세에 따른 환차익으로 수익률 하락 폭이 제한.
3분기 말 기준 일본주식(TOPIX) −7.85%, 일본 국채 10년물 금리 +17.3bp, 엔/달러 환율 +25.77%
자료: 해외 각 연기금 홈페이지에 공개된 수익률 관련 자료를 인용해 추산한 수치

국민연금, 내면 돌려받을 수 있나

2022년 국민연기금 수익률 마이너스는 일시적일 수 있다. 그러나 '국민연금 고갈'이 한국 경제를 짓누르는 숙제라는 이 구조적 문제는 해소되지 않고 있다. MZ 세대의 경우, 월급에서 꼬박꼬박 빠져나가는 국민연금을 과연 자기 노후에 돌려받을 수 있을지 의문을 제기하고 있다. 만 15~64세 생산연령인구는 급격히 줄고, 만 65세 이상의 고령자는 급격히 늘고 있다. 즉 돈 낼 사람은 줄어들고, 받을 사람만 많아지는 구조다. 국회예산정책처는 국민연금이 2039년

적자로 돌아서고, 2055년이면 적립금마저 모두 소진될 것으로 전망했다.

● 국민연금기금 재정수지 및 적립금 전망(2020~2090년)

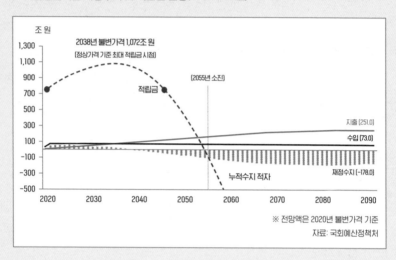

※ 전망액은 2020년 불변가격 기준
자료: 국회예산정책처

● NABO의 국민연금 2019년 및 2020년 전망 결과 비교

구분	최대 적립금		적자전환	적립금 소진
	시점	금액		
2019년 전망	2039년	1,430.9조 원	2040년	2054년
2020년 전망	2038년(-1년)	1,344.6조 원(-86.3조 원)	2039년(-1년)	2055년(+1년)

※ 경상가격 기준

국민연금 운용방식을 개선해야 한다. 단기적으로는 기금운용 방식을 개선하여 손실을 회피할 뿐만 아니라, 수익성을 높이는 쪽으로 포트폴리오를 관리해야 한다. 2023년 경제는 더욱이 그레이트 리세션이 시작되고, 고물가와 저성장이 동시에 찾아오는 한 번도 경험하지 않은 어려운 경제 국면에 진입할 것이다. 경제환경의 변화를 반영한 유연한 기금운용 방식을 도입하는 방안이 필요하다.

나아가 국민연금 구조를 개혁해야 한다. 모두가 문제를 인식하고 있지만 뒷짐만 지는 형국이다. 국민연금 가입자의 보험료율을 높이거나, 연금 수급 대상을 소득수준별로 차등화하는 등의 구조전환을 단행해야 한다. 누군가는 손해를 보아야 하는 일이니만큼, 정치는 국민적 합의를 끌어내고, 국민은 '당장의 내 이익'보다 '국가 전체의 이익'을 우선하는 의지를 모아야 한다.

< 제13강 >

디지털 트랜스포메이션

스마트폰 하나를 생산하는 총 부가가치에서 노동이 차지하는 비율은 얼마나 될까요. 자본은 또 얼마나 차지할까요. 그리고 토지는 또 얼마나 차지할까요.

전통적인 산업구조에서는 생산의 3요소인 노동, 토지, 자본이 절대적으로 중요했지만 어쩌면 스마트폰의 부가가치에서 절대적인 비중을 차지하는 것은 기술이지 않을까 생각합니다. 이번 주제는 바로 '기술 경제'입니다.

4차 산업은 없다

기술 경제라고 하면 가장 먼저 떠오르는 단어가 '4차 산업'이 아닐까 싶은데요. 4차 산업이란 뭘까요?

4차 산업이란 사실 없습니다. 경제학 용어에서 4차 산업이라는 단어는 어쩌면 오타에 해당될지도 모르겠습니다.

우리는 주로 증기기관 혁명을 1차 산업혁명이라고 합니다. 1차 산업혁명으로 생산성이 놀라울 만큼 증폭했습니다. 그리고 이어진 2차 산업혁명이 전기 에너지의 활용입니다. 당연히 1차 산업혁명보다 생산성이 한층 더 증가했죠. 3차 산업혁명은 무엇입니까? 바로 컴퓨터와 인터넷 기반의 혁명입니다. 예전에는 논문을 찾으려고 일본의 도쿄대학교까지 배 타고 가서 복사해온 적도 있었습니다만, 지금은 인터넷을 통해 수천 개의 논문을 한 자리에서 단 몇 초 만에 다운로드할 수 있습니다. 이게 바로 혁명 아니겠습니까?

4차 산업혁명은 인공지능, 빅데이터, 사물인터넷 그리고 그 밖에 로보틱스, 블록체인, 인공지능(AI) 등 다양한 기반기술을 활용해서 산업의 생산성이 급증하는 현상을 말하는 것입니다. 그러니 '4차 산업'은 없는 단어죠.

● **역사적 산업혁명들과 주요 기술적 동인**

산업혁명	1차 산업혁명	2차 산업혁명	3차 산업혁명	4차 산업혁명
기술적 동인	증기기관 기반의 기계화 혁명	전기 에너지 기반의 대량생산 혁명	컴퓨터와 인터넷 기반의 지식정보 혁명	지능정보기술 • 지능: AISW • 정보: 빅데이터, IoT, 클라우드

쉽게 말씀드려볼게요. 딸기잼을 만드는 회사가 있어요. 이 회사는

제조업인 2차 산업이죠. 그런데 이 회사는 딸기를 직접 생산하지 않습니다. 딸기 농업을 전문으로 하는 전문가가 있겠죠. 그 딸기 농업 전문가가 1차 산업입니다. 그리고 딸기잼을 판매하는 유통회사는 3차 산업, 즉 서비스업에 해당합니다.

　로봇이 등장하든 인공지능이 등장하든 1, 2, 3차 산업 안에 다 포함되므로 4차 산업은 없는 단어입니다. 4차 산업혁명이라고 이해하시면 되겠습니다.

디지털 경제로의
전환

이렇게 산업혁명이 빠른 속도로 진전되면서 사회와 삶 곳곳에 등장하는 거대한 변화가 바로 디지털 전환, 즉 디지털 트랜스포메이션(Digital Transformation)입니다.

　만약 오늘 코로나19 확진자 수를 확인하고 싶어요. 신문에서 확인합니까 아니면 포털 사이트에 검색을 합니까? 신문에서 포털 사이트로의 전환, 이것이 디지털 트랜스포메이션입니다. 우리 삶의 일부가 아날로그에서 디지털로 전환됐다는 뜻입니다.

디지털 트랜스포메이션(Digital Transformation)

아날로그 → 디지털

디지털 트랜스포메이션을 우리나라 상위 2,000대의 기업이 첫 번째 경영 전략으로 꼽고 있습니다. 왜 그럴까요?

● 글로벌 TOP 10 기업(시가총액 기준)

	여타산업	IT제조업	IT서비스업	
	1990년	2000년	2016년	2020년
1	IBM	Itautec	Apple	Apple
2	Exxon Mobil	Generalelectric	Alphabet	Amazon
3	GeneralElectric	Exxon Mobil	Microsoft	Microsoft
4	Altria Group	Pfizer	Berkshire Hathaway	Alphabet
5	Toyota	Cisco	Exxon Mobil	Facebook
6	Bristol-MyersSqibb	Citi	Amazon	Alibaba
7	Merck&Co.	Walmart	Facebook	BerkshireHathaway
8	British Petroleum	Vodafone	Johnson&Johnson	Visa
9	Walmart	Microsoft	JPMorgan Chase	Taiwan Semiconductor
10	BT Group	AIG	GeneralElectric	Johnson&Jonson

※ 시가총액은 매년 12월 31일 기준. 2020년은 8월 13일 작성일 기준

자료: Bloomberg

1990년대 시가총액 기준으로 나열한 상위 10대 기업의 대부분이 제조 기업이었습니다. 2000년에도 역시 대부분이 제조사입니다. 그러다가 2016년부터 지금에 이르기까지 어떤 방향으로 바뀝니까? IT 제조 혹은 IT 서비스 기업과 같이 디지털 경제, 디지털 전환을 이끌어나가는 기업들이 상위 시가총액을 장악하고 있습니다. 이를 보면 디지털 경제로 산업의 패러다임이 전환되고 있는 것을 이해할 수 있습니다.

디지털 트랜스포메이션의
6가지 물결

당연히 기업들은 아날로그 경제 시절에 영위하던 비즈니스 모델을 디지털 경제 시대에 걸맞는 비즈니스 모델로 바꿔야 되지 않겠습니까. 바꿔 나가는 거대한 물결이 지금 일고 있다고 보면 되겠습니다.

● **디지털 트랜스포메이션의 6가지 물결**

구분	아날로그 경제		디지털 경제
비대면화(Untact)	대면 서비스		비대면 서비스
탈경계화(Borderless)	산업 간 경계 뚜렷		산업 간 경계 모호
초맞춤화 (Hyper-customization)	맞춤 서비스의 한계	▶	극도의 맞춤 서비스
서비스화(Servitization)	제품 중심		서비스 중심
실시간화(Real Time)	지체, 경과된 대응		실시간 커뮤니케이션
초실감화 (UX, User Experience)	판매 후 경험		경험 후 판매

그 물결을 6가지로 나눠서 정리했습니다. 지금부터 여섯 가지 물결을 다양한 사례를 통해서 들여다보는 시간을 가져볼까 합니다.

① 비대면화(Untact)

첫 번째 물결은 바로 비대면화, '언택트, 뉴노멀(Untact, New Normal)'입니다. 다시 말하면 "비대면화가 새로운 표준이다"라고 볼 수 있겠습니다.

물건을 어디서 사세요? 전통시장이나 대형마트입니까, 아니면 '손 안'입니까.

● 온라인 쇼핑과 오프라인 쇼핑 거래액 비중

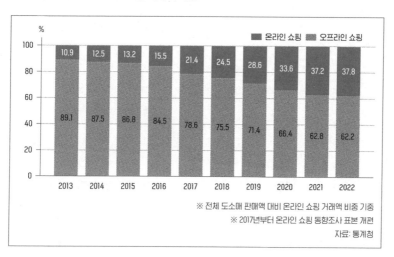

온라인 쇼핑으로의 전환이 두드러지게 나타나고 있습니다. 아직은 전체 소매 판매액에서 온라인 쇼핑에 대한 의존도가 50퍼센트까지 미치지는 못하지만, 상당히 성장 속도가 빠릅니다.

온라인 쇼핑 거래액을 100으로 놓고 2가지로 구분을 할 수 있습니다. 먼저 인터넷 쇼핑, 즉 PC로 사는 것 그리고 모바일 쇼핑, 즉 스마트폰으로 사는 것입니다. 모바일 쇼핑이 절대적인 비중을 차지하는 방향으로 움직이고 있죠.

● 판매 매체별 온라인 쇼핑 거래액 비중

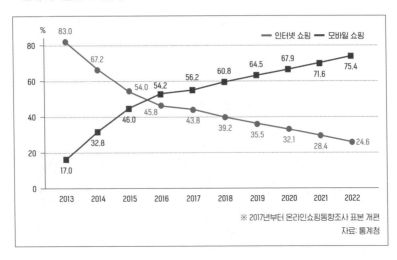

※ 2017년부터 온라인쇼핑동향조사 표본 개편
자료: 통계청

　　쇼핑이라는 패턴조차도 이제 PC에서 모바일로 전환되고 있습니다. 그러면서 모바일에 기초한 여러 플랫폼이 등장했고 이 기업들이 오히려 PC를 기반으로 한 플랫폼들을 압도하는 모습을 보이고 있습니다.

　　그러면 기업들은 첫 번째 물결 비대면화, 언택트 뉴노멀이라는 거대한 물결을 거스를 수 있습니까? 없어요. 거스를 수 없다면 그 파도를 잘 타야 하지 않겠습니까? 이 모바일 쇼핑 환경에 걸맞는 언택트 서비스를 제공할 수 있도록 노력하는 것이 기업의 대응 방향이 될 것입니다.

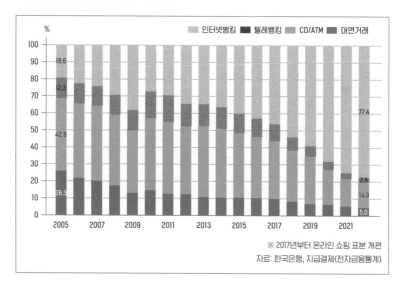

● 입출금거래의 채널별 업무처리 비중

※ 2017년부터 온라인 쇼핑 표본 개편
자료: 한국은행, 지급결제(전자금융통계)

은행 서비스로 예를 들면 은행 서비스 이용 시 대면 거래 의존도가 지속적으로 줄어들어서 현재 약 5퍼센트밖에 안 됩니다. 그런데 인터넷 뱅킹에 대한 의존도는 지속적으로 늘어나 이제는 약 77.4퍼센트나 됩니다. 따라서 비대면은 앱노멀(Abnormal), 즉 이상한 것이 아니라 뉴노멀, 새로운 표준이 되었습니다.

② 탈경계화(Borderless)

코로나19로 이동에 제한이 생기면서 살이 찐 분이 많습니다. 헬스장도, 요가 학원도 문을 닫으니 집에서 하는 운동, 일명 홈 트레이닝(Home Training)

붐이 일기도 했죠. 3차 산업혁명 시대에는 온라인 영상을 스트리밍으로 들었습니다. 그런데 4차 산업혁명 시대에는 인공지능, 모션 캡처, 가상현실(AR), 증강현실(VR) 기술이 등장합니다. 가상 증강현실 기술은 내가 집에서 혼자 영상을 보고 있지만 바로 옆에 코치가 있는 것처럼 느끼게 해줘요. 또 모션 캡처 기술은 나의 움직임을 인식하고 코치가 실시간으로 피드백을 주도록 돕습니다.

이런 것을 특별히 언택트 환경에 보다 더 연결되어 있다고 해서 '언택트 앤 커넥트(Untact and Connect)'라고 합니다. 새로운 트렌드라고 할 수 있는데요. 이 관점에서 보면 이런 서비스 기업은 통신회사입니까, 요가학원입니까, 인공지능 기술회사입니까? 이제는 플랫폼 안에서 어떤 것도 서비스가 될 수 있기 때문에 산업의 경계가 완전히 허물어지고 있죠. 이것이 탈경계화가 진전되고 있는 사례입니다.

③ 초맞춤화(Hyper-customization)

음악 앱 '스포티파이'는 나의 감정, 현재 상황, 태도나 기분 등을 실시간으로 인식해 지금 어떤 음악을 원할지 알고 초맞춤화된 음원 스트리밍 서비스를 제공합니다.

과거에는 음악을 듣기 위해서 테이프나 CD를 샀습니다. 그게 mp3 방식, 다시 말하면 파일을 저장하는 방식으로 바뀌었다가 이제 그마저도 스트리밍으로 바뀌고 있는데, 이 스트리밍조차도 인공지능 빅데이터를 활용해서 개별 소비자에게 맞춤화된 음원을 공급하는 방식으로 바뀌고 있는 것입니다.

또 과거에는 '의료산업' 하면 전통적인 의료기관이나 제약회사가 리더였지만, 이제 디지털 산업의 강자들이 오히려 리더로 등장하고 있습니다. 탈경계화가 진전되면서 디지털 기기를 이용해서 실시간으로 초맞춤화된 건강 관리 서비스를 제공하고, 심지어 위급 상황에는 의료기관에 방문할 필요 없이 의료정보를 실시간으로 보내주면서 원격진료를 받을 수 있도록 안내해주기도 합니다.

④ 서비스화(Servitization)

제품을 생산해서 공급하는 데, 단순히 판매로 끝나는 게 아니라 그 제품을 이용해서 추가적인 서비스를 공급하는 것을 말합니다.

방금 디지털 헬스케어 산업에 대해 말씀드렸는데 이 산업을 리드하는 장본인이 바로 '나이키'입니다. 신발을 활용해서 바이오 헬스케어 서비스도 제공하고 있습니다. 운동화 깔창에 바이오 빅데이터를 실시간으로 축적할 수 있는 시스템이 마련돼 있고, 이 데이터를 실시간으로 분석할 수 있습니다. 건강 상태를 알려주거나 위급한 상황에 놓이면 관련 서비스와 연결돼서 정보를 전달해주기도 하고, 의료기관과 데이터를 공유함으로써 원격진료를 받을 수 있도록 안내해줍니다.

디지털 헬스케어 산업으로 전환되는 과정에서 나이키는 더 이상 신발 기업이 아닌 생산된 제품을 이용해서 추가적인 서비스를 공급하는 기업으로 부상하고 있습니다.

⑤ 실시간화(Real Time)

우리나라 웬만한 은행들이 하나같이 도입한 '동산 담보 관리시스템'은 사물인터넷 기술을 이용한 시스템입니다. 동산을 담보로 대출을 받는 것을 동산 담보대출이라고 합니다. 동산은 화재 등의 사고로 가치가 사라질 수도 있고 누군가 훔쳐갈 수도 있기 때문에 은행 입장에서 대출을 꺼리는 대상입니다. 왜냐하면 그 가치가 계속 유지될지 담보할 수 없기 때문이죠. 사물인터넷 기술은 실시간으로 담보가치를 확인해주는 시스템입니다. 현재 많은 은행이 중소기업이 개발한 이 기술을 활용하고 있습니다. 따라서 은행 지점이 줄어도 은행 산업의 규모는 더 커질 수 있는, 기술이 만드는 혁신의 대표적인 사례입니다.

● 사물인터넷 기반의 동산 담보 관리시스템

⑥ 초실감화(UX, User Experience)

마지막으로 초실감화입니다. 코로나19로 많은 대면 서비스업 기업들이 고민에 빠집니다. 차를 시승할 수 있게 해줘야 하는데, 시승은 대면 서비스죠. 그래서 아우디는 VR 스토어를 열어 VR 기술을 이용해서 수십 가지 차종을 한자리에서 다 타보고 카시트 색깔과 차 사양도 바꿔보면서 실제 차를 타지 않았지만 탄 것처럼 느끼게 합니다. 실감나는 경험을 제공하는 이것이 바로 초실감화의 대표적인 예라고 볼 수 있죠.

그동안의 비즈니스 모델은 구매 후 경험이었습니다. 온라인 쇼핑으로 옷을 사고 배송이 되어야 입어볼 수 있었죠. 이제는 가상 증강현실 기술을 도입해서 경험 후 구매 여부를 결정하게 해줍니다. 이런 비즈니스 모델을 초실감화라고 볼 수 있습니다.

지금까지 말씀드린 6가지 거대한 물결을 거스를 수 있습니까? 거스를 수 없습니다. 그럼 무엇을 해야 합니까?

토끼와 거북이 이야기가 생각이 납니다. 만약 토끼와 거북이의 경주가 산이 아닌 바다에서 열렸다면 이야기의 결론이 달라지지 않았을까요? 우리가 경험하고 있는 4차 산업혁명, 디지털 트랜스포메이션은 어쩌면 산이냐 바다냐 하는 수준의 대전환인데, 혹시 아직도 산에서 달리는 방법만 고민하고 있는 건 아닌지 생각해보아야 합니다. 달라진 환경에 맞는 달리기를 준비할 수 있는 계기가 되기를 바랍니다.

디지털 트랜스포메이션, 컨셉에서 액션으로

날씨가 궁금하거나 미세먼지 상태를 확인할 때, 유명 연예인의 일상이 궁금할 때, 신문을 들여다보기보다 포털 검색을 이용한다. 신문에서 포털로 정보탐색의 디지털 전환, 디지털 트랜스포메이션이 일어난 것이다. 30년 전만 해도 자동차 안에 반드시 지도책이 있었다. 이제 그 역할을 네비게이션이 한다. 우는 아이를 달랠 때도 딸랑이를 이용하기보다 유튜브에 의존한다. 디지털 트랜스포메이션은 먼 데 있는 것이 아니라, 우리 삶 속에 이미 벌어지고 있다.

소비자의 구매행동이 아날로그에서 디지털로 전환되고 있음을 인식한 기업들은 어떻게 대응해야 할지를 모색해왔다. 저자는 《경제읽어주는남자의 디지털 경제지도》를 통해 국내외 기업들이 디지털 기술들을 도입해 디지털 트랜스포메이션을 시도한 수많은 케이스를 제시한 바 있다. 그동안엔 앞선 기업들(Digital Leaders)을 중심으로 디지털 기반의 새로운 비즈니스 모델을 구상하고(컨셉), 실제 구체적인 새로운 서비스를 제공(액션)해왔다. 2022년까지는 이에 대응하고자 하는 기업들(Second Tiers)이 디지털 트랜스포메이션을 캐치프레이즈로 내걸고 어떻게 대응할지에 관한 상당한 수준의 구상을 진행해왔다. 2023년에는 어떻게 디테일한 접근을 시도하고, 정교한 비즈니스 모델과 새로운 서비스를 소비자에 제공할지에 관한 액션을 진행하는 시점이다. 디지털 트랜스포메이션이 컨셉에서 액션으로 본격적인 전개가 펼쳐지는 전환점인 것이다.

디지털 트랜스포메이션의 배경,
Digital Natives와 Digital Immigrants

유치원에서 사용하는 교재는 더 이상 '인쇄된 책'이 아니다. 태블릿 PC 등과 같은 디지털 디바이스다. 2019년부터 이미 초등학교 3학년 이상 학생들은 디지털 교과서로 학습을 시작했다. 서책형 교과서의 내용 외 용어사전, 멀티미디어 자료, 평가문항 등 풍부한 학습자료와 관리기능을 탑재하고 있고, 가상현실, 증강현실 등 디지털 기술을 접목한 실감형 콘텐츠까지 제공하여 학습효과를 높일 수 있는 것이 큰 장점이다. 교육부는 디지털 교과서가 학교 현장에 적극 활용될 수 있도록 2021년까지 전국의 모든 초중학교에 무선인프라를 확충해나갈 계획이다. 처음부터 디지털 세상에 태어난 이들을 디지털 세상의 원

주민이라 하여 Digital Natives라고 칭한다.

● 디지털 교과서 연차적 개발, 적용 계획

학년(군) \ 학년도	'17	'18	'19	'20	'21
초등 3~4(사회/과학/영어)	개발	적용	→	→	→
초등 5~6(사회/과학/영어)	-	개발	적용	→	→
중 1(사회/과학/영어)	개발	적용	→	→	→
중 2(사회/과학/영어)	-	개발	적용	→	→
중 3(사회/과학/영어)	-	-	개발	적용	→

자료: 교육부

한편, 아날로그 세상에 태어났지만, 디지털로 바뀐 세상에 적응해온 세대가 있다. 아날로그 세상에서 디지털 세상으로 이주해왔다고 하여, Digital Immigrants라고 부른다. 지도책이 아닌 스마트폰 지도앱을 이용하고, 시계 알람이 아닌 스마트폰 알람을 이용한다. 부동산 정보를 공인중개사무소에 물어보는 것이 아니라, 온라인 부동산 플랫폼을 이용한다. Digital Immigrants는 주로 30~40대가 중심이었으나, 2020년 이후 50~60대까지 확대된다.

소비자가 Digital Natives거나 Digital Immigrants인 것이다. 소비자가 변화했으니 기업들도 변화해야 한다. 아날로그식 서비스와 제품 공급이 아니라, 디지털 기반의 서비스를 확대해야 한다. 대면 서비스 방식에서 비대면 서비스 방식으로 전환해야 한다. 오프라인 채널에서 온라인 채널로 제품 공급

방식으로 전환해야 한다. 이러한 기업들의 움직임을 디지털 트랜스포메이션 이라고 한다.

디지털 트랜스포메이션은 빅데이터, 로봇, 블록체인, 클라우드, 인공지 능, 사물인터넷, 가상현실, 증강현실 등 4차 산업혁명의 기반기술들을 활용 하여, 기업들이 전략과 비즈니스 모델을 전환시키고, 경쟁력을 강화하는 방 향으로 움직이게 한다. 농축산업에서는 스마트팜을, 제조업에서는 스마트팩 토리를, 유통업에서는 키오스크를 도입하는 것이 대표적인 예다. 디지털경제 (Digital Economuy)로 변모하고 있는 시점에 주도권을 잡고 이를 선도하려는 기업들의 움직임이 다양하게 나타나고 있다.

금융산업의 디지털 트랜스포메이션

디지털 트랜스포메이션이 가장 두드러지게 나타나고 있는 산업 중 하나가 금 융산업이다. 최근 금융산업은 영업점포를 줄여나가고 있다. 국내은행 영업점 포는 2015년 7,325개에서 점차 감소해 2019년 1분기 기준으로 6,931개를 기 록하고 있다. 국내은행뿐만 아니라, 생명보험과 손해보험 점포도 지속적으로 감소하고 있고, 증권사 국내지점도 2016년 이후 감소세가 지속되고 있다.

디지털 금융 서비스에 대한 의존도가 늘어나면서, 소비자들이 대면 서비스 수요를 줄여가고 있다. 이러한 트렌드와 맞물려, 금융기업들은 영업지점 및 직원 수를 줄이고 있다. 이른바 금융산업의 '자산경량화' 트렌드가 가속화되고 있다.

● 주요 금융사 영업점포 현황

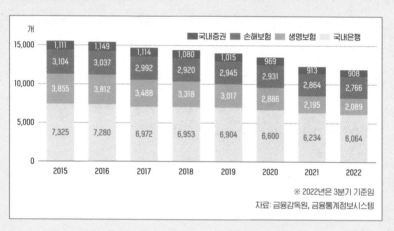

※ 2022년은 3분기 기준임
자료: 금융감독원, 금융통계정보시스템

금융산업 내 영업점포가 줄어들고 있는 동안, 금융산업의 (생산)규모는 오히려 증가하고 있다. 이는 은행 서비스의 규모가 줄어든 것이 아니라 대면 서비스가 줄어든 것뿐이고, 디지털 기술에 기반을 둔 비대면 서비스는 지속적으로 늘어나고 있음을 방증한다. 금융소비자의 업무처리 현황을 보면, 입출금거래 시 대면거래를 하는 비중이 2005년 26.3퍼센트에서 2019년 1분기 8.6퍼센트로 축소되어왔다. 텔레뱅킹이나 CD/ATM에 대한 의존도 역시 축소되고 있다. 반면, 인터넷뱅킹에 대한 의존도는 같은 기간 18.6퍼센트에서 55퍼센트로 가파르게 증대되었다.

　Visa카드는 위치기반 빅데이터에 기반하여 마케팅 효과를 극대화했다. 고객의 소비 빅데이터를 활용해 소비행태를 분석하고, 향후 예상경로 및 소비를 예측하는 시스템이다. 이를 통해 고객에게 맞춤화된 쿠폰을 발송해주는 시스템을 구축했다. 모든 고객에게 똑같은 쿠폰 및 서비스를 제공했던 기존 모델과는 차별화된 서비스를 제공하기 시작한 것이다.

● **Visa카드의 빅데이터 기반 소비성향 예측**

빅데이터를 통해
고객의 위치 및 소비행태 분석　▶　**향후 예상경로 및 소비 예측**

　　　　고객별 맞춤형 쿠폰 발송

자료: VISA Card

상담 서비스도 인공지능 챗봇이 가능하게 할 것으로 보인다. 문자 챗봇에서 나아가 음성 챗봇과 다국어 챗봇까지 등장했다. 영국의 내셔널 웨스트민스터 은행은 자체적으로 인공지능 챗봇 '코라(Cora)'를 개발해 테스트를 진행했다. 소프트뱅크가 개발한 로봇 형태의 챗봇에 이어서, 모니터 속의 아바타형 디지털 챗봇이 개발되었고, 은행 직원의 업무를 대신 수행하고 있다.

● 안면인식 ATM 도입

자료: Agricultural Bank of China

자료: NatWest Bank

유통산업의 디지털 트랜스포메이션

첫째, Untact 서비스가 보편화될 전망이다. Untact는 접촉을 뜻하는 콘택트(Contact)에 부정어(Un)가 합쳐진 신조어로, 비대면, 비접촉을 뜻한다. 최근 유통산업의 디지털 트랜스포메이션의 돌풍을 불러온 기술은 키오스크라고 해도 과언이 아니다. 앞으로는 소비자들도 키오스크 사용에 익숙해지고, 점원을 통하는 것보다 키오스크를 더 선호하게 될 것으로 보인다. 이뿐 아니라, 다양한 생체인식기술들이 적용되면서 무인결제시스템이 보급될 것이고, 스타벅스가 선보인 사이렌 오더 기능 등과 같이 점원을 만나지 않는 비대면 서비스가 급증할 전망이다. 이러한 현상은 오프라인상에서의 소비임에도 불구하고, 온라인에서 결제를 진행하는 O2O 서비스(Offline to Online service)가 급격한 속도로 확대될 것을 예상케 해준다.

둘째, 초실감화가 기업의 최대 고민이 될 것이다. 이미 온라인으로 소비를 옮겨간 소비자들에게 어떻게 하면 제품과 서비스를 미리 경험 및 체험시킬까에 대한 고민이다. 일본의 안경 브랜드 진스는 가상현실, 증강현실과 인공지능 및 빅데이터를 결합한 '진스브레인(Jins Brain)' 서비스를 제공하고 있다. 워너비라는 스타트업은 증강현실 기술을 사용해 신발을 미리 신어보거나, 매니큐어를 칠해보고, 반지를 착용해보고 구매할 수 있는 플랫폼을 개발해 세계

● 인공지능 기반 상품 추천 플랫폼　　● 증강현실 상품 체험 플랫폼

적으로 주목을 받고 있다. 이케아는 가구를 미리 놓아보고 구매할 수 있도록 플랫폼을 도입했으며, 수많은 패션기업들은 옷을 입어보고 구매하고, 화장품 기업들도 화장을 해보고 구매할 수 있도록 하는 초실감화 관점에서의 고민이 진행 중이다.

셋째, 실시간 소통(Real Time Communication)이 강조될 것으로 보인다. 월마트는 최근 생체인식 카트 시스템(Biometric Feedback Cart System)이라는 새로운 특허를 발표했다. 카트의 핸들을 잡으면 심장 박동수, 온도 변화, 속도 변화, 힘의 변화 등을 감지해 고객의 불만이 가장 많은 지점은 어디인지, 무엇을 도와야 하는지, 매장을 어떻게 조정해야 하는지를 알 수 있는 기술이다. 더욱이, 월마트는 최근 IRL(Intelligent Retail Lab)이라고 이름 붙인 지능형 매장 실험 프로젝트를 공개했다. 인공지능 카메라, 대화형 디스플레이, 대규모 데이터센터가 설치되어, 실시간으로 수집되는 상품의 진열과 재고 상태를 분석

● 월마트의 IRL(Intelligent Retail Lab) 프로젝트: 실시간 매장관리

자료: Walmart

한다. 고기, 생선, 채소와 같은 신선식품의 진열대를 모니터링하면서, 고객이 원하는 제품을 끊김 없이(Seamless) 가장 좋은 상태로 공급하는 데 활용된다.

금융산업과 유통산업 외에도 전 산업에 걸쳐서 디지털 트랜스포메이션이 본격화되고 구체적으로 새로운 비즈니스 모델과 서비스를 제공하기에 이를 것이다. 드론을 활용하는 건설업, 블록체인을 도입하는 물류 서비스, 빅데이터에 기초한 이동 서비스, 스마트팩토리를 도입한 제조업뿐만 아니라 스마트홈, 스마트가전 등 일상의 모습들도 디지털로 전환될 것이다.

디지털 트랜스포메이션을 선도하라

IT기업이 금융산업으로의 진출이 가속화되는 등 산업 간의 경계가 허물어지고 있는 현상 속에서 기업들은 범용화되고 강력한 플랫폼을 구축해나가야 한다. 적어도 주된 플랫폼의 이동을 읽어나가며, 플랫폼을 활용하는 시도를 적극적으로 진행해야 하겠다. 나도 여러 기업이나 공개포럼에서 300여 분이 앉아 계신 자리에서 강연을 많이 하고 있지만, 유튜브 '경제 읽어주는 남자'에서는 3만 분, 30만 분 앞에서 강의하고 있는 것이다. 많은 기업이 앞다퉈 유튜브 채널을 구축하고, 다양한 양질의 콘텐츠를 게재하고 있는 모습은 범용화된 플랫폼을 활용하는 시도라고 판단된다.

기업들은 자사의 사업 포트폴리오 등을 기초로, 디지털 트랜스포메이션을 이끌 핵심 기반기술과 지능을 포착하고 도입해야 한다. 빅데이터를 사고 파는 시대가 열렸기 때문에, 어떤 빅데이터를 활용할 것인가 고민하는 것은 기본이고, 소비자들에게 어떠한 새로운 맞춤화된 서비스를 제공할 수 있을까를 논의해야 한다. 다양한 기술기업들과 파트너십을 강화하고, R&D지원 및 M&A를 적극적으로 검토할 필요도 있다. 한편 산업, 제품, 기술이 급속도로 변화하고 있기 때문에, 유연한 조직문화를 구축하여 변화를 선도하는 기업으로 도약할 필요도 있다.

정부는 기업들이 디지털 트랜스포메이션 분야에 새로운 투자를 단행할 수 있도록 적극적인 규제완화 조치와 정책지원책들을 마련할 필요가 있다. 2023년부터 본격화한 경기침체국면의 핵심 사항은 바로 '투자'에 있다. 투자를 진작시켜 경제를 순환시키려는 노력이 정책적으로 집중되어야 할 시점이다. 기업들이 디지털 트랜스포메이션에 대한 투자를 적극 시도해, 신성장 동력산업으로 진입할 수 있도록 다양한 유인책을 제시할 필요가 있다. 디지털 경제하에서는 국경의 의미가 사라지기 때문에, 디지털 경쟁력을 갖추지 못한 기업들은 세계적인 플랫폼 기업들(아마존, 유튜브, 구글, 알리바바, 우버 등)에 시장을 내주기가 쉬워질 것이다. 스타트업들이 세계를 선도하는 플랫폼과 기술을 제안하고, 기업들이 해당 플랫폼과 기술을 활용하는 기술 순환 구조를 구축해야 하겠다.

가계도 디지털 트랜스포메이션이라는 거대한 전환을 중요한 시그널로 인식해야 하겠다. 투자의 관점에서도 디지털 트랜스포메이션을 리딩하는 기업들에 집중한다면, 장기적으로 유망한 투자처를 찾을 수 있다. 청년이라면 자신의 진로측면에서 어떠한 유망한 영역에서 경력을 쌓을지 고민하고, 어떠한 능력들을 배양할지 계획하는 데 참조해야 하겠다. 부모라면 자녀를 미래의 인재로 육성하기 위해 어떠한 역량들을 함양할 수 있도록 기회를 제공할 것인지 등을 판단하는 데 참조해야 할 것이다.

기후변화와 ESG 경영

기후리스크의 고조

최근 들어 친환경, 기후위기, 이상 기후, 지구 온난화, ESG 경영 등 환경과 관련된 이슈들이 자주 언급되고 있습니다. '환경 보호, 기후변화, 지구 온난화, 온실가스 이야기는 어렸을 때부터 들었는데, 왜 갑자기 이슈가 된 걸까?' 하는 의문이 들 수도 있습니다. 그 의문에 대해서 답변을 드리려고 해요.

2021년 IPCC(Intergovernmental Panel on Climate Change), 즉 세계 기후변화 대응을 위한 유엔 산하의 국제 협의체에서 보고서를 냈습니다. 보고서 핵심 중에 하나가 지표면의 온도 변화입니다.

왼쪽 그래프는 기원 후부터 2020년까지 지표면의 온도 변화를 보여줍니다. 1850년대부터 지표면의 온도가 급상승하는 모습을 볼 수 있습니다. 1850년부터 2020년만을 따로 떼어내서 확대한 것이 오른쪽 그 래프고요. 특히 1950년 이후로 지표면의 온도가 더 크게 상승하고 있는 데, 상승 추세가 이대로 지속된다면 더 이상 되돌릴 수 없는 임계점에 이른다고 IPCC에서 경고한 것입니다.

● **지표면의 온도 변화**

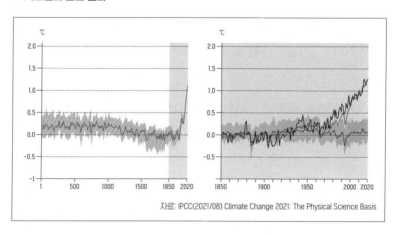

자료: IPCC(2021/08) Climate Change 2021: The Physical Science Basis

그러다 보니까 기업들이 적극적으로 대응합니다. 많은 글로벌 자동 차 기업이 기후리스크에 대응하기 위해 다양한 비즈니스 정책을 내놓 았죠. 랜드로바는 2025년부터는 친환경차만 판매하겠다고 했고, 포드 자동차는 전기차만 판매하겠다고 발표했습니다.

우리나라의 한국판 뉴딜 사업 중에 하나인 그린 뉴딜 사업의 핵심 중 태양광+ESS(Energy Storage System)가 있습니다. ESS는 에너지 저장 장치인데 거대한 배터리라고 생각하면 됩니다. 이 태양광과 에너지 저장장치를 설치해서 기업, 공장, 대학, 섬 등이 자기가 필요한 전력량을 스스로 생산하는 체제, 즉 분산 전력 시스템을 적극적으로 공급합니다. 우리나라도 대응하고 있다는 것이죠.

탄소중립이란?

기후변화에 대응하기 위한 기업, 국가의 활동 중에 하나가 바로 탄소중립입니다. 2015년 12월 파리기후변화협약에서 195개 나라가 기후변화를 막기 위해 온실가스를 줄일 것을 약속했고, 2021년 1월 1일부터 실제 약속을 이행 중입니다. 또 2021년 11월에 열린 기후변화협약(UNFCC)이 중점이 돼서 추진하고 있는 캠페인이 있는데 바로 탄소제로 레이스입니다. 쉽게 말해서 경제주체들이 스스로 탄소를 저감하기 위한 계획안을 제출하고 이행하는 캠페인입니다. 1,200여 개 도시, 1,100개 교육기관, 550여 개 금융기관, 52개 지역 등 세계 각국에서 탄소제로 레이스에 참여하면서 탄소중립은 더 가파르게 전개되었습니다.

이제 탄소중립 선언의 배경인 환경경제학 기초를 짧게 설명해볼게요. 물질 균형 모형이라고 하는데, 경제는 인간이 부족한 것을 채워나가면서 즉, 소비를 통해 만족한다고 보고 있어요. 예를 들어 배고파서 음식을 사 먹거나 예뻐지고 싶어서 예쁜 옷을 사 입습니다. 이렇게 소비를 하면서 불만족한 상황을 만족한 상황으로 만드는 거죠.

● 물질 균형 모형

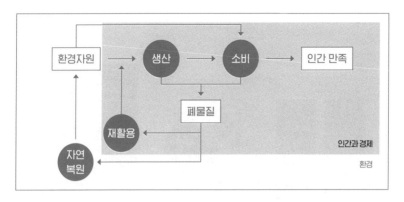

　그래서 인간과 경제가 이어지는데, 소비는 기업의 생산을 통해 이루어집니다. 생산과 소비 과정에서 다양한 환경 자원을 활용하게 되고, 폐물질이 발생하죠. 이렇게 소모된 환경 자원을 다시 복원하고, 폐물질을 재활용해야만 계속 생산하고 소비할 수 있습니다. 그게 바로 환경경제학의 기초이고 지속 가능한 발전입니다.

　생산과 소비 과정에서 탄소도 발생하는데요. 지속 가능한 발전으로 탄소 발생을 줄이기 위한 노력이 함께 이루어져야겠죠. 예를 들어 탄소가 발생한 만큼 산림을 복원시키거나 더 많이 확대하는 등의 노력, 그게 탄소 제로(Net-zero), 탄소중립입니다.

　여기서 가장 중요한 내용이 탄소배출권인데요. 탄소배출권이란 쉽게 말해서 기업들에 탄소를 배출할 수 있는 권리를 할당해주는 거예요. 기업마다 배출 허용량을 정해줍니다.

● 탄소배출권 거래제

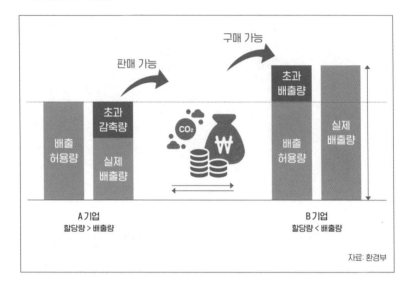

A기업은 탄소 감축을 잘해서 배출 허용량보다 실제 배출량이 적습니다. A기업은 탄소 배출을 줄인 만큼 탄소배출권을 판매할 수 있어요. 반면, B기업은 실제 배출량이 배출 허용량을 초과했어요. 그럼 B기업은 초과량만큼 탄소배출권을 사와야 합니다. 그래서 탄소배출권이 거래됩니다.

이 탄소배출권 거래제가 3기에 돌입했어요. 탄소배출권 거래제 1기는 2015년에 시작됐습니다. 이때까지는 탄소배출권이 100퍼센트 무상이었습니다. 2018년 2기에 돌입하면서 유상할당 비중을 3퍼센트 늘렸고, 3기가 시작된 2021년부터 2025년까지는 유상할당 비중이 10퍼센트로 늘어났습니다. 이제부터는 기업들이 탄소를 저감하지 않으면 탄소배출권을 사야 되고, 또 유상할당 비중이 10퍼센트나 있기 때문에 탄소 배출을 줄이지 않는 만큼 세금을 더 많이 내야 되는 상황이 됐어요. 그러니까 ESG를 외치는 것만으로 중요한 것이 아니라 실제로 탄소 저감을 하는 기업들에게 비용 효율적인 결과가 초래될 수 있겠죠.

ESG 경영은 무엇인가?

그러면서 ESG가 급부상합니다. ESG는 더 이상 전략이 아니라 기업의 본질이 되어가고 있는데요. 그럼 ESG란 무엇일까요?

먼저 E는 Environment, 즉 환경을 보호하고 기후변화에 적극적으로 대응해야 한다는 것입니다. S는 Social입니다. 사회공헌을 해야 한다, 사회적 책임을 가져야 한다, 여러 가지 사회문제(고령화, 저출생, 고용 평등 등)를 외면하면 안 된다는 것이죠. 마지막으로 G는 Governance로, 지배구조라고도 하고 윤리경영이라고도 합니다. 법과 윤리를 준수해야 하고 투명하게 운영을 해야 한다는 말입니다.

● ESG란?

Environment(환경) + Social(사회) + Governance(지배구조)

과거에는 기업들이 재무적 관점에서 수익을 실현했고 매출을 기준으로 기업의 가치를 판단했다면, ESG는 비재무적 가치를 함께 고려하는 것입니다. 이를 예전에는 기업의 사회적 책임이라는 의미인 CSR(Corporate Social Responsibility)이라고 많이 표현했고, 그다음에 CSV(Creating Shared Value)라는 주제로 넘어왔다가 최근에 ESG라는 이름으로 건너왔다고 볼 수 있습니다. 즉, 과거에는 기업에 사회적인 문제 해결만을 요구했다면 지금은 환경과 지배구조까지 신경쓰라고 요구하는 것이죠.

국내 기업뿐만 아니라 글로벌 기업도 ESG에 집중하는 행보를 보이고 있습니다. 대표적인 것이 지속 가능성 보고율입니다. 많은 기업이 지속 가능성 보고서를 발표합니다. CITI 그룹의 〈Environmental, Social and Governance Report〉가 대표적입니다. 지속 가능한 경영과 관련하여 무슨 일을 어떻게 하고 있는지, 또 앞으로 어떻게 할 것인지를 보여줍니다.

● 글로벌 지속 가능성 보고율 추이

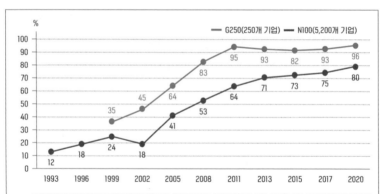

※ G250(250개 기업)과 N100(5,200개 기업)을 대상으로 함. G250은 포춘 선정 500대 기업 중 매출액 상위 250개 기업으로 구성. N100은 52개 국을 대상으로 국가별 매출액 기준 상위 100개 기업을 추출해 구성
자료: KPMG Survey of Sustainability 2020

● ESG가 투자 프로세스에 내재된 정도

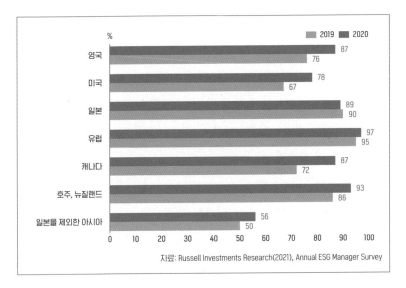

자료: Russell Investments Research(2021), Annual ESG Manager Survey

투자자들에게 우리 기업은 ESG에 맞춰 잘 운영해왔고, 앞으로도 잘할 것이라고 보여주기 위해 보고서를 발행하죠. 이런 행보가 지속적으로 늘어나고 있습니다.

대부분의 세계 주요국이 2020년에 투자를 할 때 전년보다 ESG 요소를 더 많이 고려했습니다. 그만큼 세계 각국이 이 부분에 엄청나게 신경을 쓰고 있고, 특히 유럽 국가들에서 이런 경향이 굉장히 두드러지게 나타나고 있습니다.

① Environment

지금부터는 ESG에 대응하는 기업 사례들을 가볍게 몇 가지씩만 살펴보겠습니다. 먼저 환경 부분입니다. 의류 브랜드인 파타고니아는 "Don't Buy This Jacket"이라는 문구로 유명하죠. 필요 없다면 환경을 생각해서 사지 말라는 것입니다. 이 자체가 ESG 요소를 고려하는 소비자들의 소비심리를 더 자극했죠.

미국의 마스터카드는 탄소 계산기라는 애플리케이션을 개발했습니다. 이 애플리케이션은 마스터카드로 결제할 때마다 탄소 배출량을 알려줘요. 이는 소비자에게 탄소 배출을 줄여야겠다는 의식을 심어주는 계기가 될 것이고요. 또 기부를 통해 나무를 심을 수도 있습니다. 탄소를 배출한 만큼 나무를 심어 탄소를 다시 흡수하게 만든 것이죠.

② Social

사회 관점에서 좋은 대응 사례는 유한킴벌리입니다. 노인, 특히 독거노인의 경우 삶이 굉장히 어려울 때가 있죠. 유한킴벌리는 시니어들을 고용해서 시니어가 시니어를 돕는 돌봄 서비스를 제공하고 있습니다. 다시 말하면 고령자에게 일자리도 제공하고 생활이 불편하신 어르신께 돌봄 서비스도 제공해주어 공익 유통기업으로서 성장하는 모습을 보여주고 있습니다.

③ Governance

지배구조는 사실은 안 좋은 대응 사례가 더 많습니다. 대표적으로 남양유업의 갑질 문제나 대한항공의 땅콩 회항 사건 등이 있죠. 오너 리스크(Owner Risk)는 기업 가치 추락을 보여주는 대표적인 사례입니다. 아무리 그 기업이 경영을 잘하고, 좋은 제품을 생산해서 많은 매출을 일으키더라도 오너 리스크 한 번으로 기업에 얼마나 큰 손실을 가져다주는지를 우리는 여러 차례 봤습니다.

그러면 좋은 대응 사례가 뭐가 있을까요? 2018년에 풀무원 남승우 전 대표의 경우 33년간 오너 경영을 마감하면서 1호 사원이었던 이효율 대표에게 경영권을 일임했습니다. 사실 우리나라 같은 경우 경영권을 계속 2세대, 3세대로 승계하는 모습이 두드러지는데 이를 포기한 것이죠.

많은 기업이 실제 ESG 경영을 위해 노력하고 있지만 어떤 기업들은 그린워싱(Greenwashing)만 합니다. 그린워싱이란 ESG 기업이 아닌데 포장만 그럴듯하게 꾸민 것이죠. 기업들은 본질적으로 ESG 기업이 되려는 노력을 해야 하고, 소비자는 진짜 ESG 기업인지 아닌지 선별할 눈을 가져야 할 것입니다.

< 응용 학습 >

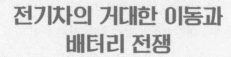

전기차의 거대한 이동과
배터리 전쟁

1900년 뉴욕 5번가, 당시 도로엔 마차가 가득했다. 숨은그림찾기 하듯 사진을 관찰하면 한 대의 자동차를 발견할 수 있다. 당시를 연상해보면, 주요 운송수단이 마차였음에 틀림없다. 부유층은 훌륭한 말과 마차를 보유했을 것이고, 이를 관리하는 사람들을 고용했을 것이다. 약 13년이 지난 뉴욕 5번가의 모습은 전혀 다르다. 거리를 빽빽하게 가득 메운 것은 자동차다. 주요 운송수단이 바뀌었음을 확인할 수 있다. 부유층일수록 더 좋은 자동차를 보유하고, 이를 관리 및 운전하는 사람들을 고용했을 것이다.

운송수단의 변화는 많은 것을 바꾸어놓았음을 상상케 해준다. 말 산업이 쇠퇴하고, 자동차 제조업이 성장했을 것이다. 마구간은 사라지고, 자동차 정비소와 주유소가 등장했을 것이다. 말을 관리하는 인력의 노하우는 더는 쓸모가 없고, 자동차를 수리하고 운전하는 능력이 필요해졌을 것이다. 이에 버금

● 1900년 뉴욕 5번가(왼쪽)와 1913년 뉴욕 5번가(오른쪽)

가는 운송수단의 거대한 변화가 21세기에도 일어나고 있다.

글로벌 환경규제 본격화

세계경제포럼(WEF)은 매년 세계경제가 마주한 리스크 요인들을 산출하고, 보고서 형태로 발표한다. 세계는 향후 10년 동안 다양한 리스크를 만날 텐데, 상위 10개의 리스크 중 5개가 환경 카테고리다. 더욱이 상위 1~4위가 모두 환경적 리스크다. 그만큼 세계가 당면한 가장 중대한 과제다.

온실가스를 감축하는 노력은 모든 산업과 부문에 집중되겠지만, 그중에서도 빼놓을 수 없는 부문이 자동차다. 한국의 온실가스 배출량 중 수송부문이 약 14.4퍼센트를 차지한다(온실가스정보센터, 2021년 온실가스 잠정 배출량 공개). 내연기관차 판매를 금지하거나 온실가스 배출기준을 강화하고, 경량화

● 10대 글로벌 리스크(향후 10년)

1	기후변화 대응 실패(Failure to mitigate climate change)
2	기후변화 적응 실패(Failure to climate-change adaptation)
3	자연재해와 이상기후 현상(Natural disasters and extreme weather events)
4	생물 다양성 손실 및 생태계 붕괴(Biodiversity loss and ecosystem collapse)
5	대규모 비자발적 이주(Large-scale involuntary migration)
6	천연자원 위기(Natural resource crisis)
7	사회적 결속력 약화 및 사회적 양극화(Erosion of social cohesion and societal polarization)
8	만연한 사이버 범죄 및 사이버 불안(Widespread cybercrime and cyber insecurity)
9	지구경제학적 대결구도(Geoeconomic confrontation)
10	대규모 환경 피해 사고(Large-scale environmental damage incidents)

※ 환경 카테고리로 분류된 리스크는 배경색이 칠해짐
※ 환경 카테고리 외에도 경제, 사회, 기술 및 지정학적 리스크가 있음
자료 : World Economic Forum(2023), Global Risks Report 2023, 18th Edition

등으로 연비를 높이며, 차량 온실가스 포집기술을 확보하는 등의 움직임이 강하게 나타나고 있다.

EU는 2035년부터 휘발유나 경유 같은 화석연료로 운행하는 즉, 내연기관 엔진(ICE, Internal Combustion Engine)을 장착한 신차판매를 금지하기로 확정했다. EU 회원국과 유럽의회, EU 집행위원회는 "기후위기가 현실로 닥쳤"고, "그 원인을 명백하게 알고 있어 법안을 시행하는 데 합의했다"고 말했다. EU 회원국 중에서도 주요국들은 자체적으로 내연기관차 판매를 금지하

고 있고, 한국, 미국, 일본, 중국 등의 국가들도 내연기관차 판매 금지 의사를 밝히고 있다. 폭스바겐, 메르세데스 벤츠 등과 같은 글로벌 자동차 기업들도 2030~2035년에 내연기관차 판매를 중단하겠다고 밝혔다. 현대, 기아차 역시 2021년 11월 26차 유엔기후변화협약 당사국총회(COP26)에서 2045년부터 내연기관차 판매를 전면 중단키로 발표했다. 현대자동차는 내연기관 개발조직을 해체하고, 디젤엔진 개발을 중단하기로 발표했다.

EU 차원의 합의를 넘어서 내연기관차 판매금지 연도를 두고 경쟁하는 듯한 모습이다. 네덜란드와 노르웨이가 가장 빠른 2025년으로 결정했고, 프랑스 파리는 2024년 하계올림픽을 앞두고 서둘러 이행하기로 계획했다. EU 회

● **국가별 내연기관 자동차 판매금지 연도**   ● **미국 자동차 탄소 배출 규제 추이**

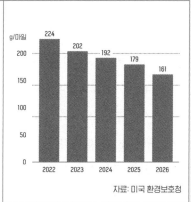

금지 연도	국가
2025	네덜란드, 노르웨이, 프랑스 파리(2024 하계올림픽)
2030	독일, 이스라엘, 인도, 벨기에 브뤼셀(EU 본부)
2035	영국, 중국, 미국 일부 주
2040	프랑스, 스페인, 싱가포르, 대만

자료: 각국 발표

자료: 미국 환경보호청

● 내연기관 판매 중단 시나리오

구분	현재 정책 시나리오(CPI)	2030 내연기관 판매 중단 시나리오	2035 내연기관 판매 중단 시나리오 (윤석열 대통령 공약)
2030년 영향	(REF 대비)		
GDP(%)	0.12	0.19	0.12
고용(000s)	17	40	26
석유 수입량 변화(%)	-13.6	-26.0	-16.1
자동차 CO_2 배출 (mtCO_2)	-51	-87	-54
2050년 영향	(REF 대비)		
GDP(%)	0.19	0.27	0.26
고용(000s)	25	59	57
석유 수입량 변화(%)	-19.8	-40.5	-40.2
자동차 CO_2 배출 (mtCO_2)	-494	-932	-801

자료: 그린피스(2022), The macroeconomic impact of decarbonising Korea

원국이 아닌 영국, 중국 및 미국의 일부 주도 2035년까지 내연기관차 판매 금지를 계획했다. 한국의 경우, 윤석열 대통령이 후보 시절 2035년 내연기관차 판매 금지를 공약으로 제시한 상황이다. 그뿐 아니라, 세계적으로 자동차 배기가스 규정을 강화하는 추세다. 예를 들어, 미 환경보호청(EPA)은 2023년 마일당 202g 수준인 차량의 배기가스양을 2026년 161g으로 30퍼센트 줄이도록 했다.

전기차와 이차전지의 폭발적인 성장

자동차 산업의 거대한 이동이 일고 있다. 특히, 전기차로의 전환은 기대 수준 이상으로 빨라지고 있다. 세계적으로 전기차 모델이 확대되고, 자동차 시장에서 전기차가 차지하는 비중도 빠르게 증가하고 있다. 새로운 전기차 모델이 2016~2021년 연평균 34퍼센트로 증가해, 전 세계적으로 현재 약 450여 종 이상의 전기차가 판매되고 있다. 전 세계 전기차 판매량은 2019년 220만 대 수준에서 2020년 300만 대를 돌파하고, 2021년 660만 대, 2022년 780만 대까지 역동적인 성장세를 보였다. 전 세계 자동차 시장의 10퍼센트를 넘어섰다.

● **세계 주요국의 전기차 시장 변화**

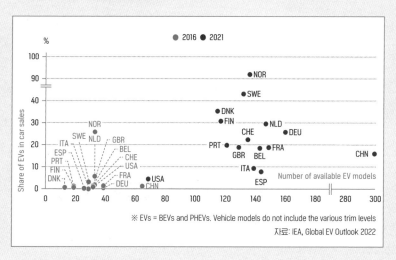

※ EVs = BEVs and PHEVs. Vehicle models do not include the various trim levels
자료: IEA, Global EV Outlook 2022

노르웨이의 경우 신차 판매 중 전기차가 차지하는 비중이 90퍼센트를 넘어섰고, 유럽의 최대 자동차 시장인 독일의 경우에도 신차 판매 4대 중 1대 이상이 전기차다. 2022년 미국의 전기차 판매량은 약 81만 대로 전년 대비 66퍼센트나 증가했고, 세계 전기차 판매량 1위를 유지하는 중국의 전기차 시장도 폭발적으로 성장하고 있다.

한국도 글로벌 자동차 시장의 핵심국가로 자리매김했다. 국내 전기차 판매량(신규 등록대수)은 2020년 4만 6,677대, 2021년 10만 402대, 2022년 16만 4,482대로 최근 2년 동안 3.5배 이상 증가했다. 전기차 구매보조금을 지급하고, 완성차 기업들은 가격경쟁력이 있는 신규 전기차 모델들을 출시하고 있으

● 전기차 수출 규모 및 비중 추이

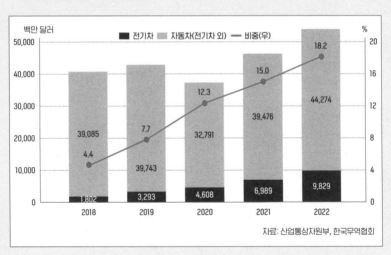

자료: 산업통상자원부, 한국무역협회

● 전 세계 전기차 연간 출하량 및 배터리 수요 추이 및 전망

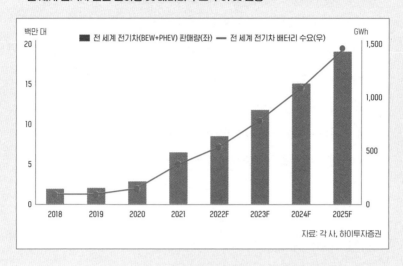

자료: 각 사, 하이투자증권

며, 전기차 충전인프라도 보급이 확대됨에 따라 나타난 현상이다.

내수뿐만 아니라 수출 면에서도 상당한 기회를 찾고 있는 모습이다. 자동차는 한국의 2~4위에 달하는 주력 수출품목이다. 2022년 약 541억 달러에 이르는 자동차 수출액 중 전기차는 약 18.2퍼센트를 차지한다. 전기차 수출액은 약 98억 달러에 달하고, 이는 2022년 한 해 가전제품 수출액 80억 달러를 훌쩍 넘는 수준이다. 그만큼 한국 기업들은 전기차 수출에 매우 적극적이고, 몇몇 시장의 경우 전기차에만 집중하는 행보를 보이고 있다. 예를 들어, 현대자동차는 노르웨이에 코나 EV와 아니오닉 5를 앞세워 '전기차만' 판매한다고 밝혔다.

전기차로의 전환이 가속함에 따라 전기차 배터리 수요가 동반하여 늘고 있다. 이차전지 시장은 전기차용 배터리, ESS용 및 기타 IT기기로 구분된다. 현재도 전기차용 배터리가 이차전지 시장에 절대적인 비중(약 65퍼센트)을 차지하는데, 2030년에는 89퍼센트로 확대될 것으로 전망한다. 시장의 관심이 이차전지에 쏠리는 가운데, 시장점유율을 기준으로 CATL, LG에너지솔루션, 파나소닉 등과 같은 글로벌 탑 기업들이 기술장벽을 높이며 시장을 지배하려 노력하고 있다. 2022년 한국의 이차전지 수출액은 약 100억 달러 수준으로, 한국의 15대 주력 수출품목 중 하나로 부상했고, 전년대비 15.2퍼센트나 증가했다.

전기차-배터리 산업의 5대 트렌드

첫째, 전기차용 배터리 산업의 두드러지는 트렌드는 중국의 약진이다. CATL과 BYD가 세계 시장 점유율을 확대하고 있고, 세계 전기차용 배터리 시장의 50.7퍼센트를 차지한다. 중국 전기차 배터리 기업들이 자국의 내수시장을 중심으로 시장 장악력을 확대하고 있다. CATL은 BMW, 테슬라, 도요타, 폭스바겐, 볼보 등에 리튬이온 배터리를 공급하고 있고, 완성차 기업들의 전기차 생산이 증가하면서, CATL의 약진은 계속되고 있다. BYD는 2021년까지 2위였던 LG에너지솔루션을 제쳤다. BYD는 시가총액 기준 세계 3위 완성차 기업으로 배터리 부문에서도 입지를 다지고 있다. 일본의 파나소닉과 한국 기업의 시장점유율은 둔화하는 추세다.

● 연간 누적 글로벌 전기차용 배터리 사용량

(단위: GWh)

순위	제조사명	2021.1~11	2022.1~11	성장률	2021 점유율	2022 점유율
1	CATL	82.1	165.7	101.8%	32.2%	37.1%
2	BYD	22.6	60.6	168.3%	8.8%	13.6%
3	LG에너지솔루션	49.9	54.8	9.7%	19.6%	12.3%
4	파나소닉	32.6	34.1	4.7%	12.8%	7.7%
5	SK온	15.2	26.1	72.0%	6.0%	5.9%
6	삼성SDI	12.6	22.1	74.9%	5.0%	5.0%
7	CALB	6.8	17.8	161.3%	2.7%	4.0%
8	Guoxuan	5.5	12.7	131.5%	2.1%	2.8%
9	선와다 전자	1.9	7.5	287.3%	0.8%	1.7%
10	EVE	2.8	5.9	110.3%	1.1%	1.3%
	기타	23.2	38.6	66.5%	9.1%	8.7%
	합계	255.3	446.0	74.7%	100.0%	100.0%

※ 전기차 판매량이 집계되지 않은 일부 국가가 있으며, 2021년 자료는 집계되지 않은 국가 자료를 제외함

자료: SNE리서치

둘째, 완성차 제조사들의 배터리 생산 내재화다. 폭스바겐, GM, 도요타, 볼보 등 글로벌 자동차 기업들이 전기차 배터리를 직접 만들겠다고 선언했다. 배터리는 전기차 제조원가의 약 35퍼센트를 차지한다. 미래가치 관점에서 보면 배터리는 더욱 중요하다. 미래 자동차는 기계가 아니라 SDV(Software Defined Vehicle)로 정의 내리기 때문이다. 즉, 자동차 회사들은 하드웨어가 아니라 소프트웨어 플랫폼을 구축하는 데 집중하고 있는데, 배터리를 내재화할 때만 경쟁력을 확보할 수 있다.

셋째, 배터리 경쟁 가속화다. 자동차 산업은 전동화(Electrification), 무선

화(Cordless), 친환경화(Eco-friendly)라는 거스를 수 없는 물결 앞에 놓여 있다. 이에 자동차 산업의 경쟁력은 안전성과 성능을 갖춘 배터리를 쓰느냐에 달려 있다. 즉, 배터리는 전기차의 가장 중요한 후방산업인 만큼, 배터리 기술 고도화는 산업의 트렌드가 될 수밖에 없다. 에너지밀도가 높고, 주행거리를 늘리며, 충전속도가 빨라야 한다. 동시에 가격은 저렴하면서 안전성은 높이는 방향으로 경쟁이 격화하고 있다.

● 전기차용 이차전지 성능 개선

구분	고성능			저가격	고안전
	에너지밀도	주행거리	충전속도		
현재	250~300Wh/kg	300~400km	30~40분	137$/KWh (2020)	외부감지, 발화지연
향후	350Wh/kg 이상	600km 이상	15분 이내	60$/KWh 이하 (2030)	자가 진단 및 치유

자료: 관계부처 합동, 2030 이차전지 산업(K-Battery) 발전 전략

넷째, 차세대전지 기술개발에 박차를 가하고 있다. 기존 배터리 시스템은 안정성과 용량에 한계가 있다. 기존 배터리의 전해질이 액체로 되어 있어, 온도 변화에 민감할 뿐만 아니라 충격 시 누액이 발생해 폭발 위험이 존재한다. 이에 기업들은 전해질을 고체로 만드는 전고체 배터리 개발에 집중하는 모습이다. 도요타가 전고체 배터리 차량을 선도적으로 상용화하고, LG에너지솔루션, 삼성SDI, CATL 등 배터리 제조사들은 2025~2027년 생산을 목표로 개발

● 리튬이온 배터리와 전고체 배터리 비교

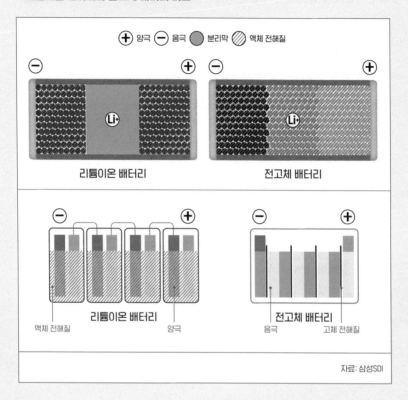

中에 있다.

　다섯째, 자동차 생태계의 전환이 일고 있다. 전기차로의 전환은 자동차만 바뀌지 않을 것이다. 자동차의 안과 밖이 송두리째 바뀐다. 부품산업만 보아도, 엔진이나 오일 필터가 퇴출하고, 모터와 충전부품으로 대체될 것이다.

내연기관차에 들어가는 부품은 약 3만 개에 달하지만, 전기차는 1만 8,900개에 달한다(한국자동차연구원). 엔진을 구성하는 6,900개 부품이 사라진다. 전동화 흐름 속에 '전기차 정비' 인프라도 확보해야 한다. 완성차 업계는 전기차의 노후화 및 교체 시점이 오기 전까지 정비체계를 갖춰야만 경쟁력을 확보할 수 있다. 주유소 또한 충전소로 대체될 것이다. 인류의 이동을 돕는 모빌리티 전반에 대전환이 이루어지고 있다.

전기차-배터리 미래 비전

미래 비전을 설정해야 한다. 전기차와 배터리 산업의 글로벌 시장을 확보하기 위해 갖춰야 할 다각적인 요소들을 고민해야 한다. 거스를 수 없는 변화를 지켜만 볼 수 없다. 환경이 변화하면 '나'도 변화해야 한다. 완성차 제조사들이 배터리 생산을 내재화하거나, 완성차-배터리 업계 협업이 활발히 일어나고 있다. 완성차 기업들은 배터리를 내재화하고, 배터리 기업들도 자동차를 내재화할 방안을 모색해야 한다.

전기차의 경쟁력이 배터리가 됨에 따라, 배터리 소재 기술을 고도화하는 움직임이 집중되고 있다. 특히, 주요국에 대한 경제제재가 가해지고 탈세계화 및 분절화가 진전되는 국면은 한국 산업구조에 상당한 걸림돌이 될 수 있다. 주요 소재와 원자재를 해외로부터 수입하는 취약점을 극복하기 위해 국산 소

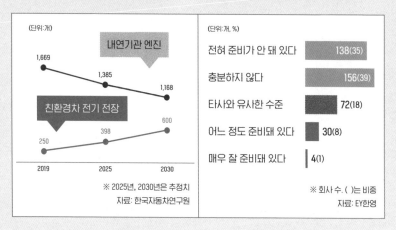

● 미래차 전환에 따른 자동차 부품기업   ● 400개 부품사 대상 미래차 준비현황

(단위:개)

내연기관 엔진

1,669
　　1,385
　　　　1,168

친환경차 전기 전장

　　　　600
　　398
250

2019　　2025　　2030

※ 2025년, 2030년은 추정치
자료: 한국자동차연구원

(단위:개, %)

전혀 준비가 안 돼 있다	138(35)
충분하지 않다	156(39)
타사와 유사한 수준	72(18)
어느 정도 준비돼 있다	30(8)
매우 잘 준비돼 있다	4(1)

※ 회사 수. ( )는 비중
자료: EY한영

재를 적극적으로 개발해야 한다. 중국과 기술 우위에 있는 경쟁력 있는 배터리 개발 노력에 박차를 가하고, 차세대 배터리를 선도적으로 확보해야 한다. 아울러, 차세대전지 기술개발에 박차를 가하는 산업의 움직임을 주시해야 한다. 전기차와 배터리 시장을 장악할 수 있도록, 경쟁력 있는 차세대전지를 선점하기 위한 기술 로드맵을 설정하고 R&D 체계를 설계해야 한다.

기업이 끊임없이 미래 비전을 그릴 때, 정부는 이를 지원해야 한다. 산업 생태계가 급격히 변화하고 있으므로 현재에 안도할 틈이 없다. 규제 완화의 속도가 생태계 전환의 속도와 발걸음을 맞추어야 한다. 금융 인프라를 활용해 유망 산업에 자금이 유입될 수 있도록 유도하고, 유망 기술의 성장에 도움이

● 리튬이온 이차전지의 글로벌 시장흐름

1991, 일본, 리튬이온 이차전지 최초 양산 일본의 소니·산요· 파나소닉 중심	스마트폰 보급 확대 한중 이차전지 기업 성장	(한) 유럽·미·중 글로벌 수요 (중) 내수확대로 급성장 (일) 테슬라向 공급	한중일+미/EU
소형 이차전지 중심		전기차 시대 도래	
1990년대	2000년대	2010년대	2020년~

자료: 관계부처 합동, 2030 이차전지 산업(K-Battery) 발전 전략

되도록 R&D 예산을 집행해야 한다. 산업의 거대한 패러다임 변화 속에 사라질 영역과 생겨날 영역을 가늠하고, 선도적인 인프라를 확보해야 한다. 사라지는 영역에 종사하는 인력들이 새로운 생태계에서 요구되는 교육과 훈련을 받아 원활히 재배치될 수 있도록 유도해야 한다. 세계 주요국들이 환경규제를 강화하거나 자국산업을 보호하기 위한 조치들을 취하고 있어, 외교적 협상력을 발휘하며 글로벌 협력에서 후순위가 되지 않도록 노력해야 한다. 안도는 현재를 지키는 방안이 아니라 미래를 놓치는 행동이다.

Outro

경제 공부를
해야 하는 이유

여러분, 길이 하나 있습니다. 노동을 하거나 역량을 개발하고, 재테크 의사결정을 하고, 집을 사는 등 우리는 그 길 위에서 매 순간 선택을 하는 중입니다. 선택하기 전에 먼저 이 길 끝에 무엇이 있는지를 들여다봐야 하는데, 그게 바로 경제를 전망하는 것입니다. 어떤 길을 선택하느냐에 따라서 나의 삶이 완전히 바뀔 수 있기 때문에 경제를 먼저 들여다보고 그 안에 어떤 기회와 위협들이 있을지 살펴보는 일이 필요하지 않을까요?

앞서 말씀드렸던 것처럼 자산가치의 증가 속도는 소득의 증가 속도보다 빠릅니다. 내가 열심히 일해서 2,000만 원 모으는 동안 집 가격이 2억 원 올라서 다른 사람들보다 1억 8,000만 원만큼 더 가난해지는 삶을 선택할 것입니까? 어떤 자산의 가치가 특별히 더 높게 형성될 것인가를 예측하고 그 자산에 나의 소득의 일부를 실어 올리는 일, 바로 재테크를 하기 위해서 경제 전망이 필요하다는 것을 말씀드립니다.

OUTRO   경제 공부를 해야 하는 이유   363

첫 번째로 제가 여러분께 드리고 싶은 중요한 조언은 '자산을 분산시켜라'입니다. 다시 말해서 하나의 형태로만 갖고 있지 말라는 거예요. 우리나라의 주요 자산구성은 다른 주요국들에 비해 금융자산 비중이 현저히 낮고, 실물자산 의존도가 현저히 높습니다. 그마저도 금융자산 비중이 지속적으로 줄고 있습니다. 너도나도 부동산에 의존하고 있다는 것이죠.

부동산은 거주 부동산과 비거주 부동산으로 나눌 수 있는데, 우리나라는 비거주 부동산에 대한 의존도가 높습니다. 건물주가 되면 따박따박 나오는 월세로 노후준비를 하겠다는 생각 때문입니다. 그러나 이마저도 시장상황이 변하면서 상가용 부동산 시장의 공실률이 높아지면 매매가격은 떨어지고 또 빚을 계속 갚기는 해야 하는데 집값은 꾸준히 떨어지는 상황이 올 수도 있습니다. 그럼 누구나 멘탈이 붕괴가 되겠죠. 단순히 눈 딱 감고 부동산에만 올인하는 투자 방식은 지양해야 합니다.

또 우리나라는 23퍼센트에 해당하는 금융자산마저도 90퍼센트 가까이가 예금 형태로 가지고 있습니다. 주식이나 개인연금이나 그 밖에 투자금융자산이 없는 것이죠. 물론 예금 저축도 투자입니다만 저금리 상황에선 투자 수익률이 낮다는 한계가 있죠.

이렇게 시장이 자꾸 변화하는 상황에 적절하게 대응하지 못한다면 계속 가난하게 살게 될 것입니다. 그래서 투자 관점에서 중요한, 우리가 고려해야 될 거시경제 지표들이 있습니다. 경기 구분에 따라서 이 지표들은 계속 바뀝니다. 예를 들어볼게요. 경기 구분으로 봤을 때 상승 국면이라면 국내 총생산, GDP가 늘어납니다. 그만큼 많은 기업이 적극적으로 생산한다는 뜻이죠. 그러다 보면 당연히 고용 일자리도 늘어나겠죠. 이렇게 각 변수는 같이 상승하고, 하락하고, 증가하고, 감소하는 연동성 있습니다. 이 여러 변수가 어떻게 움직이는지 관찰하면 경기 흐름을 판단할 수 있는 겁니다.

GDP의 흐름과 코스피의 흐름이 동떨어져서 움직일 때가 있나요?

GDP는 한 나라 전체 기업 생산의 총합인데, 결국 매출액이 늘어나고 기업의 여러 가지 이익이 증가하면 코스피도 올라가는 것 아니겠습니까? GDP와 코스피는 동떨어져서 움직이지 않으므로 코스피를 전망한다면 경제를 전망한다는 뜻이 되겠죠. 반대로 경제를 전망하면 코스피가 어떻게 움직일지 알게 된다는 말입니다. 즉, 주식 투자에 대한 의사결정마저도 경제 전망에 기초할 수밖에 없다는 이야기입니다.

금리 이야기를 다시 한 번 해볼게요. 금리의 방향과 코스피의 방향이 완전히 반대로 움직이지 않습니까? 금리가 떨어진다는 이야기는 상대적으로 기업들의 투자 여건이 개선된다는 것이고, 그 과정에서 자연스럽게 코스피가 올라가겠죠. 즉, 금리 인하는 경기회복이고 코스피의 회복이라는 것을 확인해볼 수 있습니다.

두 번째로 여러분께 꼭 추천해드리는 명제는 '글로벌 시장을 보라'는 것입니다. 글로벌 기업들이 세계 경제를 리드하고 있고, 인공지능이나 빅데이터 등 차원이 다른 비즈니스 모델을 지속적으로 제안하고 있습니다. 따라서 투자를 결정할 때는 글로벌 시장의 흐름을 읽어야 합니다. 실제로 세계 주식 시장 내에서 각국의 시가총액이 차지하는 비중을 계산해보면 미국이 50퍼센트가 넘습니다. 한국은 여기에 끼지도 않아요. 한국을 폄하하는 것이 아니라 사실을 말씀드리는 것입니다.

세계 경제성장률이 마이너스일 때가 굉장히 드물어요. 2008년 글로벌 금융위기 때 한 번, 2020년 팬데믹 경제 충격 때 한 번이에요. 이두 번을 빼면 최근 경제에서는 다 플러스 성장했단 말이죠. 그럼 세계 경제에 투자하는 방법은 오히려 글로벌 주식 시장에 있지 않는가 하는 말씀을 드리고 싶습니다.

만약 단기간에 투자하는 방법을 배우고 싶다면 국민연금이 어떻게 투자하는지를 보면 됩니다. 국민연금은 약 900조 원의 기금을 운용합니다. 이 거대한 기금을 어디에 투자하느냐. 주식 투자 비중이 약 40퍼센트가 조금 안 됩니다만 국내주식보다 해외주식 투자 비중이 더 높습니다. 그리고 해외주식 투자 비중이 지속적으로 늘어날 것으로 보고 있습니다. 주식뿐만 아니라 채권에 대한 투자 비중도 상당히 높고, 그 밖에 대체 투자에 대한 관심도 지속적으로 보이고 있습니다. 물론 경제를 공부하면서 스스로 판단하는 능력을 가져야겠지만 국민연금이 어떻게 투자하는지를 지켜보면서 여러분들도 그와 비슷한 방식을 택하면 어떨까 생각합니다.

여러분은 투기가 아니라 투자를 하셔야 됩니다. 투기와 투자는 다릅니다. 내가 스스로 현재 투기를 하고 있는지 아니면 정말 건전한 투자를 하고 있는지 진단할 필요가 있습니다.

경제는 덮어놓고 누군가의 "A에 투자하세요"라는 말만 듣고 어제 사고 오늘 파는 행위는 투기지 투자가 아닙니다. 지금까지 그런 방식으로 했는데 성공하셨다고요? 그나마 다행입니다만 지속적으로 성공할 수는 없다고 말씀드리고 싶어요. 그냥 찍어서 투기해 성공했다면 성공 확률이 2분의 1이지 않습니까? 두 번 연속 성공하려면 2분의 1×2분의 1, 즉 4분의 1이 됩니다. 그럼 세 번 연속 성공하려면 4분의 1×2분의 1 이니까 8분의 1이 되죠. 그러면 네 번, 다섯 번… 연속해서 성공할 가능성은 희박합니다. 몇 번 성공할 수는 있지만 지속 불가능하고, 이렇게 지키지 않는 투자는 나의 노후를 안전하게 만들어주지 못합니다. 그렇기 때문에 경제를 보면서 투자하는 투자자가 되어야 한다는 말씀을 드리고 싶습니다.

1968년 멕시코시티 올림픽 때였습니다. 높이 뛰기 선수들이 하나같이 앞으로 굴러 뛰기를 시도합니다. 그런데 포스베리 선수가 처음으로 등 뒤로 뛰는 시도를 합니다. 그러자 8만 명의 관중이 일제히 일어나서 기립박수를 칩니다. 이 선수가 그날 금메달을 차지하고 세계 신기록을 경신했습니다.

왜 포스베리 선수 홀로 등 뒤로 뛰었을까요? 그동안의 높이 뛰기 경주는 맨바닥에서 진행했습니다. 그런데 그날 경기장에 매트가 도입됐죠. 높이 뛰기 경주에 구조적 변화가 일어난 것입니다. 모든 선수에게 똑같은 변화가 찾아왔는데 포스베리 선수만 달라진 환경에 맞게 다른 형태를 시도한 것입니다.

경제를 읽는 일은 너무나 중요하다는 것을 깨달으셨으리라고 생각합니다. 여러분의 투자 의사결정, 진로 의사결정, 역량 개발 등 여러 영역에 걸쳐 참고가 되고 바른 의사결정을 하는 데 도움이 되셨기를 바라는 마음으로 여기서 마무리하도록 하겠습니다.

감사합니다.